杰弗里·摩尔管理系列

公司
进化论

伟大的企业如何持续创新

[美] 杰弗里·摩尔 —— 著
（Geoffrey A. Moore）

陈劲 董丹枫 —————— 译

DEALING WITH
DARWIN

HOW GREAT COMPANIES
INNOVATE AT EVERY PHASE OF
THEIR EVOLUTION

机械工业出版社
CHINA MACHINE PRESS

本书是关于企业创新的优秀著述。硅谷战略咨询顾问杰弗里·摩尔在思科历经 5 年的研究和思考后，详细总结了 14 种创新类型，以思科为案例，指导公司根据自身情况，选择适合的创新类型，巧妙地加以利用，以创造与直接竞争对手之间的竞争性区隔。与传统的关注研究开发以及新创企业的商业书籍不同，摩尔更为关注技术创新与产品及市场的密切关系，以及成熟或在位企业在其业务周期各阶段驾驭产品和市场创新特性的成功实践，分析如何跨越快速增长的科技企业与成熟、低增长和商品化的企业之间的鸿沟，从而指导企业完成熊彼特式的持续创新，整体地穿越"达尔文之海"。

Geoffrey A. Moore. Dealing with Darwin: How Great Companies Innovate at Every Phase of Their Evolution.

Copyright © 2005, 2008 by Geoffrey A. Moore.

Simplified Chinese Translation Copyright © 2025 by China Machine Press.

Simplified Chinese translation rights arranged with Geoffrey A. Moore through Andrew Nurnberg Associates International Ltd. This edition is authorized for sale in the Chinese mainland (excluding Hong Kong SAR, Macao SAR and Taiwan).

No part of this book may be reproduced or transmitted in any form or by any means, electronic or mechanical, including photocopying, recording or any information storage and retrieval system, without permission, in writing, from the publisher.

All rights reserved.

本书中文简体字版由 Geoffrey A. Moore 通过 Andrew Nurnberg Associates International Ltd. 授权机械工业出版社在中国大陆地区（不包括香港、澳门特别行政区及台湾地区）独家出版发行。未经出版者书面许可，不得以任何方式抄袭、复制或节录本书中的任何部分。

北京市版权局著作权合同登记　图字：01-2023-2687 号。

图书在版编目（CIP）数据

公司进化论：伟大的企业如何持续创新 /（美）杰弗里·摩尔（Geoffrey A. Moore）著；陈劲，董丹枫译. -- 北京：机械工业出版社，2025.1. --（杰弗里·摩尔管理系列）. -- ISBN 978-7-111-77522-5

I. F272

中国国家版本馆 CIP 数据核字第 2025PS0477 号

机械工业出版社（北京市百万庄大街 22 号　邮政编码 100037）
策划编辑：秦　诗　　　　　　　　责任编辑：秦　诗　戴樟奇
责任校对：王小童　张慧敏　景　飞　责任印制：常天培
北京科信印刷有限公司印刷
2025 年 4 月第 1 版第 1 次印刷
170mm×230mm・17 印张・1 插页・226 千字
标准书号：ISBN 978-7-111-77522-5
定价：79.00 元

电话服务	网络服务
客服电话：010-88361066	机 工 官 网：www.cmpbook.com
010-88379833	机 工 官 博：weibo.com/cmp1952
010-68326294	金 书 网：www.golden-book.com
封底无防伪标均为盗版	机工教育服务网：www.cmpedu.com

FOREWORD | 推荐序

掌控创新之舵

对于创新,一直有很多误解。在人类历史上,那些耳熟能详的创新总是与爱迪生、贝尔这些振聋发聩的名字联系在一起,似乎只有他们以及那些具有颠覆性的创新,才能构成公司和商业不断发展的历史。然而实际上,企业的生存和发展并不能仅依赖于天才和奇迹。

在真实的商业环境中,一项创新可能会迅速被竞争者模仿,导致其优势快速丢失。那些在创新道路上不思进取的企业,一般会在竞争者的不断追逐之下迅速丧失其市场份额和领先地位。随着经济全球化、通信技术的革命性发展和商业竞争的日益加剧,这一情况已变得尤为突出。如今,一个重要的商业事实是,当企业面临瞬息万变的市场环境时,创新已不再是可有可无之物,它已经成为企业生存与发展的必要条件。

因此,企业必须将创新纳入自身有效的管理规划之中,遵循明确的指导原则和方法论,持续不断地进行系统化创新,方能长久维持自身的竞争优势。

这正是本书作者杰弗里·摩尔所倡导的"公司进化"的核心理念。

作者将商业环境与自然规则相类比,阐述了企业如何在持续成功的创新中"适者生存",从而避免被市场无情淘汰的商业"达尔文法则"。作者特别强调创新的有效性和方法论,破除了"为创新而创新"的误区。若要使创新真正对企业经营起推动作用,则必须管理好两个方面:对创新的管理,以及对惯性或惯性力量的克服。那些遵循创新规律和方法论的企业,最终必能在内部建立起持续创新的机制和文化。

杰弗里·摩尔是一位声誉卓著的商业思想大师,尤其以其对新技术行业的真知灼见而闻名于管理学界和企业界。多年前,我有幸拜读了他的《跨越鸿沟》(*Crossing the Chasm*)一书,随后便对他的其他著作也产生了浓厚的兴趣。我不断将他的方法与理念应用于管理实践,对其进行借鉴、印证、反思和升华,这让我受益匪浅。最近几年,随着商业环境的不断演变,企业开始更加关注运营效率优化和成本控制,创新成为企业关注的核心议题之一。但创新需要企业投入一定的资源,而资源总是有限的。因此,在创新与资源分配、想法与执行之间始终存在着尖锐的矛盾,这直接导致很多创新未能获得有效执行。我从摩尔关于"核心"(core)与"外围"(context)、使命关键与非使命关键的分析方法中获得了很多启示,学会了释放"外围"所占用的资源,并将其重新配置到"核心"领域。在多年的管理实践中,我努力让自己保持敏锐的判断力,时时审视企业和自身的"核心"与"外围",不断追求将企业资源集中于与企业"核心"有关的有效创新,同时努力将自己的精力集中在与自身"核心"相关的有效管理上。

本书可谓摩尔管理思想的集大成之作,书中对持续创新原则及其方法论的阐述,对谋求创新的企业和个人来说,具有深刻的指导意义。尤其值得一提的是,本书与思科公司渊源颇深。思科公司不仅是网络和通信领域的全球领军企业,更是网络化运营和创新的典范。思科公司每年在研发和创新方面的投资超过40亿美元;迄今为止成功收购了110余家创新型企业,从而获得了众多新的技术和商业模式。通过建立良好的商业生态系统以及与合作伙伴携手合作,思科公司得以解放资源,专注于"核心"业务。因此,思科公司能在与互联网相关的创新领域屡屡取得成功。作者对思科公司的运营进行了深入考察，甚至亲身参与了思科公司的战略转型和项目管理，与包括思科公司 CEO 约翰·钱伯斯在内的管理层进行了多次思想碰撞，以寻求答案以及探索如何通过有效的投资实施创新。思科公司关于创新的最佳实践开拓了杰弗里·摩尔的视野，丰富了他的见解，而思科公司也从这位管理学大师的思想理论中汲取了新的力量。

现在，网络作为一种改变和决定未来的力量，正在深入社会经济的各个层面，成为一个集全新通信、应用和生活体验于一体的包罗万象的平台，它能让每个国家、地区、企业和个人都在这个平台上通过创新来改变自己的竞争力和命运。改革开放 40 多年来，中国正成为推动世界经济增长的重要引擎，并正在从"中国制造"向"中国创造"迈进。中国企业不仅需要在技术研发、产品服务、商业流程和模式上进行多方面的创新，更需要从管理理念上深刻理解创新的价值和规律，从而真正掌控创新之舵，驶向充满机遇的蓝海。相信这本书将受到中国商界和学术界有识之士的欢迎，进一步激发中国企业的创新力，推动更多的企业不断"进化"，成长为市场的优胜者！

林正刚

思科系统（中国）网络技术有限公司前总裁

译者序 | THE TRANSLATOR'S WORDS

整体穿越"达尔文之海"

创新的本质就是穿越"达尔文之海"。从基础性研究到创新企业的建立，再到大规模产业化的推广，其间存在很多鸿沟，这些鸿沟限制了知识创新、技术发明以及产业创新的有效衔接。成功的企业家只有依托独特的想象力、谋定后动的冒险精神、坚定执着的毅力，才能率领团队实现从创意到商业价值的成功转化。

传统的创新理论更注重对研发到市场价值实现过程的描述，为全球众多企业指引从创造到实现首次商业价值转化的路径，部分地跨越了"达尔文之海"，完成熊彼特式的初始创新过程。然而，企业必须在后续的商业进程中不断创新，以确保在企业持续进化的过程中获得永续的生存与发展。

本书是有关企业创新的优秀著作。与传统关注研发以及新创企业的其他商业图书相比，摩尔更关注技术创新与产品、市场的密切关系，以及成熟企业或在位企业在其业务周期不同阶段是如何成功地管理产品和市场创新的，以及如何消除快速增长的科技企业与成熟、低增长和商品化的企业之间的差异，从而指导企业完成熊彼特式的持续创新，整体穿越"达尔文之海"。

在本书中，摩尔根据独特的五阶段品类成熟生命周期理论和"鸿沟"模型，科学地刻画了企业应如何根据当前环境选择适合的创新类型，并巧妙利用"机会之窗"、外部资源和内部核心能力，以动态创造与直接竞争对手之间的绝对优势，实现从差异化产品或服务再到大规模运营，进而转向复杂产品系统的演化过程。

在创新策略与资源配置规划方面，摩尔更关注企业创新与惯性之间的选择关系。一方面，他提倡不断提高组织的发展目标，通过持续的自主学习和对外围资源的利用，有效地将外围资源内化为组织的核心能力；另一方面，他号召企业充分利用现有的资产与规程进行创新，在组织的自然选择中重视资源的再循环，以提高企业资源的利用效率，从而有效地完成在技术创新与市场竞争中的遗传、变异与进化的综合管理。

凭借独特的公司创新进化论以及国际著名创新企业思科公司的翔实案例，本书将为中国企业的创新活动提供先进的经营思想和行动指南，帮助广大中国企业科学地进行创新管理，早日迈入世界创新型企业的前沿阵列。

清华大学技术创新研究中心一直致力于引进、学习与发展企业技术创新与管理创新的新理论、新方法，承蒙机械工业出版社的信任，我完成了本书的翻译工作。在此，同步感谢机械工业出版社诸位编辑老师的细致工作以及"最佳创新"研究团队成员的大力协助！

陈劲
清华大学创新管理教授

再版序 | PREFACE

两年后的《公司进化论》

《公司进化论》在过去两年间的反响令我深感欣慰。书中的核心观点——经济全球化推动了日益加剧的商品化，而持续创新是唯一可行的应对方式——从未受到质疑，且已得到了强有力的验证。正如我们从一开始就知道的，创新的挑战不在于了解该做什么，而在于了解如何去做。书中提出的模型和方法得到了广泛认可，例如：

- 商业架构讨论（第3章）引起了《哈佛商业评论》编辑的关注，并促成了我在2005年12月刊上发表的文章《策略与惯用手优势》（Strategy and Your Stronger Hand）。
- 关于在成长型市场中的创新（第5章）的内容，加上后来在思科公司等项目研究中的发现，促使我再次在2007年7月至8月的《哈佛商业评论》上发表了另一篇文章《长期成功，聚焦中期》（To Succeed in the Long Term, Focus on the Middle Term）。
- 在成熟市场和衰退型市场中的创新（第6章和第7章）以及后面关于如何管理资源的重新分配的章节（第9章和第10章），在技术领域引起了强烈共鸣，在过去的24个月里，我因此受邀进行了超过100场公开和私人论坛的演讲。

为什么这些内容引起了如此广泛的关注？简单来说，多年来，大多数企业一直在寻找一种管理创新的框架。传统的"创新 = 发明 = 研发投资"的理念已被证明是错误的。认为唯有颠覆性创新才能重振成熟企业的这一想法也被证明是不正确的。所谓填满创新漏斗的顶部就会从底部获得更多成果的承诺也未能兑现。认为只需要通过更多具有创新色彩的行为（比如给办公场地配置懒人沙发和色彩明亮的开放会议室）就能为股东创造更多价值的想法同样是错误的。简言之，无论是传统的灵丹妙药，还是新潮的创新手段，都无法修复破碎的局面。

那么，什么才行得通？本书提出的流程为孵化创新（更重要的是，将下一代创新引入成熟企业）提供了一条简单易行的路径。本书中的案例研究主线（思科公司）非常成功地执行了这些方法，在过去两年里，其股票价格翻了一番多。我们越来越多的客户发现，这些框架可以帮助它们精准识别阻碍它们前进的瓶颈，并能够比以往任何时候都更快速、更有力地将创新推向市场。

这一切传达的关键信息很简单：要在日益商品化的市场中获得竞争优势，企业必须进行非常彻底的创新，使自己的产品和低成本竞争者的产品之间形成明确的区隔。这意味着企业要选择一个能够让自己脱颖而出的创新向量，并顺着这个向量进行深入投资，达到竞争对手不能或不愿匹配的水平。而这反过来意味着，企业必须在其他所有领域节省和优化资源。

我们反复强调的模式是：从外围提取资源并重新分配给核心。本书正是一份执行这一计划的蓝图。正如所有的改造计划一样，执行书中所倡导的计划也是一个持续发展的过程，随着我们不断学习，我们将不断更新这部分内容。目前，你手中的这本书代表了最新的成果，祝你的公司进化之路一切顺利。

前言 | PREFACE

你应该读过不少头条新闻吧！你知道航空业萧条的经济表现是什么吗？你是否见过汽车行业一波又一波的裁员？你是否了解计算机行业已逐渐到达成熟期，增速变缓？你是否听说过制药行业的研发经费在节节飙升，研发出来的药品却越来越少？你可能还不知道，在2003年，印度咨询公司印孚瑟斯（Infosys）雇用的1万名新员工，是从120万名符合要求的应聘者中选出来的。你肯定也知道商界竞争已变得日益激烈。全球化、放松管制以及商品化正在影响各行各业，你的公司也正承受着越来越大的创新压力。

那么，该如何描述你的公司现在所面临的这些压力呢？我们一般将它称为"公司进化论"。之所以这么说，是因为自由市场经济运作的方式，遵循着类似自然界有机系统的一些法则：

- 对客户购买这一稀缺资源的竞争，激发企业产生了创新的强烈愿望。
- 客户对创新的偏好形成了某种自然选择机制，造成了适者生存的法则。
- 每一个新生代都会在超越前一代的基础上，重新展开竞争。
- 随着时间的推移，成功的公司必须不断"进化"其竞争力，否则就会遭到淘汰。

满足这些不断上升的标准是一项永无休止的挑战。成功的公司分享着从过去的成就中获得的光荣传统，它们站在更高的起点上，必须继承这些传统。为此，它们用一系列能创造竞争优势的核心竞争力来武装自己。面对竞争，它们完全有理由保持乐观。但是，每天也都伴随着出乎意料的趋势和恼人的市场衰退报告。这些情况传递出一种信号，即过去的策略已不再像以前那样有效，竞争者已逐渐掌握了如何拆解你的招式，也就是说，你必须进化了。

本书的核心议题就是探讨企业如何引领自身的进化，并在这个不断商品化的市场环境中创造竞争优势。为了有效地引领这项工作，你就必须不断重新评估你的公司在市场生态系统中所扮演的角色，分析竞争态势在如何转变，公司的竞争优势曾来自哪里、未来将来自何方，什么样的差异化能带来最大的回报以及市场急需哪些类型的创新。这些是我们需要重点考量的外部问题。与此同时，你需要重新审视公司的内部动力，关注当核心竞争力不再形成差异化优势时可能会发生的情况，资源应如何顺利地转移至新的领域，这种转变会给公司内部带来哪些风险，以及那些固有的具有保护色彩的惯性会如何对创新的稳定性构成挑战，并探讨何种管理策略能够最有效地控制这种惯性，进而将其能量转化为推动创新的动力。这些是我们所需要考量的内部问题。

因此总的来说，这是一本关于创新与惯性的书。它旨在回答达尔文主义所提出的根本问题：我们如何才能持续不断地进行创新？因为这恰恰就是自然选择迫使我们不得不做的事情。进化过程要求我们不断更新我们的竞争优势，有时可能表现为点滴变化，有时是重大的变革，但总会使企业业务组合的某一部分处于风险之中。换句话说，持续不断地创新并不是一个愿望，而是一项必须遵循的规范；它也不是一种策略，而是一种要求。

创新的形式多种多样，远不止管理团队通常所了解的范畴。在本书中，我们将界定十几种创新类型，并探索企业应在何处、何时以及如何运用这些类型，以满足达尔文法则。正如在自然生态系统中，不同的小生境的最优生存策略也各不相同，不同细分市场的最优创新类型也千差万别。管理团队所面临的挑战在于：选择与其所处情势相适应的创新类型，并巧妙加以利用，以创造出区别于直接竞争对手的竞争性区隔。如何成功做到这一点，便是本书核心部分所关注的。

一家企业进行持续革新的时间越长，其过往成就所传承下来的遗产就越多。这一点本该鼓舞我们，但它偶尔也会引发焦虑：万一我们失去了创新能力，那我们怎么办？万一我们不能很好地继承前辈的事业，我们又将怎么办？我们的员工还具备竞争力吗？我们真的懂得如何进行创新吗？即使我们懂得，我们能把它们成功推向市场吗？我们可以足够快速、低成本、大胆地进行创新吗？此外，那些计划者和分析者以及咨询师和顾问，是否会用他们没完没了的冗长问题和评论使创新难以重见天日？这些顾虑令管理团队寝食难安。

让我们深入分析这些顾虑。在人类创造的企业体系中，创新为何会成为一项重大挑战？人类无疑是这个星球有史以来最具创新能力的生物。我们对创新的热爱很容易被证明，比如任何父母在孩子莫名其妙安静下来时，都会好奇地去观察孩子究竟在忙些什么。我们在分享自己的创意时会借鉴他人的创意，并努力将这些创意应用于我们的产品和流程之中，进而将其传承给下一代。即便如此，每年依然有越来越多的新创意不断涌现，它们前仆后继地、无休止地争相吸引着我们个人或集体的关注。那么，世界上为何还有企业会在创新之路上遭遇困难呢？

事实上，关于这个问题有数不胜数的答案。例如，一些企业执着于特定类型的创新，未能顺应市场的变化，从而影响了创新效果的实现；一些企业则太过于追求增长，投资了过多的创新项目，导致企业内部出现各种瓶颈，并由此产生挫败感和怒气；还有一些企业创新时不够理性，把稀缺的时间、人才和管理注意力等资源浪费在了无法形成竞争优势的举措上。最终，所有朝着新方向努力前进的企业都会受到惯性的阻碍。实际上，它们过去的创新越成功，后续试图改变既有进程的创新所面临的阻力就越大。

所有这些问题引出了本书的一个基本假设：创新和惯性彼此间错综复杂的关系，使得企业要想取得任何进展，都必须同时处理这两种力量。然而，企业界通常很难做到这一点。大多数企业都是依次而非并行地来处理创新和惯性：先投资，然后缩减规模，然后再投资，再缩减规模。这种循环往复的节奏往往会被商业周期的此消彼长所掩盖，但创新的需求与惯性的阻力不应被混为一谈。尽管商业天生具有周期性，但它对创新的需求和对惯性的抵制是长期存在的。此外，在商业周期的每一个阶段，都存在可能要同时解决创新与惯性问题的情况。

想要将创新和惯性作为一个单一系统来了解，其最主要的方法是运用一种叫作"核心－外围分析"的理论框架。核心是指能为一家公司创造差异化，并在购买决策过程中影响客户偏好的经营活动，它是为竞争优势服务的创新。外围则是指公司所进行的其他活动。尽管这些活动同样极其重要且值得高度重视，但它们并不能使你的公司与竞争对手区别开来。相反，这些活动会滋生出各种惯性力量。

同时应对创新和惯性的方法其实很简单：从外围提取资源，并对这些资源进行重新整合，再将其运用于核心。这个方法并不是一种临时策略，而应是业务运作的日常行为。只有这样，它才能有效满足持续创新这一规范的要求。它的目的是将投资与节约、战略与执行、长期价值创造与短期财务回报有机结合起来。它驳斥了这样一种观点：某些业务线可以被当作无须创新的稳定收入来源，而另一些业务线则被视为全无惯性的新兴增长点。每家企业在其生命周期的每个阶段，都应当同时关注创新与惯性这两个方面。在解构传统的同时，开发新的未来方向，这样，管理层不仅为创新扫清了道路，还回收了可用于投资创新的资源。

从外围提取资源并加以重新整合，然后再运用于核心，这一思路并不复杂。它合乎逻辑且有利可图，但实施起来颇具挑战性。这就促使我们深入探讨本书的另一个维度，即对一家公司如何深入贯彻这一方法进行长期研究。

这家公司就是思科公司，它是网络设备的市场领导者。20世纪90年代，该公司正处在迅猛发展之际，在产品开发和商业实践方面都实现了重大创新。产品与商业实践的联系日益紧密，因为思科公司所追求的就是利用产品创造出惊人的生产力。事实上，该公司以其自身为最好的广告，世界各地的管理团队纷纷前往加利福尼亚州的圣何塞市，就是为了更好地了解思科公司的最佳实践。

当技术泡沫破灭时，许多人以为思科公司的最佳实践业已成为逝去的潮流。然而，随后发生的事实恰恰相反。在历经科技行业最严峻的三年萧条期间，思科公司创造了每个季度10亿美元的自由现金流。其市值在泡沫时期曾达到最接近它的10家竞争对手市值总和的4倍，现在[⊖]已达到当时最高点的10倍！显然，思科公司的方法有其独特的优势和持久力，因此，该公司毫无意外地长期成为《财富》世界500强最受青睐的标杆学习对象。

以上都是好消息，但坏消息也存在，即这些绩效表现已被投资者计入了思科公司的股价中。现在，他们会再次问道（这是他们惯常的做法）：最近

[⊖] 本书英文原著首次出版于2005年。——译者注

你又为我带来了哪些新的贡献？这促使新一代最佳商业实践必须登场。与此同时，过去那些利用市场超速增长红利而形成的最佳实践，已不受投资者青睐。换句话说，市场要求思科公司进化。它必须再次创新，但同时必须承受过去的辉煌成就所带来的负担。这正是思科公司面临进化这一挑战的核心问题所在。

值得一提的是，应思科公司首席执行官之邀，我全程记录了该公司的创新进展。2002年秋天，约翰·钱伯斯先生找我写一本关于思科公司的书。钱伯斯认为（我也同意他的观点），如果有些公司能够真正理解网络化虚拟组织的强大力量，那它们就能成为思科产品和服务更广泛、更优质的客户。由于思科公司是这一运营模式的领先实践者，而且钱伯斯未能提供其他可供我研究的公司案例，于是他便想知道我是否有兴趣完成这一任务。

我简直是迫不及待地想要接受这个邀请。从1996年起，我就开始了解这家公司，并与其管理层中的大多数人关系都很好，对它的企业文化和所取得的成就深感敬佩。但同时，我不太确信自己是否可以胜任这本书的撰写工作，我感觉这本书似乎更应该由一位新闻记者而非管理学作家来完成。此外，当时市面上已陆续推出多本有关思科公司的书，其中不乏佳作。但钱伯斯的态度十分坚决：他们不会去找一位新闻记者来撰写此书，因为这是一本关于管理思想的书，而非一本吹捧谄媚之作或公司的圣哲传记。为了确保我能够真正地深入理解思科公司的创新之路，我们达成了一个共识：我将亲自参与一系列关键项目，与相关的高管紧密合作，出席那些揭示并讨论棘手问题的重大会议，并利用一切机会发挥我的咨询专长。

本书便是上述一系列合作的成果。这并不是一本介绍思科公司的书，而是一本专注于探讨如何持续创新的书。书中各个章节都穿插了针对思科公司进行的长期案例研究，以提供有力的证据支持。此外，各章节还包含来自其他公司的100多个丰富实例，而为了更好地平衡各章节，我特意把思科公司的案例都放在这些实例之外进行阐述。因为本书的读者不一定非得是网络行业的狂热爱好者。

我必须承认，书中引用到的大多数实例都来自科技行业。这只是我在技术驱动型市场中20年咨询经验的体现。在写《跨越鸿沟》一书时，我首次对这些挑战进行了探讨，那本书所关注的是如何让主流市场采纳颠覆性技术这一难题。随后问世的是《龙卷风暴》(*Inside the Tornado*)，所讨论的问题与前者正好相反，它关注的是如何应对因新技术被爆炸性使用所引发的市场份额竞争。《龙卷风暴》又引出了《猩猩游戏》(*The Gorilla Game*)一书，该书重新阐释了龙卷风暴的含义，并探讨了它对股权投资的影响。不久前，由《猩猩游戏》引出的《断层地带》(*Living on the Fault Line*)一书则主要关注在所有这些力量影响下进行企业管理所面临的挑战：此时的目标不是进行颠覆，而是避免被颠覆。

因此可以说，科技行业是我所有研究的重心。但是，随着每一本书的撰写，越来越多的公司实例被纳入我的研究视野。这种现象一部分源自世界正变得越来越依赖科技，另一部分是因为科技行业与其他行业变得越发相似。现在，不会再有人认为一般商业规律不适用于科技公司，也不会再有人认为诸如整合、商品化、传承和惯性等概念不适用于科技行业。科技行业正在走向成熟。

随着科技行业日益成熟，人们逐渐意识到，该行业的所有创新方式都有待进化。30年来，摩尔定律的自然展开给该行业带来了一波又一波基于半导体技术的价格/性能方面的提高。但是，这一定律正面临瓦解，如果不是在物理层面，至少在经济层面是如此。在过去30年里，开支巨大的计算基础设施反复大规模更换，摩尔定律已无法对其进行合理预测。这表明，技术创新必须让位给其他形式的竞争优势来源，而科技行业正努力探索这些新的来源会是什么。在此过程中，该行业正变得和其他行业越来越像。事实上，科技界的高管们正期待着从其他行业获取指引，正如其他行业在面临扩张期结束时开始尝试采用的各种战略和战术那样。

与此同时，随着科技公司变得越来越像其他行业的成熟企业，那些传统企业也正变得越来越像科技公司。我们首先是在金融行业观察到这一现象的，它们已然将"算力"作为自己提供产品和服务的"工厂"。随后，医疗保健行业也展现出类似趋势，特别是在制药研究领域，如果没有大型算力的帮助，基因组就不能被解码或利用。如今，我们又在零售业看到这一现象。因为电子零售已从一种新兴的商业模式变成每家大型零售企业不可或缺的商业组成部分。同时，传媒行业也在经历这一变化。由于媒体内容的数字化，互联网本身也已从沟通渠道转变成一种媒体形式。我们也在汽车行业看到了这一现象，其中新车型的差异化特性越来越多地来自半导体电子设备，包括娱乐影音系统、自动温控系统、车载导航系统、仪表板显示器以及机械控制系统。

于是，我们周围到处都充斥着可以创造竞争优势的各种创新类型。无论是开创全新品类的颠覆性创新，还是维持现有产品品类的持续性创新，抑或彻底改变现有产品品类的更新式创新，它们无处不在。我们所有人都生活在达尔文法则的支配之下，不断被推动着提出新的行动方案，以在下一轮市场竞争中占据有利地位。这样看来，众多行业之间都存在许多可以相互借鉴的经验，这又有什么稀奇的呢？因此，无论是思科、西斯科（SYSCO）、Sun、Sunoco，还是位于红木城的甲骨文公司、"奥马哈的先知"⊖，抑或是SAP、

⊖ 指出生于美国内布拉斯加州奥马哈的"股神"沃伦·巴菲特。——译者注

ADP，都希望得到一些帮助，以应对所面临的不断重塑自我的压力。

本书分为三个部分。第一部分主要介绍基本模型，提供了一套包含三个框架的体系，为创新领域带来了新的视角。第一个框架聚焦于创新经济学，强调在产品和服务方面与竞争对手之间创造差异，从而赢得我们目标价格下的目标收入；第二个框架关注创新的品类动态，为理解在品类成熟过程中为何要在不同时间点上采用不同类型的创新打下了基础；第三个框架关注的则是商业架构，重点探讨规模运营和复杂系统这两种商业模式之间的差异，以及在这两种环境中创新是如何以截然不同的方式展开的。

在这之后，我们将进入本书的第二部分，也是本书要重点讨论的第一个主题：创新管理。在这一部分的各个章节中，作者对14种创新类型做了详尽分析，并提供了100多个实例，多角度阐释了公司如何运用某类创新，以创造与竞争对手之间具有决定性的差异，并长期维持这种差异。此外，本部分还包括一个清单，你可以从中选择并开发最适合自身情境的创新类型。本部分的最后一章提出了一套方法论，旨在帮助你引领你的组织完成这个选择和开发的过程。

然而，看到竞争差异化的希望之洲是一回事，带领你的团队走向它却是另一回事。许多人不确定自己是否应该向前，还有一些人则积极地试图阻止其他人向前。因此就有了本书的第三部分，也是最后一部分：惯性管理。这部分内容涉及如何从外围提取资源并将其重新整合运用到核心上的双重艺术。这一部分介绍了一种所有生态系统都乐见的循环再生方式。它执行起来绝不像人们想象中的那么标新立异，但它要求所有相关方能自发地甚至热情地进行合作。为了确保实现这一点，你需要投入时间、智慧、同理心和耐心。本部分所包含的知识框架，为实现这一结果所需进行的对话提供了必要的交流工具。

我坚信，现在是进行此类对话的时候了。世界经济正在经历另一波重大变迁，这种每隔一个世纪就会发生一次的变迁，使经济优势的中心转移到了新的地理位置。在过去的五个世纪中，我们目睹了这一中心由意大利的银行家转移到荷兰的商人那里，之后又转移到了法国、德国和英国这些帝国势力手中，然后在20世纪又跨越大西洋来到了美国。现在，我们正见证这一转移横跨太平洋。几乎没有经济学家怀疑，中国和印度以及其他众多国家推动下的亚洲将成为21世纪的全球经济中心。

显然，任何这类转移对于竞争优势战略而言都意义重大，尤如一份罕见的无须修改的商业计划。不过这并不是说你非得在下周一之前就完成这种进化。它的进程十分缓慢。然而它的确需要我们退一步进行反思。你开始得越早，就能越快摆脱那些让企业脆弱不堪的商业目标，确立起能够巩固你的企业的新地位的经营方向。

带着这样的想法，让我们开始阅读本书吧。

目录 | CONTENTS

推荐序　掌控创新之舵
译者序　整体穿越"达尔文之海"
再版序　两年后的《公司进化论》
前言

第一部分 | 基本模型

第1章　创新经济学　　　　　　　　　　　　　　　4
第2章　创新与品类成熟　　　　　　　　　　　　　13
　　　　案例　思科公司的产品组合　　　　　　　　19

第3章　创新与商业架构　　　　　　　　　　　　　28
　　　　案例　思科公司的商业架构　　　　　　　　45

第二部分 | 创新管理

第4章　创新类型　　　　　　　　　　　　　　　　57

| 第 5 章 | 成长型市场中的创新管理 | 67 |
| 案例 | 思科公司在成长型市场中的创新 | 91 |

| 第 6 章 | 成熟市场中的创新管理 | 101 |
| 案例 | 思科公司在成熟市场中的创新 | 145 |

| 第 7 章 | 衰退型市场中的创新管理 | 153 |
| 案例 | 思科公司在衰退型市场中的创新 | 166 |

| 第 8 章 | 企业的创新管理 | 175 |

第三部分 | 惯性管理

| 第 9 章 | 从外围提取资源 | 191 |
| 案例 | 思科公司及其核心 – 外围分析 | 206 |

| 第 10 章 | 将资源重新运用于核心 | 214 |
| 案例 | 思科公司与资源循环利用 | 225 |

| 第 11 章 | 企业的惯性管理 | 233 |

| 致谢 | | 238 |

| 术语表 | | 241 |

| 第一部分 |

基本模型

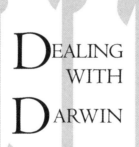

第一部分　基本模型 ─── DEALING WITH DARWIN

创新和惯性自以物易物的时代起，就一直困扰着成熟企业。这些困扰来源于"迷雾"般的误解，而本部分的目标就是驱散这片迷雾，使我们能够更加专注于企业经营。

几个特别需要我们消除的迷思是：

（1）创新本身就是有价值的。

（2）随着品类的成熟，创新变得不那么必要，创新的可能性也在降低。

（3）创新的本质在任何公司都是相同的。

我们将在第 1 章的结尾部分看到，只有当创新能帮助我们获得经济优势时，它才具有价值。创新最大的价值在于当它为我们带来足够大的差异化时，它会使得客户更偏好我们所提供的产品或服务，并愿意为这一偏好支付额外的费用。创新的价值还体现在它能够中和对手的竞争优势，并提高我们自身的生产力及盈利能力。但是我们也应当看到，企业正在进行的诸多创新并不符合上述标准，反而可能是在制造浪费。有效地管理创新，要求我们将精力重新集中在能够带来经济回报的创新上。

在第2章中，我们将从一个不同的视角来审视创新，观察随着品类的成熟，客户是如何奖励不同形式的创新的。其实，市场从未停止过对创新的奖励。因此，即便是在品类生命周期的尽头，企业只要采用了合适的创新类型，仍存在通过创新来创造更大经济回报的机会。当然，企业想要成功就必须保持所选择的创新类型与品类主流动态特性的一致性，本章主要探究的就是如何建立这种一致性。

创新的战术与采用该战术的企业的商业架构之间也需存在另一种形式的一致性。在第3章中，我们将看到两类主要的商业架构，即作为消费者交易基础的规模运营模式和作为企业间商务基础的复杂系统模式，它们具有对方无法采用的独特创新方式。在这两个商业架构中自由切换职业的专业人士，必须根据当前自己所处的情境进行深刻反思，并重新评估自己的经验。能够同时适用于这两种商业架构的经验寥寥无几。

一旦牢记了这些观点，我们就将进入本书的重要话题：成熟企业应如何管理创新和克服惯性。

第1章 创新经济学

推崇创新的经济学观点看重的是创新带给企业的定价能力。没有创新，企业所提供的产品或服务将趋于同质化，并逐渐沦为普通产品。随着这一趋势的发展，客户能够轻易地将一个供应商与另一个供应商进行比较，以获得更优惠的价格。一段时间以后，市场的价格会趋于稳定，但这种稳定的价格往往会等于或者低于成本价，导致投资者的投资收益低于资金成本，进而导致市场资金外逃。相反，如果企业应用了创新，其产品或服务的差异化程度会越来越大，不同产品将逐渐成为不同细分市场的优先选择，这就会赋予这些产品的供应商在各自的细分市场内更大的定价权。在这种情况下，市场稳定后的价格会远远高于成本价，能够创造出超过资金成本的投资收益，从而吸引更多的资金流入市场。

该观点建立在一项基本原则之上，即一旦创新创造了产品的差异性，它便能为企业带来诱人的经济回报。然而,这并不是创新可以带给我们的唯一结果,我们应当结合实际情况进行分析。请仔细观察图1-1所展示的内容。

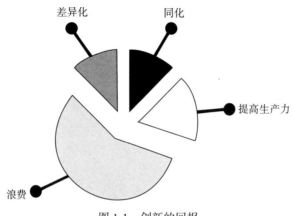

图1-1 创新的回报

这个饼状图展示了企业所有的创新活动(研究项目、开发计划、跨部门合作举措等)所能产生的全部结果。除了实现差异化之外,创新还能带来另外三种结果,其中两种是企业所渴望的,另一种则不是。在现实情况中,不同组织的饼状图中这四种结果的比例不尽相同,我所绘制的这个图旨在尽可能地激发读者思考。

企业渴望的创新结果之一是同化,其目的是通过追赶竞争者卓越的业绩水平,或者达到曾一度无法满足的市场标准,从而实现产品差异的消除。例如,运动型多用途汽车(SUV)刚推出时,福特等少数汽车制造商通过进入这一市场实现了差异化,其他汽车制造商在推出类似产品时,它们的目标就转向了同化。网景公司(Netscape)首先在互联网浏览器上实现了差异化,但随后被微软公司同化;花旗银行在20世纪70年代通过自动取款机(ATM)实现了差异化,但随后被其他银行同化。

第一部分　基本模型　——　DEALING WITH DARWIN

同化作为一种适应不断变化的竞争动态的重要方式，确实也需要创新。不过，其经济原理与差异化策略存在本质区别。同化策略并不能像差异化策略那样产生巨大的正面回报，部分原因在于同化的核心作用在于减少负回报。因此，采用同化策略的创新项目，其目标应该是不同的。在此，我们寻求的是在同级别中达到足够好而非最好，其原因主要有两个：其一，即便在同级别中表现最好，若未能率先进入市场，其收益可能也无法与投资金额相当；其二，对于同化来说，市场进入时机比产品的性能或功能差异影响更大。此时，我们的主要目的是拖慢竞争对手的市场推进速度，它们独占市场的时间越短，所能制造的市场动能就越有限。

创新的另一个目标是提高生产力。这样做的意图是直接影响市场结果，而是通过降低生产成本来实现市场目标。诚然，只要生产力的提高具有足够的突破性，就可以创造差异化，并可能会产生一定的同化效应，进而推动公司迈上一个新台阶。但通常情况下，提高生产力的主要目的是降低现有工艺的成本，从而节约投资或者增加利润。

提高生产力对于公司适应性进化过程至关重要，因为它释放了那些可用于其他创新活动的资源。它需要重大创新的推动，这些创新主要强调在深入理解现有流程的动态特性或使用更先进工具的基础上，进行流程再造。提高生产力的项目重点在于对资源进行回收利用，以确保项目自负盈亏，这一点通常通过减少预算和人员数量的方式来实现。很多企业都应在如何重新利用释放出的资源这一点上进行改进。管理层总是过多地采用临时裁员和销账等方式，这不仅会对自己的员工队伍及所处的社会环境造成损害，还会埋下不信任和不团结的种子。这是一种代价高昂且低效的方法。寻找更为稳健的替代方式是维持创新绩效的关键，这将在后文中详细讨论。

除了差异化、同化、提高生产力,还需要考虑什么?浪费。被浪费的创新可归为几类。一类是在尝试实现差异化、同化、生产力的提高这三种创新目标时未取得成功的创新。这类创新是商业活动的固有组成部分。没有任何一项举措可以确保绝对成功,大部分情况下,你都应该将失败的风险纳入你的整体规划。

其他形式的浪费危害更大。同化的努力若超过了"恰到好处"(经常是因为骄傲),并不会产生任何额外的经济回报——事实上,由于你所做的超出了市场需求,它们的回报可能会更低。提高生产力的举措若超出了降低成本或优化周期的努力,错误地去追求一些"锦上添花"的提升,也是一种资源浪费。但是,最糟糕的浪费的形式是:一个创新项目已成功达到了指定目标,却因未能进行得足够深入而无法在市场上形成有效的竞争优势。

这是一个非常可怕的结果。你为了实现差异化投入了大量的资源,得到的却只是同化的结果。这意味着你的定价能力得不到任何增强,因而无法获得最基本的经济回报来证明创新的价值。此时,你正走在一条危险的商品化道路上,假如你在短期内不采取强有力的措施,不久你就会发现自己被困在山脚,既没精力又没资金重登山顶。

通用汽车旗下的雪佛兰品牌和惠普公司的个人电脑部门的经历就是如此,大批的航空公司和电信服务提供商的经历也是如此。这些公司并不是没有创新,问题在于它们的产品或服务没能形成有效的差异化。更重要的是,这些产品或服务根本就不是为差异化而设计的。

请你试着回忆一下雪佛兰在过去 10 年推出的某款轿车的外形特征。想不出来?这正是我接下来要阐述的观点。你能轻易想起科尔维特(Corvette)跑车、克莱斯勒漫步者(Chrysler PT Cruiser)敞篷车、凯迪拉克赛威(Cadillac Seville)、悍马(Hummer)或 Mini Cooper 吗?你的回答应该是，当然可以，这也是我将要阐述的另一个观点。创新的差异化必须足够显著，以至于它一旦成功，便可以在市场形成独特的区隔。这就是为什么克莱斯勒的失败比雪佛兰的成功更令人难忘——比如克莱斯勒的蝰蛇（Viper）和猎兽（Prowler）。

那为什么会这样呢？为什么创新在服务于差异化的过程中，即便成功了，最终还是被视为失败呢？可悲的是，这种事情实在太容易发生了。创新不够成功有两个根深蒂固的原因，若我们想要摆脱这种困境，必须直接面对这两个原因。第一个是一种想要降低风险的心态；第二个是企业内部缺乏一致性。

差异化的敌人

降低风险的心态促使人们避免采取可能会危及现有资产和关系的冒险行动。它的基本理念是恪守常规，并充分利用集体的智慧。因此，它实际上是对那些不奖励差异化的情况的一种积极适应性进化反应。我们将这些情况称为"外围"。

对于外围管理来说，降低风险是一种明智的策略。外围管理的失误会受到惩罚，但管理出色未必得到奖励。因此，没有理由承担风险，但有充分的理由去避免风险，规避风险是处理此类难题的理想手段。

但是，对于核心业务来说，降低风险是一种可怕的策略。"核心"就是那些能够带来差异化的创新。要在核心业务上获得成功，最常见的做法是将你的价值主张发挥到竞争对手不能也不愿跟进的极限程度，从而创造出你一直在寻求的独特区隔。按照核心的定义，追求成功意味着你正从群体中脱离出来，做出群体不愿意也不应做出的决定。这些决定伴随着一定的风险，也有可能会失败。但这一次，尝试是值得的，因为由此所获得的定价能力可以对抗商品化的影响。也就是说，规避风险的行为在此时是一个失败的策略，它只会增加创新被浪费的可能性。

如果我们能够分辨降低风险对外围和核心业务影响的差异，并能在应对创新问题时暂时搁置风险规避的惯性思维，那么一切将会变得很顺利。但做到这一点并不容易，特别是当外围管理是你工作的重心时，难度更是倍增。此外，降低风险的做法常常被表现不佳、心怀不满的员工利用，作为他们想方设法逃避责任的借口，或者通过轻微的消极抵抗行为来表达他们的沮丧，拖住任何旨在推动企业腾飞的行动。这会给领导者带来极大的挫败感，他们无法理解为什么一些团队成员不能为了共同利益而努力合作。

然而，缺少合作往往是由于这些领导者自身可能是创新的阻碍——企业内部缺乏一致性。为了实现使企业脱颖而出的差异化，就需要依赖于整个企业所有内部成员的精诚合作。虽然起初可能是由一个强大的团队来主导创新活动，但这只是开始阶段。为了放大创新的效应并实现使企业脱颖而出的差异化优势，企业的每个职能部门都必须重新调整工作的优先级。否则，企业就会轻易被竞争者同化。

例如，其他个人电脑供应商能够同化 Gateway 公司，但不能同化戴尔；其他杂货零售商能够同化 Pack'n Save，但无法同化沃尔玛；其他豪华酒店能赶超丽思·卡尔顿酒店（Ritz-Carlton），但无法赶超四季酒店（Four Seasons）；其他搜索引擎能取代 Ask Jeeves，但无法取代谷歌。为什么会这样呢？因为每一家脱颖而出的企业都是上下同心、行动一致地围绕着一个特定的价值主张来运作的。

为什么这种一致性并不多见？答案是，在大多数企业中，创新活动均高度分散，多个部门朝多个方向推进。这实际上是一个很好的战略，因为它能给企业提供一个选项众多的创新组合。其失败的根源往往在于领导者未能将某项创新排在优先的位置上。我们总是避免将所有鸡蛋都放在一个篮子里,并倾向于两头下注以避免全盘皆输。然而,如果回想一下数学老师所讲的向量加法,我们或许就不会那么做了。你还记得向量吗?记得那些代表特定的方向及大小的箭头,以及它们叠加后所带来的结果吗(见图1-2)?

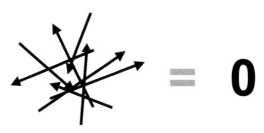

多项创新举措的"泡泡龙"(bubble-up)式管理

图1-2 创新战略——牢记你的向量运算

如果企业不对创新战略加以管理,就算创新还是像泡泡一样不断涌现,它们仍难以实现协同规划。如果不加选择地将它们全部推向市场(此种情形下的默认做法),任何一项创新都难以实现突破性的成就。

在我看来,这正是惠普所面临的困境。曾经有一段时间,惠普的每个部门都能进行独立创新,因为它们分别服务于不同的技术领域。这曾经是惠普的经营之道。但是,一旦企业的市场与更大的企业和消费者细分市场进行了融合,其以发明为核心的战略就会开始导致资源浪费,而非实现差异化。这就是惠普未能赶超戴尔和IBM的原因。这不是基层的问题,而是领导层的问题。具体来说,这涉及优先级设定和聚焦的问题——这恰恰是管理顾问最喜欢使用的两个概念。这两点说起来容易,做起来实际很难。为什么会这样呢?

那么,让我们根据图1-3来做一个简单的思维实验。

泰格·伍兹　　　　　　　　　　外围
核心

图 1-3　核心与外围

假设泰格·伍兹来向你征求建议，他想了解在核心事业以及外围事务上应如何分配时间。你会怎样回答他呢？如果你的想法和大多数人一样，你可能会说："将你所有的时间都集中在你的核心事业上，将外围事务交由其他人来打理。"那么，他可能会说："你知道吗？我 90% 的收入实际上都来自这些外围事务，而非核心事业。你确定我不应该在外围事务上花更多时间吗？""不应该！"我们会肯定地回驳他，"你应该用从这些外围事务中所赚的钱，去争取更多的时间来专注于你的核心事业！长远来看，这最终会带来更大的回报。"

然而，我们自己却不是这么做的。我们倾向于首先将时间分配在能获得主要收益的生产活动中，而非用在取得竞争优势上。我们正在做的正好是我们告诉泰格·伍兹不应该做的事。我们极力说服他，只要他着眼于竞争优势，收入自然就会滚滚而来，他不需要自己去管理这些外围事务。事实上，我们自己也应当采纳相同的建议。

聚焦和设定优先级是在通过创新实现差异化时所必须考虑的。如果我们不能从群体中脱颖而出，我们就浪费了预算。而为了脱颖而出，我们必须摒弃降低风险的惯性思维，消除企业内部缺乏一致性的问题。这两者均不会自行实现。

为了采取下一步行动,我们需要一个框架。在这个框架中,我们能够准确地描述我们拥有的所有创新选项,提出恰当的风险规避议题,关注为实现差异化而大胆采取行动的必要性,并支持实现显著差异化所需的公司内部协同。我们将这一框架称为创新类型模型,这也是第 2 章的主题。

第 2 章　创新与品类成熟

经济结果是通过产品的品类得以实现的，具体包括客户会如何选择自己想要的商品，会去杂货店的哪一排货架找它，愿意为它支付什么价格，期待通过该商品获得什么好处。同时，还包括投资者应如何配置自己的投资组合，先投资哪个行业，对每个行业投资多少以及持有哪些公司的股票。想要借助创新获得成功，投资者就必须明白，不同的品类在不同的时间点会采取不同类型的创新。

换句话说，产品品类和世界上其他大多数事物一样，都有其产生、发展和消亡的不同阶段。这些阶段所呈现的经济特性大相径庭，因此，企业在制定创新战略之前，必须明确自身的产品品类处于其生命周期的哪一个阶段。本章的目的便是提出一个直观的框架，以辅助企业顺利完成这一工作。此框架便是"品类成熟生命周期"（category maturity life cycle）。

这个框架模型由五个阶段构成，可分别记为 A 至 E（见图 2-1）。A 阶段描述的是一个新品类的问世，该阶段本身就较为复杂，还包含着一个名为"技术采用生命周期"的子模型。它也是我早期几部著作的重要关注点，其中大家最熟悉的应该是《跨越鸿沟》和《龙卷风暴》。如果你对它们仍然很熟悉，就可以直接跳过这部分内容；如果你对它们还不熟悉，接下来的内容将帮你回顾相关的核心概念。

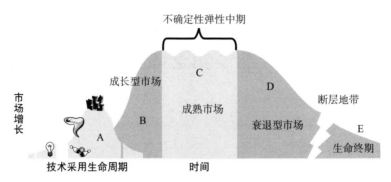

图 2-1　品类成熟生命周期

技术采用生命周期源于不同的人和组织在面对颠覆性创新时可能会做出的不同反应，具体来说主要是以下五种反应（见图 2-2）。

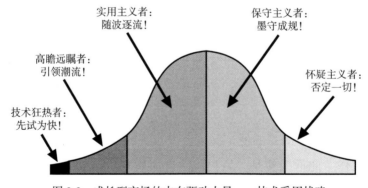

图 2-2　成长型市场的内在驱动力量——技术采用战略

这五种反应（先试为快、引领潮流、随波逐流、墨守成规、否定一切）代表着几种普遍存在的现象。它们在图 2-2 中所构成的曲面面积与其出现频率成正比。大多数人会发现自己更倾向于其中的一种，并且在某种程度上可以用图 2-2 中的标签将自己准确归类。但当我们面对每个品类时，我们要面临一次新的选择，所以有些人在某些品类中属于晚期采用者，而在另一些品类中却成为早期采用者。

在任何特定市场的实际发展过程中，个体选择都会被掩盖在群体的统计数据中，因此我们能看到的就是这五种反应相互作用，进而创造出一种模式，即技术采用生命周期，如图 2-3 所示。

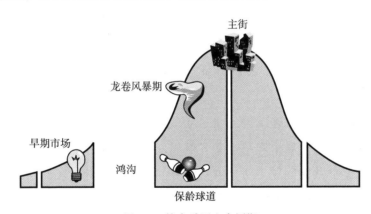

图 2-3　技术采用生命周期

图 2-3 中每个图标都代表着该模型展开的不同阶段，而每个阶段都代表着自身对前一阶段某种意义上的叛离和批判。下面是具体的阐述。

早期市场　当一项颠覆性创新最初被引入市场时，它最先吸引的是技术狂热者（他们认为这很酷）和高瞻远瞩者（他们认为其中蕴藏着颠覆性）的注意。后者会对这些项目进行投资，看能否利用这种颠覆性能力，以期获得显著的竞争优势。实用主义者会对这些尝试非常好奇，然而他们还是比较谨慎的，因此不可能真正参与其中，他们处于鸿沟的另一边。当这些

第一部分 基本模型 —— DEALING WITH DARWIN

早期采用项目开花结果时,媒体会完全不吝溢美之词,将这项技术描述成下一个重大突破。于是,新的品类就此诞生,比如数字市场或者基因医学等。然而,它们究竟是货真价实还是昙花一现?没人能说清楚。

鸿沟 鸿沟代表一种模棱两可、似是而非的状态。进入市场一段时间后,产品或服务失去了新颖性,高瞻远瞩者不再将其视为显著竞争优势的来源,他们会转向别处寻找颠覆性机会。与此同时,这些创新被采用的程度尚不足以说服实用主义者,让他们可以放心大胆地购买这些创新产品。秉持从众策略(stick-to-the-herd strategy)的实用主义者需要看到其他实用主义者的购买行为后,才会采取相应的行动,这时,市场会陷入停滞。在 2005 年,几个试图跨越鸿沟的新技术包括:网格计算(grid computing)、氢燃料电池(hydrogen fuel cells)。而某些类似"陀螺平衡小轮摩托车"(gyro-balanced motor scooters)的玩意儿,似乎注定永远无法跨越鸿沟。

跨越鸿沟 要跨越鸿沟,唯一可靠的方式是瞄准鸿沟另一边的利基市场,这个利基市场由实用主义者组成,他们之前肯定存在一个尚未找到解决方案的共同问题。对这群"痛苦的实用主义者"来说,只有在技术能为他们提供成套的完整解决方案时,他们才会有动力推动新技术跨越鸿沟。这个概念的最早提出者是泰德·莱维特。在此之后,比尔·达维多将该新技术称为"整体产品"(whole product)。近年来成功跨越鸿沟的产品包括:RFID 传感器(用于交通运输和物流市场)、DNA 检测(用于犯罪学)以及网上银行(用于支付账单)。

保龄球道 在这个品类的成熟阶段,该技术已在多个利基市场上得到实用主义者的接受。在这些市场中,该技术能为不寻常的问题提供真正的解决方案。无论哪个利基市场采用该技术,相邻的利基市场都会更易受其影响,由此有了保龄球瓶的比喻。在采用该技术的利基市场内,市场中正在出现新的客户和价值链合作伙伴,这种新的范式会吸引一批忠实的追随者。而在这些利基市场之外,该技术变得更加广为人知和被接受,只是尚未被大众采用。在2005年,处于保龄球道阶段的产品包括:网络电话(IP电话,VoIP)、视频会议以及使用全球定位系统(GPS)的应用软件等。

龙卷风暴期 此时,该技术的实用性已在利基市场上得到了证明,在此过程中,一个杀手级应用程序也已出现。对于大众市场而言,它可以被广泛适用并极具吸引力。一夜之间,它会被视为必需品和标准。所有之前犹豫不决的实用主义者都会在此时涌入市场,唯恐自己落在别人后面。市场竞争在这些客户一拥而入后变得相当激烈。市场收益可能会以两位数甚至三位数的增长率激增,投资者会竞相抬高可能参与了该品类市场的某一家(或多家)公司的股价。在2005年,无线局域网、平板显示器和数码相机都属于龙卷风暴期产品。

主街 初期的超级增长潮退去,可能会形成一个维持较长时间的市场份额排名。客户选定了合适的供应商,接下来就只需要专注地、更广泛地使用这些技术。与此同时,他们希望看到产品得到系统性改进,并能以更多的采购订单来回报每一次改进。在2005年,笔记本电脑、手机和网站都处于主街阶段。

技术采用生命周期在市场完全融合、吸收了那个触发它的颠覆性创新之后,便宣告结束了。对于汽车产业来说,这个结束点发生在第一次世界大战与第二次世界大战之间;对电视机行业来说,它发生在20世纪60年代;对手机行业来说,它发生在过去的10年里。在整个周期结束之前,技术采用力量的影响非常大,以至于完全压制了其他力量的影响。

当市场完全融合、吸收该技术后,一组新的力量就会出现,就如图2-1所示的其他阶段:

成长型市场（B阶段） 尽管技术已被完全同化，但它所衍生出的产品或服务仍将在相当长的一段时间内保持高需求。市场可能会以两位数的增长率扩张，利润率也仍然可观。从进化论的角度来想想看，一个新物种的种群的数量增加，并持续在消耗未被开发的营养源，此时资源短缺的情况尚未出现。对管理者来说，这是一段极度舒适的时光，因为你所拥有的是品类成长阶段所产生的巨大经济回报，且仅需承担微不足道的企业风险。在2005年，宽带网络、电子零售以及信息存储系统都处于成长型市场阶段。

成熟市场（C阶段） 在此阶段，品类增长的势头已趋于平缓，商品化正在进行。从达尔文生物学角度来看，我们到达了小生境的边界，市场第一次遭遇资源稀缺的状况。增长再也不能简单地通过跟随品类的扩张而获得了。相反，获得增长的途径变成提高现有客户群体的产出，或者抢夺竞争对手的市场。在经历了一轮自然选择之后，接踵而至的是一波市场整合的浪潮，冲击了市场排名垫底的一批竞争者。市场领袖已通过有机增长和收购实现了营收增长（top-line growth）。客户对该品类早已习以为常，媒体也不再对它多加报道。不过，从积极的角度出发，只要没有淘汰性技术出现，那该品类的市场风险就几乎为零。市场仍可以在此状态下持续发展，并经历一轮又一轮类别内的改进、革新和自然选择，只要不出现可行的颠覆性替代方案，它就可以这样一直持续下去。在2005年，个人电脑、喷墨打印机以及关系数据库等行业都处于成熟市场阶段。

衰退型市场（D阶段） 到达这个阶段，品类发展已彻底受限，越来越难找到创新的机会，即便是市场主导者也很难获得有吸引力的回报。投资者对增长乏力或利润率停滞不前以及资本回报微薄感到焦躁不安。下一代颠覆性技术已然出现，不过尚未经历龙卷风暴期。同时，市场接受某种颠覆的时机已经成熟，其形式可能是某种淘汰性技术或某种突破性创新。在2005年,大型计算机、航空运输以及语音电话等都处于衰退型市场阶段。

生命终期(E阶段) 一旦一项颠覆性技术出现,且跨越了鸿沟,进入了龙卷风暴期,那在位技术就将遭到废弃,仅剩的客户也只会是那些保守落伍的人。尽管该品类仍然存在长尾效应,但由于其未来前景已被永久削弱,公开市场的投资者会因此纷纷撤离。该时期最适合将公司私有化,以"收割"品类、品牌、分销渠道以及客户关系中的剩余经济价值。在2005年,胶卷成像和长途电话等品类都已越过断层地带,进入了其生命终期。

总之,如果我们退后一步,整体地来审视这个模型,我们将会在某一品类的生命周期内看到多种多样的市场动态。这些阶段都将以各自独特的方式刺激或制约竞争,以使某些策略得到青睐,某些策略被边缘化。正因为如此,我们才会说不同类型的创新会在品类成熟生命周期的不同阶段占据主导地位。

在本书第二部分——创新管理里,我们将会把一系列创新类型叠加到品类成熟生命周期中,旨在将它们放置在最适合它们的成熟阶段。这将为你选择哪种类型的创新提供至关重要的参考,使你的企业在争夺客户偏好的战斗中赢得最佳机会,与竞争对手拉开决定性的差距。

现在,让我们引入本书的案例公司——思科公司,说明品类成熟生命周期是如何帮助一家大型企业梳理其产品组合的。

⊙ 案例
思科公司的产品组合

思科公司是一家网络设备公司,其2005年的年收益超过200亿美元。它的产品主要是为互联网和万维网提供重要的硬件支持,它已是这个领域当之无愧的市场领导者。尽管互联网基础设施是一个相对较新的概念，但这个技术领域的变化十分迅速，以至于思科公司几乎在品类成熟生命周期的每个阶段都提供产品或服务。因此，以思科公司为例来阐述品类成熟生命周期模型是最好不过的了。

不过，对于不熟悉技术领域的读者来说，这一案例有着另一维度的新奇之处，即它介绍了许多思科公司专有的新产品和新市场的术语，我将竭尽所能，尽可能多地介绍相关背景知识，以便让这些术语变得生动有趣。对于已经熟悉这些背景的读者来说，我不仅允许而且鼓励你们略读这些内容。

生命周期是随时间的推移从左至右展开的，但如果你从右向左读的话，可能会更容易理解它们。我们下面就从最成熟的产品或服务开始到最前沿的产品或服务结束进行介绍（见图2-4）。

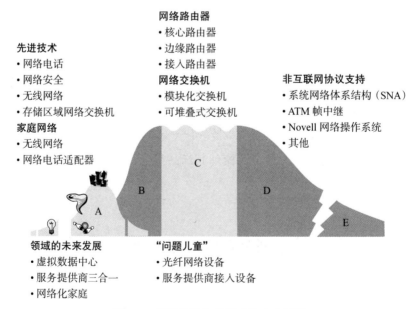

图2-4　思科公司与品类成熟生命周期

思科公司的业务始于 20 世纪 80 年代，当初的主营业务是为不兼容的私有网络做网络路由，最初是在斯坦福大学的校园内连接 DEG 和惠普的计算机。它通过为尽可能多的专有网络协议提供广泛支持，获得了最初的市场地位，其服务对象包括 IBM 公司和 Novell 公司，这二者分别是广域网和局域网的领先者。然而，到了 20 世纪 90 年代，这座巴别塔㊀之上诞生了一个新的标准——互联网协议，即 IP 协议。如今，几乎所有的网络开发都基于 IP 协议。尽管如此，基于前面几代私有协议的老系统依然会在数十年内存在。

这就解释了为什么思科公司仍然坚持提供一组处于衰退型市场阶段的产品。其实，了解这些产品的细节并不重要，重要的是它们仍在为企业和通信网络提供至关重要的服务。尽管它们不再具备增长的机会，但对于客户来说，其可用性、可靠性以及实用性能持续带来额外的价值。思科公司已经没有兴趣更新这些品类，但也并不急于马上抛弃它们。当前的战略是继续无限期地收割下去，直到相关资源有了更好的去向才退出。

思科公司网络设备业务的两大支柱——IP 路由器和 IP 交换机，可能会为其带来一个战略性的增长机会。路由器和交换机对于很多人来说是相对较新的概念，但它们的功能很容易理解。路由器是一个管理广域网络传输的设备，它可以处理长距离网络传输，就好像管理城市间的航空运输一样。路由器的品类可以细分为三类：核心路由器，即承载远距离地点之间传输的高速链路（类似洲际航线和波音 747）；边缘路由器，即在特定区域内管理传输的媒介（类似由短途飞机连接的地区航线）；接入路由器，即将本地传输接入互联网的界面（类似连接机场和城市的接驳

㊀ 在这里，巴别塔（Tower of Babel）是指网络通信领域中各种不兼容的专有协议，形成的一种复杂混乱的局面。——译者注

第一部分　基本模型　——————　DEALING WITH DARWIN

车和专车)。

相反,交换机处理的则是局部地区的网络传输,它将数据传输到预期要送达的特定地址,就好像城市的地铁、公交车、出租车以及私家车一样。交换机的品类可以细分为模块化交换机和可堆叠式交换机,前者可以通过模块扩展来提供更高级的服务(就像在一辆列车上加一节高级餐车),而后者最适用于基本功能操作(就像经济型汽车)。

路由器和交换机是思科公司业务中的中流砥柱,2005年思科公司总收益的85%是它们创造的。它们的市场十分稳健,总增长率一直在8%～15%,只会因年份、地区和垂直领域的不同而略有波动。不过,它们不再是飞速增长的市场,思科公司的战略也已从纯产品创新变为结合产品线延伸创新的集成创新。在本书后面的内容中,我们将深入挖掘这种从成长型市场创新转变为成熟市场创新的现象,以及它所带来的影响。

在思科公司,产品创新本身并没有过时,只是其重点逐渐转向了先进网络技术。如今最受其管理层关注的四类技术是网络安全、无线网络、网络电话和存储区域网络(SAN)交换机。它们的市场每年都在以两位数的增长率高速增长,这能给高成本、高风险的研发主导式创新带来可观的回报。与此同时,由于它们本身是应用在交换机和路由器上的,因此也巩固了公司在成熟市场的价值主张,即集成创新和产品线延伸创新。具体来说:

- 思科公司的网络安全产品和服务是全公司增长最快的产品线,绝对处于龙卷风暴期。随着思科公司开始执行一项名为"自防御网络"(Self-defending Networks)的战略,网络安全业务从最初的设备产品逐渐转向了交换机和路由器服务。在数字资产价值飞速飙升的时代,这一市场必然会吸引犯罪分子和恐怖分子的注意力,因而可以预期在不确定的未来这个市场还将显著增长。由于那些攻击者既会关注应用又会关注产品创新，因此防御者也必须重点关注这两个方面。

- 无线网络技术也处于龙卷风暴期，它重新定义了笔记本电脑和 PDA 接入全球信息服务的方式。由于该市场的竞争也十分激烈，而思科公司最初所提供的产品和服务尚未被市场接受，使得其他公司得以占据先机。思科公司随后进行了还击，并夺回了领先地位，其措施包括收购 Airespace 公司以填补自身产品线的一个关键性空缺。这是收购式创新的一个实例，这种创新不是为了更新某一个品类，而是为了重新定位一家公司在该品类中的位置。

- 思科公司的网络电话业务在技术采用周期中的位置会更靠前一些。它已经跨越了商业市场的鸿沟，包括管理子公司的语音通信业务以及与离岸呼叫中心的语音通信等市场。同时，随着 Skype 和 Vonage 这类公司的崛起，使得网络电话在消费者中获得了相当好的早期市场反响。当前，网络电话业务正是进行更多产品创新的时候，因为未来所有的语音通信可能都将涉及网络电话技术。

- 存储区域网络交换机代表了思科公司对数据中心业务一次新的尝试，这项技术促进了各类计算机及其数据存储设备之间的数据来回交换。尽管当前存储区域网络被采用程度超过了网络电话，但它是基于一种名叫"光纤通道"（Fibre Channel）的第一代网络协议。思科公司预计该协议最终会被 IP 协议所取代，后者的应用将大幅提升公司在该品类市场中的地位。目前，思科公司在该领域尚未取得市场主导地位，而是通过提供当前一代的交换机，辅助 EMC 等合作伙伴完善其整体存储产品和服务。

最终，网络产品消费市场的快速增长促成了思科公司进行另一项关键的收购，即收购了 Linksys（消费级无线路由器和网络电话适配器市场的领先者）。对于个人消费者来说，满足单一价值主张（如无线网络支持或互联网免费电话）就够了，相较之下，企业需要包含这两项技术的全套解决方案，因此它们的采用速度更加缓慢。因此，这些细分市场正逐渐由消费者主导，随着数字化内容在我们娱乐消费支出中所占比例越来越大，这一趋势将愈加明显。思科公司此前难以进入消费者市场的竞争，原因在于其成本结构和商业实践都是针对企业客户服务来进行优化设计的。对 Linksys 的收购则填补了这一空白。与此同时，这也使得思科公司即将面临同时管理两种截然不同的商业架构的挑战。关于这一点，我们将在第 3 章详细讨论。

如果我们展望未来，并关注技术采用生命周期的最前端，甚至是它尚未被充分开发的左侧空白地带，我们就会看到三个由技术驱动的市场正在逐渐浮现，并成为思科公司当前主要投资的焦点，它们分别是虚拟数据中心（data center virtualization）、网络融合（network convergence）和网络化家庭（networked home）。这三者都将为思科公司在新领域提供机遇，其发展前景绝不亚于公司现有的业务领域。

- 虚拟数据中心使数据中心中的每个设备都能根据其专业功能和当前工作负载，与其他设备共担任务。这一功能的实现依赖于将所有设备进行互联的单一网格网络，在初始阶段就是一个限定在一个机房内的高速且具备高传输能力的局域网络。这是一个巨大的技术难题，它要求新一代的交换机拥有前所未有的处理能力。目前，尚不能确定这些交换机将由一个网络设备供应商、一个计算机系统供应商或其他供应商提供，但可以合理推测出会是上述各种可能供应商来源的组合，而这种可能性本身就能为思科公司开辟一个数百亿美元的市场机遇。

- 网络融合的发展是由传统电话服务公司、无线电话运营商、光纤网络公司以及下一代服务提供商之间的竞争所驱动的，这些企业都聚焦于为消费者和企业提供数字化的产品和服务。目前，网络融合关注的是语音、数据和视频的融合。尽管融合正在进行，上述四种服务提供商的网络体系仍相互独立，但未来它们都将逐步接受 IP 协议的统一，迈向思科公司所称的"网络之网络"时代。这种转变意味着，尽管思科公司过去在语音和视频市场涉足不广，但仍有巨大的市场机会，有望占领较大的市场份额。

- 网络化家庭代表未来的发展趋势，是涵盖商业内容和个人内容的消费者内容⊖日益数字化的自然产物。目前，平面视频显示器和 iPod 正吸引着所有媒体的关注，但在未来，随着音乐、电影、快照、家庭录影以及视频电话逐渐成为标准家庭娱乐系统的重要组成部分，人们会想在家里的不同房间独立使用这些设备。随着我们对网络化家庭的持续投资，我们将会发现，它还可以支持更多日常功能的高级管理，如安保系统、空调、照明、游泳池温度、花园灌溉等。这正是思科公司旗下 Linksys 子公司努力开创的未来愿景。

在探讨思科公司与品类成熟生命周期的关系时，我们还必须考察其产品组合中的两个"问题儿童"，这两个"问题儿童"同属于通信服务提供商领域。由于市场管制的放宽，通信服务提供商之间的合并已持续了很长一段时间，并预计在未来一段时间内还将持续。这一趋势增强了思科公司在网络设备供应商面前的议价能力，同时预示着未来的网络设备

⊖ 指由消费者生成的内容，或受众是消费者的内容。——译者注

供应商的数量将会显著减少。

然而，到目前为止，预期中的合并尚未出现，也正是由于这种合并的缺席，使得戴尔崛起之前的电脑行业呈现出竞争残酷、无利可图的"繁荣"状况。

思科公司无论如何也不可能忽略这一领域，因为其目前收益的1/4来源于此。而在未来，随着网络传输日益倾向于采用按需使用模型（on-demand utility-provided model），预计该领域对思科公司收益的贡献将进一步增大。至于哪些商家将成为新模型中的供应商，哪种商业模式将最具竞争力，仍有待观察。

短期内，有两个领域将面临严峻挑战。首先是光纤网络设备，它对于应对当前和未来的传输需求至关重要，但是它也是一个过度开发的领域。在这一领域，思科公司并不占主导地位，且其产品也没有形成明显的差异化优势。此外，光纤研发的高度复杂性导致投资风险增加。因此，思科公司对这一品类采取了外科手术式的方法，关注将光纤接口集成进其路由器和交换机产品中，并在预期中的产业整合完成后，再考虑采取进一步的行动。

第二个领域涉及服务提供商接入设备，这一装置将集合个人消费者和企业用户线路，并将它们与更大范围的网络架构连接起来。在这一领域，思科公司的主要竞争对手阿尔卡特（Alcatel）和瞻博网络（Juniper Networks）都已采取了强势行动。鉴于"接入"是端对端网络架构的基础，思科公司欲将其纳入囊中。但由于当前的接入技术已十分成熟，且思科公司在这一市场居于边缘地位，直接出击似乎没有任何意义。目前，思科公司正专注于特定的专业化细分市场，比如有线网络公司，并致力于把公共和私人无线网络数据接入点整合至整个网络中。

这些挑战如此严峻的原因在于，通信服务提供商期望其供应商能够提供全面的端对端网络解决方案，而思科公司的这一整体方案还缺乏一些关键要素。此外，思科公司不打算建立该领域传统供应商（如朗讯、北方电信、爱立信等）历经多年发展而建立的专业服务和知识体系。它需要成为这些公司的服务端合作伙伴，但其竞争性的产品组合又使此类合作变得不可能。与此同时，整个行业都正在经历千载难逢的向 IP 网络基础设施转型的过程。目前确立起来的供应商关系在未来将涉及巨大的转换成本，导致赢家通吃，其他公司无法介入。因此，找寻准确的市场切入点仍然是思科公司管理团队正在努力的目标。

总之，思科公司拥有处于品类成熟生命周期各个阶段的产品或服务，这让它有机会考虑我们将要深入研究的每一种创新类型。然而，思科公司也很清楚，盲目地采用各种创新类型反而会削弱其差异化优势。因此，它选择将重点放在成长型市场的产品创新和成熟市场的集成创新这两个方向。在后续对思科公司商业实践案例的分析研究中，我们将讨论它是如何做出这些战略决策的。

第 3 章　创新与商业架构

本书的写作目的是分析并讨论成熟企业中创新的最佳实践。我们已经了解，创新的标准之一是要创造明显的竞争优势，创新还必须与该产品或服务所属品类在当前市场的动态相一致。在这里，我们想强调最后一点：创新必须适合其所属企业的企业类型。

商业世界以一种最基本的划分方式分为两个相互独立又互相影响的领域。这两个领域是由两类截然不同的商业架构来定义的，它们分别是复杂系统模式和规模运营模式。这两类架构泾渭分明，创新的最佳实践在它们之间无法被共享。

复杂系统的专长主要是以提供咨询服务的方式处理复杂问题，并提出个性化解决方案。它代表了以大型公共企业或私有企业为主要客户的企业或组织的经营方式。这类企业包括 IBM、思科公司和 SAP；高盛、瑞士再保险（Swiss Re）和世界银行；波音、泰克（Tektronix）和霍尼韦尔（Honeywell）；柏克德（Bechtel）、埃森哲（Accenture）和IDEO；阿帕奇（Apache）、哈里伯顿（Halliburton）和柏林顿（Burlington）。

与此相反，规模运营专注于通过标准化产品和交易为大众市场提供服务。尽管它在企业客户中也有许多应用，但是其从根本上是用于消费者的业务，有这类业务的企业包括雀巢、宝洁和耐克；柯达、苹果和索尼；微软、Adobe和艺电（Electronic Arts）；赫兹（Hertz）、希尔顿和美国联合航空；eBay、谷歌和亚马逊。

如图3-1所示，这两种模式各自有一个"最有效点"（sweet spot），在该点上其效率达到最佳，而往左或往右则呈下降趋势。以复杂系统模式为例，一方面，它可能由于系统过于复杂而崩溃，就像那些常见的预算严重超支的土木工程和军工项目；另一方面，如果没有足够复杂的问题待解决，系统自身的成本结构将会变成一个越来越大的负担，这常见于复杂系统企业试图进入下沉市场，为小企业客户提供服务的情况。

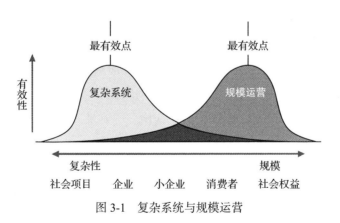

图3-1 复杂系统与规模运营

相比较而言，一方面，规模运营模式可能由于规模过于庞大而超负荷，就像我们经常看到的医疗保健或教育系统在提供基本服务时所面临的困境；另一方面，如果要求它处理过多的例外情况而业务量又不够大

第一部分　基本模型　—— DEALING WITH DARWIN

的话，其系统又会变得低效，类似于有时候规模运营的企业想要进入高端市场为大中型企业客户提供服务时出现的情况。

这两种模式几乎在每一个业务维度上都是截然相反的。也就是说，它们在产品研究、设计、采购、制造、营销、销售和服务上推行完全相反的战略和技术。在一个领域的最佳实践往往会成为另一个领域的最差实践。

这就引出了本章的关键论点：可持续竞争优势要建立在这两类架构其中之一的基础上，而不是建立在二者折中的基础上。这是一种比较偏激的说法，并非放之四海而皆准。因为两种模式之间的确存在一些"灰色地带"，市场也的确会偏好某种混合式的行为。尽管如此，本章还是要极力向你证明这一论点的有效性。

如果证实这一说法真实且有效，那么它将是对创新战略的一个重要启示。它意味着系统中会同时存在两个（而非一个）知识体系：一个是针对复杂系统模式的，另一个是针对规模运营模式的。尽管第2章里探讨的大多数创新类型在两种模式中都可以得到运用，但其中一些类型在一种模式中比在另一种模式中更加有效，且所有类型在两种模式中的表现都是不同的。这就是为什么最佳实践的交流学习应当在商业架构相同的公司之间进行，而不应该跨越商业架构。

尽管这一理念看似简单且直接，实际上却常常无法践行。某些职能部门的领导，如工程部、市场营销部或销售部的高管，经常会认为自身的专业经验可以超越这种区隔。如果他们在两种环境中都工作过（事实上这种情况很常见），他们会自由地使用自己过去的经验来解决现有的问题。根据我们的经验来看，这是一种很糟糕的做法，因为管理工具必须跟当前企业的主导商业架构相匹配，创新必须符合该商业架构的独有特性。想弄清楚为什么会这样，让我们先来详细分析这两种商业架构。

两类商业架构

复杂系统模式和规模运营模式之间的区别源于相反的经济模型。在复杂系统模式中,供应商试图将其客户群从几十个扩展到几百个,甚至可能扩展到几千个,每个客户每年的交易次数不多(有些甚至没有交易),但每笔交易的平均金额能够达到几十万甚至数百万美元。在这一模式中,有 1000 名每年支付 100 万美元的客户就可以产生 10 亿美元的收益。这一类型的企业以图 3-2 所示的模式进行组织。

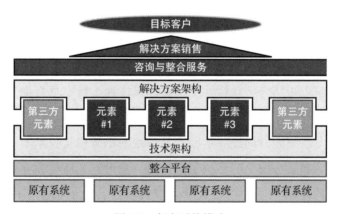

图 3-2 复杂系统模式

下面是这一模式的工作原理(由上至下)。

- 复杂系统模式整体是围绕目标客户进行组织的。因为它的经济效益取决于一个数量相对较少却能做出相对大数额采购承诺的客户群,因此符合要求的客户是这一系统中最为稀缺的资源,在与供应商谈判的过程中他们一般拥有较大的主动权。
- 供应商要围绕一个精心设计的营销体系来组织业务,这一体系由一个提供解决方案的销售部门来引导完成,该部门负责使业务与客户的利益和关注点保持一致。这一步的工作是发掘出激发购买意愿的客户需求和想法。

- 作为对以上高度定制化的客户交流体系的补充，供应商通过咨询和整合服务将客户的特定商业需求和自身产品的固有性能进行连接。这一步的目的是将已识别出的客户需求转化成一个复杂系统模式的解决方案。

- 这个复杂系统本身是一个"三明治"式的结构，其中两个子架构包围着一组多元化的元素。这些元素是可以用在各个解决方案中提升系统能力的模块，这些模块通常由规模运营型分包商提供。

- 从面向市场的方向统一这些产品模块的子架构是解决方案架构，它由适合特定应用的模板组成，这些模板将通用的产品与特定细分市场的需求相结合。在特性上，它们既体现了特定垂直细分市场独特的业务流程，又反映了该行业特有的专业技术。

- 从面向系统的方向统一这些产品模块的子架构是技术架构，它将这些产品和服务统一到系统层面，由一般设施、协议和界面组成。这一架构使得不同的模块元素可以被替换，从而创建不同的解决方案，而无须每次都从头开始重建整个结构。

- 一个整合平台在整个庞大的结构与其余的顾客系统环境之间形成缓冲，这一平台允许产品在这一层以上具有灵活性，而在这一层以下保持恒定的界面。这一点十分关键，因为所有复杂系统都必须以一种非侵入、可维护的方式被整合进客户的原有系统。

复杂系统模式的实例在IBM、波音、高盛、哈里伯顿以及埃森哲等企业的实际运作中都有体现。虽然每家企业所理解的技术架构不尽相同，且它们各自都用其行业特有的元素来组成其解决方案，但归根结底，复杂系统模式是它们组织资源的共同方式。正因为这样，它们与规模运营模式的企业形成了直接对比。

在规模运营模式中，供应商追求获取数以万计到数以百万计的客户群，每个客户每年的交易次数可能高达数十次，而每次交易的平均价格可能为几美元。在此模式中，800万客户每个客户每月花费大约10美元，才能创造近10亿美元的收益。这是一个完全不同的经济模型，其基础是系统化交易，不同于复杂系统模式中基于培养关系的业务。

这类模式的特性导致了组织关注的重点完全不同。

在规模运营模式中，单个客户并不是系统中的稀缺资源，因此他们并不是这一模式的焦点。相反，稀缺的元素是一种能够低成本、大批量地生产差异化产品或提供服务的生产方式。这使得规模运营的企业以订单生成能力为中心经营业务（见图3-3）。

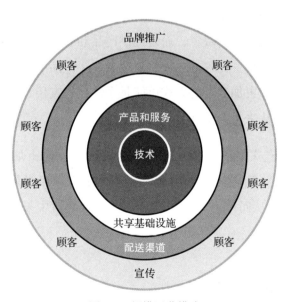

图3-3 规模运营模式

- 规模运营模式的中心是一种促成产品的技术（offer-enabling technology）。它可能存在于一个股票交易平台、一个电话网络、一家软件开发公司或一家食品加工厂等。不论它是什么，它都将会为生产大规模定制化产品进行最优化，在利用规模经济的同时，保持在表层进行差异化的能力。
- 规模运营模式的目标是创造大批量、多品种的产品和服务，它们可能是金融工具、软件或早餐麦片。这些产品和服务都被尽可能地优化，以满足零售市场的三项基本价值原则：价格、实用性和可选择性。
- 为保持尽可能低的成本，规模运营模式凭借资源、制造、物流和客户服务等方面的共享基础设施，充分利用规模经济。
- 规模运营模式的规模以及产品和服务的价位都要求配送渠道的共享，这个渠道是专为处理大批量、低接触度交易而设计的。这种交易并不真正面向消费者，而是提供产品和服务使消费者能够购买。
- 以品牌推广和宣传等方式吸引消费者购买产品或服务是此模式的最外层。其中更加复杂的方式可能是个性化的宣传，与复杂系统模式不同，它从来不会是针对个人的。

规模运营模式描述了 Verizon、戴尔、耐克、迪士尼还有赫兹这些企业是如何经营其业务的。在这些企业中，品牌承诺必须与促成产品的系统紧密结合，从而产生竞争差异。它与 B2B 环境中复杂系统模式截然不同。

两种模式的发展过程

复杂系统模式是为了应对将新类别产品引入新市场的挑战而发展起

来的。在这种情况下，许多完整产品的组成部分要么不可用，要么排列不当。因此，主要供应商必须承担协调安排的责任，这也是复杂系统组织结构设计的目的所在。首先，它必须遴选客户；其次，它必须挖掘出具有说服力的购买理由；再次，它必须构想并设计出能够满足这些购买理由的复杂系统，接着还必须征募完成这一系统所需的合作伙伴和盟友；最后，作为主要的开发承包商，它还必须真正地将整套解决方案和服务销售出去。所有这些繁重工作的大部分基础设施都必须在组织内提前构建。因此，交易的价格和毛利都必须足够高，以抵消所需成本和所承担的风险。

相比之下，随着市场的不断成熟，商业方面的很多约束都放松了。在已确立的品类中，潜在客户已经存在，且购买动机也已经建立。此外，基本的解决方案架构得到了进化，并在市场上许多产品中得到了体现。因此，对合作伙伴和整合支持的需求大大降低。反过来，这又降低了对分销渠道的压力，并使得主要供应商无须大量投资支持性基础设施。以上各方面带来的最终影响是不再需要维持高毛利，因而价格可以显著降低。

在这种情况下，复杂系统模式逐渐缺乏竞争力，市场转向了成本低、部署简单的规模运营模式。这样一来，市场就要接受一定程度的限制。客户同样被分入有着通用解决方案的细分市场，他们预期这些解决方案会逐渐标准化，不过他们仍然更倾向于那些能够满足他们偏好的大规模定制化商品。

当然，不是所有客户都愿意这样，因此此时仍然存在复杂系统业务。但是对于那些能够忍受局限性的客户来说，规模运营模式能够以更低的价格和所有权成本提供可靠的产品，这些属性吸引了越来越多的客户，使得产品销量增加，产品价格进一步下降，形成了自我强化的商品化循环。这反过来又迫使复杂系统模式的供应商在他们所解决的问题上花更大的力气进行差异化构建,从而造成两种模式进一步分化。因此,起初的连续进程最终分化为两极,因为两极之间的区域变得越来越难以立足。

其结果是两个独立生态系统的进化。它们各自支持一个端对端的价值链,将构成市场所必需的所有功能连接起来。但是这些功能发挥作用的方式截然不同,以至于要在二者之间切换或结合各种元素变得极具挑战性。

想了解困难程度究竟有多大,让我们仔细看看这两种商业架构分别如何应对一条简单价值链的需求(见图 3-4)。

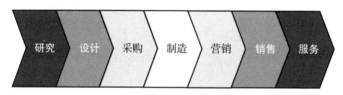

图 3-4　简单价值链

图 3-4 是我们能够想象出来的最简单的价值链模型,然而,即使是在这个最基础的层面上,这些功能在两类商业架构中的实现方式仍然有着巨大的差别(见表 3-1)。

表 3-1　价值链要素在两类商业架构中的实现方式

价值链要素	复杂系统	规模运营
研究	定性的情境	定量分析
设计	模块整合	整合的模块
采购	考虑边际量	考虑平均量
制造	适应性方法	确定性流程
营销	价值链控制	品牌与宣传
销售	高接触度沟通	低接触度分销
服务	开放式咨询	封闭式交易

让我们从研究谈起。在复杂系统模式中,市场研究有着定性的偏向,

因为每个客户自身都构成一个市场实体。例如，空中客车和波音公司的商用航线业务在全球范围内有大约200个主要客户。从统计数据上平均地去看待这样有限的客户没有任何意义。相反，你得深入挖掘每个客户的特殊情况，寻找其独特性，而不是数字上的相关性。这个时候你会发现，那些商战传说和假想情境，甚至是那些偶尔恰当的隐喻，都非常富有启发性。

相反，规模运营模式关注的是交易的一致性和可测量性。一台Palm或惠普的掌上设备需要售出上百万件才能收回投入在研发与营销上的成本。在此定量分析才是关键，团队必须小心提防那些引人入胜的商战传说和恰当的隐喻。研究团队或营销团队所喜好的特性往往并不能代表目标市场的普遍喜好，而在进行规模生产时弄错这一点的后果是十分可怕的。因此，即使是最具启发性的洞察，都必须经过深思熟虑的、统计上有效的实验的测试，而这是规模运营模式下市场研究工作的核心要点。

接下来谈谈设计。复杂系统的精髓之处在于它能够处理复杂问题。想象一个金融投资组合或一个计算机数据中心，在这里不存在完全相同的客户执行方案，也没有普遍适用的标准方法。复杂系统供应商必须将不同的子系统紧密结合，使之融入一个独特的设计，这就是表3-1提到的"模块整合"的含义。

相反，规模运营模式的目标是生产出那些无须修改就能被集成到大型系统中的小零件。在此，按订单生产（build-to-order）实际上就是按订单配置（configure-to-order）或按订单组装（assemble-to-order），因为所有零组件都是标准的，所有的可能性都事先考虑到了。这就是所谓"整合的模块"的含义。想一想盖普（Gap）所销售的服饰或百思买（Best Buy）出售的影音系统，它们的模块化程度越高，就越容易被大规模定制化，以满足特定客户群体的偏好，但是它们不可能实现真正的定制化。

再分析一下采购。在复杂系统解决方案中，采购中关注的是保障稀缺要素的供应，而不是为用量大的组件获取最低的价格，这是因为导致整个系统成本增加的主要不是库存价格，而是进度的延误。进度由系统测试控制，而在最后一个组件安装完成之前，测试都不可能完成。快速是这一模式的优点。

相反，在规模运营模式中，对最普通的元件进行价格和库存管理才是最大的问题。在此成本增加的主要原因是支付了错误的价格、购买了太多原料导致库存积压过多，或原料购买太少而无法满足需求。控制这些变量的方法是采用精确的流程和系统，并将其严格坚持下去。在这个系统中，加快速度是一种优点。

从制造方面看，两者的区别如下。在复杂系统中并没有真正可重复的流程，不存在完全相同的两台大型设备或两个项目。相反，连贯性、可预测性以及稳定性是从那些能够适应各种特殊情况的一致方法中得到的。这正是洛克希德·马丁、柏克德或埃森哲等公司的项目管理专长。

相比之下，规模运营模式中的确定性生产过程则截然不同，后者就好像一瓶药里面的每一粒药，都是一模一样的。当然，变化是固然存在的，但这里的目标不是接纳这些变化，而是要通过设计排除它们。例如，丰田的制造系统、99.999%正常运行的电话通信系统以及制药业的良好实验室操作规范，这些都源于机械的统计性质量控制，这与经营复杂系统模式所需的单纯个人判断大不相同。

在营销方面，差异同样明显。在复杂系统模式中，价值链中的任何一个成员都无法提供端对端的所有产品和服务。因此，市场营销的一个关键问题就是与合作伙伴协调一致。例如，想要引入 SAP 的企业资源计划（ERP）系统，需要惠普、埃森哲以及甲骨文这类公司的直接参与，还涉及思科公司、EMC 和微软等。在这种情况下，一家公司最有价值的资产是声誉，声誉让一家公司得以占据领先地位，并成为其他公司的理想合作伙伴。

将这一点与规模运营模式对比，后者所提供的整个商品被放在一个包装之内，整个价值链都可预先设定好，唯一需要管理的变量就是消费者的选择。这正是苹果公司的成功之道，首先是该公司的 Macintosh 电脑，然后是新推出的 iPod。其最具挑战之处在于，要成为每个消费者心目中的偏好，而最有价值的营销资产就是品牌形象。将两种模式在销售过程方面进行比较，会揭示更多的差异。

复杂系统的销售周期为几个月，并需要相当细心地集合所有对购买决策起决定性作用的客户利益相关方。想想你们公司在选择员工保险计划的供应商或选择在公司后台运行的人力资源系统时所下的功夫吧。

相反，规模运营模式的买卖过程是简单交易，不需要甚至常常不欢迎销售人员的干预。这里的焦点是购买，任何需要的销售工作都已经通过产品包装本身完成，辅以销售场所的陈列展示。儿童玩具和早餐麦片都是这类产品的典型例子，它们的包装本身就起着宣传和促销的作用。

最后，来看看服务。在复杂系统模式中，服务占完整解决方案预算的比例很大，一般为 50%～80%。无论最终产品是一座酒店还是在其中举办的一场婚礼，情况都是如此。服务同时包含了售前和售后的服务，前者帮助客户了解他们所面临的特殊情况，并有针对性地进行相应的投入，而后者是为了使产品运转得更快、更稳定。

相反，在规模运营模式中，服务要么嵌入了商品本身（如照片处理或互联网搜索），要么就是与售后维修和退货相关的低接触度交易。这些都是按照供应商的条款和服务中心的时间表进行的，因为其他方案都无法实现规模化。

总结前面所述，我们这里所讲的是两种截然不同、完全相反的商业形态。它们各自拥有自身的特点。

- 在复杂系统模式中，定性的市场研究阶段识别了那些只能通过集成架构才能满足的需求，而该架构中的采购原则是保证稀缺要素的供给，采用适应性很强的方法构建，通过谨慎安排之下协调配合的价值链进行营销，进行高接触度沟通式销售，并借助开放式咨询提供服务。这是复杂系统的经营方式。
- 规模运营模式与前者截然相反。在这里，企业通过定量的市场研究分析得到了可凭借模块化架构满足的需求，其采购的目标是获取最常见的元素，企业通过确定性流程生产产品，通过品牌推广与促销活动来营销，通过低接触度的分销渠道来销售，并通过封闭式交易模式提供服务。

这两种模式与创新战略之间的关系有两个维度。在每种模式内部，强调差异化的创新采取的是不同的路径。这就是为什么在两种模式之间共享最佳实践是个糟糕的建议。如果事情就是这么简单的话，本章便可以就此结束。但这两种模式之间还存在一种相互影响，它与品类成熟生命周期相关联，进一步塑造了创新战略。因此在结束本章之前，我们需要考虑这两种模式间的相互影响。

商业架构与品类成熟生命周期

复杂系统模式与规模运营模式之间的相互影响随着品类成熟生命周期的展开而发展、变化。这一进化过程的关键阶段可以从图3-5中看到，图3-5举例说明了过去30年计算系统的演化过程。

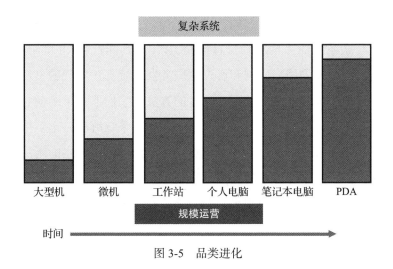

图 3-5 品类进化

- 复杂系统是新技术和新市场的先驱，它提供从集成架构中建立的服务导向型商品。这是 20 世纪六七十年代 IBM 等大型机制造商的经历。

- 随着开拓性产品的普及，最初那个完全定制系统中的一些部分现在可以被切割出来，成为一个个组件子系统，并利用规模运营模式将自己变得更加高效。这是 20 世纪 80 年代数字设备公司（DEC）等微型计算机制造商的经历。

- 同时还出现一种共生关系。复杂系统需要不断削减当前成本以维持利润，而在很大程度上，这是通过用价格更低的大量组件替代专有的传统子系统来实现的。规模运营需要预先开发的市场机会来实现扩张，而这种市场机会正是由前述的传统子系统提供。这正是 Sun 公司及其同行在 20 世纪 80 年代所做的。

- 随着时间的推移，品类内部的竞争优势无情地移向了规模运营。各式各样的子系统已强大到可以创造出自己的端对端替代品，以代替完整的复杂系统产品。最初此类商品并不能与复杂系统商品的质量或特性相抗衡，但它们的价格占优势，它们一般主要吸引那些买不起复杂系统商品的客户。这就是 IBM 及其同行在 20 世纪 80 年代开始尝试并采用局域网和客户端服务器系统真正实现的事情。

- 这些规模运营产品继续寻找改进的方法，它们取代了最初它们客户的复杂系统供应商的方案。反过来，复杂系统解决方案被推向越来越高端的市场，在那里寻求仍然需要它们提供高成本的附加价值的客户。这些稀有领域的客户越来越少，而其带来的结果是高端市场的供应商合并（即使规模运营业务在低端市场显著地增长）。表面来看，似乎复杂系统模式已走向衰败。比如 DEC 的微型计算机输给了个人电脑 / 局域网范式就是一个例子。

但是，故事并没有到此结束！如图 3-6 所示，复杂系统模式能够并且必须自我重建。

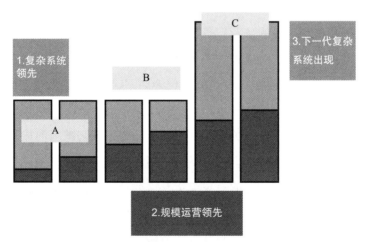

图 3-6　品类过渡期的商业模式创新

当过去的商品化品类不再需要复杂系统时，供应商必须开辟一片新领域，重新开始整个生命周期。如此一来，他们就能利用过去的经验设计下一代系统，融合并且超越他们所留下的商品化产品。因此，IBM 正重新发明计算体系结构，利用数千台个人电脑服务器制造超级计算集群，而如希柏（Siebel）、甲骨文以及 SAP 等公司，则正在开发移动办公应用程序，利用智能手机的计算能力。

那么，在理解了复杂系统可以通过发明具有更高复杂性的新品类来自我更新之后，我们可以发现这两类商业架构在品类成熟生命周期发展过程中的相互影响。

- 在市场发展的 A 阶段，复杂系统的参与者发挥主导作用。此时市场容量还太小，因此规模运营方式不可行。此外，此时几乎不存在所谓标准，复杂系统模式的增值服务是成功的关键。因此，规模运营模式的参与者明智地选择保持观望，见机接受一些组件生产业务，并等待进一步的发展。
- 接下来是 B 阶段。随着品类的成熟，规模运营可以开始挑战复杂系统的地位。这一入侵行为在复杂系统厂商中制造了一些恐慌，但智者会愉快地接受，因为这可以帮助降低最终产品的成本，而当前复杂系统供应商仍然可以通过完善解决方案来创造大量的价值。结果是两种模式此时得以相对和谐地共存并共同进化。
- 市场最终转向 C 阶段。在这个阶段，系统很大一部分的价值已经被纳入组件当中，因而想再维持集成架构这一传统已显得十分愚蠢了。规模运营在当前的品类中占了上风，复杂系统模式必须放弃其在这一品类中的地位，并在系统层级的更上一层中重新配置资产。正是形成当前局面的商品化使得这一点成为可能，因为复杂系统模式现在可以将这次商品化所创造的商品，用作更高层级系统的一个启用组件。

随着一代又一代技术的产生，出现了一个周期性循环发展的模式，如图3-7所示。

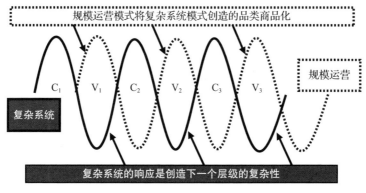

图3-7　循环与战略

图3-7中实线绘制的正弦曲线描绘了复杂系统模式的市场命运，而虚线曲线描绘了规模运营模式的命运。两条曲线上任意时刻之间的相位都相差180度。在每对循环周期内，复杂系统企业开拓新领域并获得早期回报，规模运营公司则紧随其后，榨取剩余价值。

为获得竞争优势而创新，正确的路径是坚守企业的商业模式曲线，不要在对方取得优势时垂涎。在品类刚刚出现时，规模运营企业不应当羡慕复杂系统企业此时丰厚的利润和开放的市场，而随着品类成熟，复杂系统企业则不应当嫉妒规模运营企业精益运营的利润和庞大的用户基础。事实上，两种模式都不能成功地利用对方的机会。规模运营永远不可能真正地接受复杂性，而复杂系统也永远不可能接受商品化。

诚然，规模运营企业通过系统地占领先前被复杂系统企业所占据的市场来寻求额外的市场增长。在此过程中，复杂系统企业的战略是抵抗这种侵袭，并在尽可能长的时间内捍卫自己的市场份额。也就是说，复杂系统模式是否最终会让位于规模运营模式，这可能并不是问题，何时让位一直是个关键，毫不夸张地说，对这一转变时间的把握可以决定数十亿美元的收益。最成功的复杂系统企业的出色之处就是在后防线上表现优异，就像最成功的规模运营企业最擅长无情的侵略一样。

总结

为了让读者更好地理解创新如何在业务中创造竞争优势，我们探索了两类商业架构的特性和互动关系。我们发现，可行的道路并非只有一条，而是有两条。它们彼此之间如此不同，以至于创新的最佳实践无法在它们之间共享。

这一点引出了竞争优势战略必须回答的第一个问题：我们要采用复杂系统模式还是规模运营模式？这代表着我们迈向竞争差异化的第一步。这一点十分重要，只要迈出了这一步，你就无须用其他方法去实现与另一类架构的竞争对手之间的差异化了。创新的重点转为延迟或加快品类商品化的步伐，具体就看你的公司属于哪一类商业架构范畴。

不过，当竞争来自采用同一架构的公司时，实现差异化就变得十分关键，此时创新类型模式开始发挥作用。我们将使用这一模式来确定我们的竞争对手将会采用哪类创新来实现与我们的差异化，而我们又要采用哪类创新来实现与他们的差异化。

⊙ **案例**
思科公司的商业架构

除了其中一个部门，思科公司是一家纯粹的复杂系统公司。它按职能组织经营，将主要资源分配于工程和销售部门，由客户服务、营销、

第一部分 基本模型 —————— DEALING WITH DARWIN

制造与物流、信息技术、财务、法律以及人力资源等部门提供支持。这一职能型结构中唯一的例外是它在 2003 年收购 Linksys 的基础上建立起来的消费者产品部门，该部门用自己的品牌为家庭用户以及一小部分中小企业提供产品。这是一个自主运营的规模运营部门，其目的是确保其商业模式不会被母公司的复杂系统模式拖累。

作为一家围绕职能而组织的复杂系统公司，思科公司必须时刻面对许多创新挑战。第一项挑战是管理跨职能的业务流程。按职能组织的公司倾向于围绕部门职能进行运营优化，这就造成了无法快速适应跨职能流程需求的瓶颈。然而，思科公司所服务的那些国际公司的需求复杂，需要高度协调的跨职能协同联动。怎样才能在公司内部保持职能集中化的有效性，同时适应外部的市场需求呢？在这种情况下最佳实践又是什么呢？

对于许多公司来说，答案是按照业务单元对公司进行重组，使每个单元都聚焦于某个特定的垂直市场，并针对具体市场的解决方案组合对运营进行优化。这不仅能创造更加和谐的客户关系，同时还能提供培养 CEO 接班人的基础。然而，这样的做法常常是以牺牲可观的毛利为代价的，因为业务单元模型的固有特性决定了大量功能的分散以及随之而来的重复。思科公司能够保持出色的毛利率（超过 65%），一部分的原因就在于它拒绝放弃职能组织模型。

取而代之的是，思科建立了由高级职能部门管理者所组成的跨职能业务委员会。根据市场领域的不同，思科公司共建立了三个这样的委员会：面向国际企业的企业委员会、面向电信客户的服务提供商委员会以及面向中小企业客户的商业委员会。每个委员会建立的目的很简单：处理以客户为导向的需求，并针对其开发"端到端"的响应方案。然而，要让它们正常运作是一项真正的挑战。

从一开始，这些委员会的存在就违背了思科公司管理文化的宗旨。思科公司的风格是，哪怕再复杂的问题，也只指派给单一的问题解决者，并促使其提出一套能够符合一种以上具体指标的解决方案。相反地，委员会的做法则是对问题进行全方位的开放讨论直至形成共识，然后在职能组织内部执行。对于一家习惯于"促其发生"（making things happen）的公司来说，要转变为"任其发生"（letting them happen）是十分困难的。

比如说，公司内部曾经存在一些很难参与此类团队合作的管理者，即便他们在专业领域的能力很强，他们也不得不离开。随着他们的离开，团队合作进度显著加快，与此同时，使用同行评议（peer review）进行团队表现评估的薪酬体系进一步促进了这种合作。结果是，随着时间的推移，委员会制度取得了更多的进展，特别是在竞争环境对跨职能协同有要求的情况下。总而言之，这是一个缓慢的过程，但是 CEO 约翰·钱伯斯愿意耐心等待。我认为，这种耐心才是此过程中的最佳实践。

来看看思科公司的业绩记录。在第一年里这些委员会没有起到任何作用。第二年，企业委员会发挥了一些作用，但由于思科公司本身默认的经营方式就是面向企业市场的，所以这也算不上什么丰功伟绩。然而到了第三年，商业委员会取得了突破。它成功地与合作伙伴一同组织了一套完整的面向解决方案的项目，让面向企业的复杂系统模式适用于一个对价格更为敏感的市场领域。这套项目包括产品的工程再造（以简化其安装、管理流程，使产品使用更加方便）、为销售伙伴专设的激励计划（以激励发展新客户和挖掘新用途）、有针对性的财务政策（以支持分销商、经销商以及终端客户）以及将昂贵的思科公司专业知识重新打包为成本更低且合作伙伴可运用的培训资源。所有这些创新都成功地扩展了思科公司复杂系统模式的长尾市场，而无须让公司放弃追求更高利润的目标。

第一部分 基本模型 —— DEALING WITH DARWIN

至于服务提供商委员会，它所面对的挑战是最大的：通信行业通常认为自己的提供商理应倾尽所能为该市场的产品和服务提供专用资源，那么在这一行业中应如何竞争呢？此时，一种具有诱惑性的做法摆在我们面前——不如干脆为它创建一个独立的低毛利率的业务单元，问题便迎刃而解了。但是从思科公司的长远规划来看，这样的做法缺乏远见。思科公司认为通信网络和企业网络将最终融合为一个网络。从长远来看，思科公司的最佳战略是与专营通信业务的企业建立合作伙伴关系，并针对这一领域的特殊市场需求提供服务。

遗憾的是，大多数理想的合作伙伴都拥有与思科公司直接竞争的主要产品线，因此在短期内公司必须自行创新。此时它关注的是那些早期采纳新技术的理想主义者，通过在全IP骨干网上首次提供下一代网络服务来寻求竞争优势。这些先驱型的客户成为服务提供商委员会关注的焦点，通过满足它们的需求，服务提供商委员会激发了自身跨功能转变的能力。

思科公司的委员会制度仍然在推行之中，但是这表明了一家复杂系统模式的公司可以将职能组织维持得比想象的更久，并且借此获取令人羡慕的毛利。这一战略的另一部分是，相对于服务收益来说，公司更强调产品收益。这又是一个容易被忽略的最佳实践。

复杂系统模式并没有指出整体解决方案中有多少来自产品，多少来自专业服务，但它会以更高的毛利率激励基于产品的交付（假设公司能够获得足够的市场份额来偿还前期投资）。在无法通过产品许可达到其收入目标的情况下，复杂系统公司将承担越来越多的以服务为基础的业务模式。这会导致毛利率下降，并使公司越来越容易面临海外服务提供商的竞争压力。一个更优的策略是将专业服务重点放在加速采用下一代产品的过程中。但是，如何在不损害总体毛利率的情况下做到这一点呢？

第3章 创新与商业架构

思科公司应对这项挑战的方法可以称为"骑兵与武器"——没有步兵。也就是说，思科公司会部署咨询团队（骑兵）去支持下一代架构与产品，这些团队在具有变革性的项目上与旗舰级客户合作交流，提升技术发展水平。这些项目中有两个关键的交付成果：第一，满意的客户；第二，可以重新包装的用于后续使用的知识（武器）。实际上，这些项目相当于付费的研发，旨在创建服务产品，这些服务产品随时间推移，都将会由自动化的系统或思科公司的合作伙伴（步兵）实现。通过这种方式，思科公司为其合作伙伴创造了市场，从而进一步捍卫了其市场领先地位，同时避免了对低毛利服务收入的依赖。

只要公司的下一代产品受到市场欢迎，这种最佳实践就是有效的。然而，这又引出了新的问题：如果产品不受欢迎怎么办？思科公司还没有遇到这个问题，但是我们的其他客户遇到过，在此，讲述一个我们自己的最佳实践供大家参考。

从全局来看，我们应该注意到，标准的做法都是尽力维持收益增长，而这不可避免地会导致公司对服务的依赖性增强。其实，这一做法违背了一个重要的原则，即任何公司最难成功改变的就是其利润模式。每一次这样的变革都会导致剧烈的缩编和重组，但是很少会同时发生管理层大规模变动的情况。换句话说，变革并没有引入推行新的利润模式所需的新技能。相反，只有一个越来越不堪重负的老"卫兵"，挣扎着去适应自己从未应对过的模式和问题。

因此，在我们看来，在当前一代的产品没能被市场接受时，最好的处理方法应该是立即进行结构重组，以在一个较小的收益基础上维持利润模型，而后集中力量让下一代产品重返主流市场。这样可以使企业保持在当前管理团队的掌控范围内，并维持一个可支持当前组织模式的财务模式——尽管规模较小。此方法的确需要管理团队坦率地承认工作上

第一部分　基本模型 ─── DEALING WITH DARWIN

的缺失，而不是将这些掩盖在另一笔收益流之下，以便将清算推迟到下一期进行。此方法很可能意味着个人的薪酬会降低，但作为回报，它为未来的管理决策提供了一个更真实的平台，并使企业整体发展更加健康。

回到思科公司的案例上来，现在让我们来关注一下它唯一的规模运营部门——Linksys，并看看其在被收购后是如何融入整个企业的运作中的。从一开始，思科公司就小心地维持着这一部门的自治，因此该部门得以保持其规模运营的优势。其中包含了一个成本低、快速进入市场的商务模式（它将大部分的研发、全部的制造以及物流进行外包），以及侧重于零售营销和分销的市场推广模式。为了确保其自主性得以保持，该部门直接向一位思科公司的高层管理者汇报，这位高层管理者的主要职责是保护该部门不被来自公司其他强大的复杂系统导向的职能组织的需求压垮。

迄今为止这项举措是成功的，而该部门在思科公司接掌后的两年内规模翻了一番，收入将近 10 亿美元。只要它继续专注于通过零售渠道进入消费者市场，当前的保持距离策略（arm's-length strategy）就会继续发挥作用。然而，从长远来看，思科公司的愿景是让 Linksys 与其他产品部门更加紧密地协作互动，因为家用产品将会逐渐变为复杂系统服务提供商网络中被整合的规模运营组件。在这样的未来愿景下，服务提供商的业务将由集成了规模运营组件的复杂系统解决方案来提供，这些规模运营组件是为了在大型系统中集成而专门设计制造的。Linksys 怎样才能在负担这样的设计制造的同时维持精益运营的利润呢？

思科公司还没有遇到这一问题，但商业架构的原则已经很清楚地表明了它必须怎样做。它必须保持 Linksys 的运作模式。因此，它必须找到一种方式来吸收复杂系统部门利润模式中更强的复杂性所带来的成本。为了支付这些成本，它还应该适当将更高利润份额分配给相应的成本承担部门。这样一来，Linksys 就可以作为一个虚拟原始设备制造商（OEM）为复杂系统总承包商提供规模运营组件，后者负责上游的非重复性工程和下游的销售与服务。

不过在目前，整个思科公司仍然作为一家以复杂系统为导向的公司在运营，并享受通过优化所有功能来支持这一架构所获得的协同效应。它的研究、设计、采购、制造、营销、销售和服务都反映了复杂系统的运作方式。当它需要快速适应变化的市场或强大的竞争对手时，它的各个职能部门能够顺利地进行互通，因为它们拥有一个共同的财务模型和共同的创造竞争差异化的方法。以上便是单一架构企业的最佳实践。

| 第二部分 |

创 新 管 理

第二部分 创新管理 —— DEALING WITH DARWIN

企业在制定创新战略时首先必须回答的一个问题：我们最擅长的是哪种创新类型，即哪种类型的创新能让我们在竞争中立于不败之地？本部分的目的就是帮助你和你的同事在这个问题上达成一致。

我们建议将每一种创新类型看成一个独立的向量，每一个向量都指向不同的方向。将任何一个向量充分放大就可以帮助企业从竞争环境中脱颖而出。那么企业选择这种创新类型而摒弃其他创新类型的依据是什么呢？我们认为有三个因素会影响创新类型的选择。

（1）核心能力（core competence）。不同的企业可以利用的资源不同——有些是隐藏的，有些是实际拥有的；部分存在于它们的商业架构中，部分存在于它们特定的历史经验中。

（2）竞争分析（competitive analysis）。不同的竞争对手留下了不同的可以利用的机会，它们要么完全忽视了这些机会，要么利用了这些机会但效果不佳。

（3）品类成熟度（category maturity）。在品类成熟生命周期的不同阶段，不同形式的创新会得到不同的回报。随着品类的成熟，某些形式的创新过时，需要新的形式来取代。

在这三个因素中，前两个因素在每家企业中都是特定的，因此在制定创新战略的过程中如何安排这两个因素是每家企业各自的责任。而品类成熟度的问题是每家企业都面临的问题，并且它为接下来的内容提供了背景。我们假设企业能选择符合品类成熟度的创新类型，以及放弃不符合的创新类型。在确定了品类成熟生命周期的每一个阶段可以采用的创新类型后，我们将为你提供一个框架，帮助你在选择战略重点时，仔细分析每个创新类型各自的优势。

只选择单一的创新向量看起来存在巨大的风险，需要极大的勇气。但实际上，在任何达尔文式优胜劣汰的环境中，这种风险最小。相反，如果你选择了多个创新向量，那么你的创新速度会下降，甚至不得不放弃某些东西，这样你就会面临更多的竞争对手却没有相应的自保能力。你可以将赌注押在所有的创新类型上，但这样做使你在任何一个向量上都不可能创造区隔，所以你还是无法在竞争对手的攻击中全身而退。如果你将赌注押在以下几点上，情况会好得多：

在特定的市场品类中，在既定的时间范围内，专注于所选定的创新类型，以超越竞争对手的表现，使其潜在客户和合作伙伴不再将它们视为合适的选择。

当然，赌注的投放生死攸关，需要进行妥善管理。管理是一个自上而下的过程，这正好与创新形成了反差，因为创新一般被认为是像泡泡一样从底部涌现的。但这两者可以变得一致。管理创新要求管理者创造一种自下而上的创新机会空间，以保持选项开放，但同时在能够产生差异化的单一创新方向上，做出自上而下的推动决定。一旦做出了这种选择，其他形式的创新就应该与所选择的方向保持一致或服从它。

还有一点就是：这不仅仅是一次选择。管理创新还意味着企业必须建立并维护一个战略组合，因为不同的品类对应不同类型的创新。这让情况变得有点复杂，在整个组织中可能会造成混乱，团队被要求在这里追求一种形式的创新，而在那里追求另一种形式的创新。为了保证创新组合的一致性和有效执行，管理层必须让组织了解不同选择背后的逻辑体系以及严格区分不同选择的重要性。

接下来的创新类型模型将帮助企业应对所有这些责任。它提供了各种各样的创新战略供企业选择，阐明了每一种创新在品类成熟生命周期的哪个阶段最高效。它还解释了每一种创新类型与其他创新类型的主要区别。实际上，它是一种分类方法，能帮助你和你的团队正确框定所有的选项，然后做出最好的选择。

第 4 章　创新类型

每当听到"创新"这个词时，我们往往会想到它最引人注目的形式——颠覆性创新，这种创新是由最聪慧的发明家、最富有想象力的艺术家以及最激进的企业家创造出来的。这种创新的确是一种重要的创新类型，在图 4-1 中处于左侧下方。如图 4-1 所示，颠覆性创新拥有许许多多其他的"兄弟姐妹"，它们共享着品类的整个生命周期。

在本章接下来的段落中，我们会将这些创新逐一分类解释。现在，我们只是从整体上对这些创新进行归类。当你听到有人说"我们无论如何都无法再创新了"，此时你完全有理由意识到其实并不是那么一回事。在任何时候，任何成熟的公司都有机会创新，大多数公司也确实在这样做，而且在创新上花费相当多。问题是，就如我们在前面的章节中提出的，许多公司并没有从创新中获得竞争性区隔，因此也就没有得到相应的经济回报。随着时间的推移，这些公司徘徊不前，不断裁员，往日的雄心壮志一去不复返。尽管如此，这并不意味着公司失去了创新的机会，哪怕公司已经深陷衰退的周期。

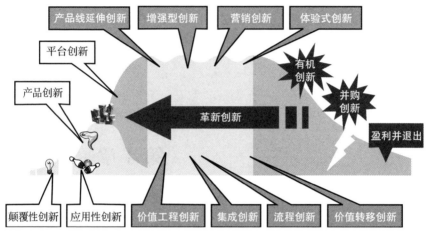

图 4-1 广义的创新类型

我们的目标是使用创新类型模型来帮助企业扭转这些不良的局面。要达到这个目的，第一步是要将这些创新类型划分成集群，既便于理解又能帮助记忆。我们用价值信条的概念作为原则来支撑我们划分集群。价值信条是由迈克尔·特里西（Michael Treacy）与弗雷德·威尔斯马（Fred Wiersema）在《市场领导者的修炼》（*The Discipline of Market Leaders*）中首先提出的。根据这一架构，我们将创新分为四大创新区域（集群），如图 4-2 所示。

四大创新区域中，有三个是根据作为这些创新集群驱动力的价值信条来命名的。你可以发现，"产品领先区域"的创新是品类增长阶段特有的，而"客户亲近区域"与"卓越运营区域"的创新是品类成熟阶段特有的。一般来说，价值信条代表了在同一品类中创造价值的不同途径。

处于右侧"品类革新区域"的是那些失去维持未来价值创造能力的品

类。在这些品类中运营的企业需要将重点转移到其他地方来更新其业务。

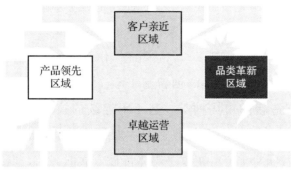

图 4-2 四大创新区域

表 4-1 显示了这四个区域中创新的分组情况。

表 4-1 四大创新区域的分组情况

产品领先区域	客户亲近区域	卓越运营区域	品类革新区域
颠覆性创新	产品线延伸创新	价值工程创新	有机创新
应用性创新	增强型创新	集成创新	并购创新
产品创新	营销创新	流程创新	盈利并退出
平台创新	体验式创新	价值转移创新	—

将创新进行这样的分类,我们一下子接触到这么多的创新类型,可能会感到无所适从,但同时我们也感到非常兴奋并受到鼓舞。每种创新类型都各有千秋,因此当你想要标新立异时,你可拥有的选择是如此之多!就像所有的生态系统一样,市场鼓励各种不同的生存法则,并给予相应的回馈。正因为如此,当我们遇到那些深陷困境又渴望重振雄风的企业时,我们才能如此乐观地迎接挑战。

产品领先区域的创新类型

关于"产品领先"这个短语,不管它的字面含义如何,它可以用于任何类型的商业供给物，可以是产品也可以是服务。事实上，本书中"产品"的概念可以等同于"供给"。"产品领先"应与基于用户体验的"客户亲近"战略或基于价值链以传递有效性的"卓越运营"战略相区别开。

有四种主要的创新类型以"产品领先"作为潜在的价值创造引擎。

颠覆性创新　这种类型的创新基于不连续的技术变革或颠覆性的商业模式来创造新的市场种类。基于不连续的技术变革的案例包括Shutterfly公司与Ofoto公司的数字图片处理技术；基于颠覆性商业模式的案例包括Napster公司在数字媒体传播方面的突破，以及苹果公司iTunes带来的更受人欢迎的创新。颠覆性创新的主要特征是开发了新的市场，并与已有的标准和价值链不相容。

应用性创新　这种类型的创新是一种解决方案型创新，通过挖掘已有产品的新用途为它们开发新的市场，而且一般是通过新颖的方式对产品进行重新组合来实现这一点。这方面的案例包括在银行的ATM机上运行的具有容错功能的电脑；美国华尔街支持金融交易员工作站运行的工程计算机；在制药行业中使用的能大大加快新药申请过程的文档管理系统；在广告和传媒业中从苹果电脑到桌面排版技术的逐步升级。应用性创新引入了新的标准，但采用了已有的价值链，只是关注中心转移了。

产品创新　这种类型的创新在当前的市场中继续关注已有的产品，通过提供当前产品没有提供的特性和功能来实现差异化。通常，这种创新形式的成功取决于进入市场的速度，尽管有时候专利可以在一段时间内阻止竞争者快速模仿，但尽早地占领市场能获得更多的优势。这方面的案例包括汽车的混合动力发动机、手机的摄像头、笔记本电脑的无线连接、娱乐中心的平板等离子显示器。

所有的产品都处于组件、产品、系统这一层次化的架构中，因此产品创新有一个额外的维度：每个产品都由组件构成，且本身又是某个更大系统中的组成部分。因此，除了在架构中更好地扮演现有的角色，产品创新还可以促使组件在架构中转变角色：可以向组件转变以达到量化的要求，也可以向系统层级转变，以创造更多的价值。转向组件层级的例子包括佳能为惠普激光打印机提供的打印动力系统，吉列公司将其剃须刀业务的重点从剃刀转向剃刀刀片。转向系统层级以追求更高价值的例子包括微软的 Windows 操作系统从在单一的个人电脑上运行转向应用于家庭媒体中心；IBM 从大型机转向网格计算。

平台创新 这种类型的创新提出了一个简化层来掩盖其中的复杂性与综合性，这样下一代产品就可以关注新的价值主张。因此，这里的部分创新活动包括招募和支持处在价值链上的合作伙伴。最成功的平台创新可以对那些已被广泛接受的产品重新定位，使其承担这种新角色。平台创新的案例包括微软和英特尔将 DOS 和 8086 微处理器家族从 IBM 个人电脑的组件重新定位为个人电脑克隆机的激活器，甲骨文将其关系数据库从微型计算机的组件重新定位为通用的企业应用软件的激活器，高通将其 CDMA 技术从产品差异化组件重新定位为 3G 无线电话的支持元素。

以上四种类型的创新都需要大量的研发投入以及承担巨大的市场风险——这种特性将产品领先区域与其他区域区分开来，这也是这些创新类型最适合用于增长型市场的原因。作为风险与费用的保证，回报必须不仅包括已经获得的销售额，更要通过新的客户来获得后续的潜在销售额。因此在这一区域，我们关注的重点首先是赢得市场份额，然后才是实现利润最大化。后面两个创新区域都不存在这种情况。

客户亲近区域的创新类型

成熟市场的创新类型都具有最优化的特质，它们要么通过亲近客户使提供的产品对客户更具吸引力，要么利用卓越运营使供应商能获得更多的利润。

在客户亲近区域，有四种类型的创新可以选择，我们按照从最接近产品到最接近客户的顺序来介绍。

产品线延伸创新 这种类型的创新通过改变结构，从已有产品中创造出有特色的子品类。其目标在于通过吸引新客户群或重新吸引老客户来拓展成熟市场。这种创新类型的案例包括在汽车行业引进小型货车与运动型多用途汽车（SUV），在运动服饰行业引入跑步鞋，在个人电脑系列中引入笔记本电脑与工作组服务器。在每种情况下，底层基础设施的大部分都保持不变，因此允许供应商利用已摊销的投资并保持较低的开发风险。同时，产品线延伸创新所赋予的外观差异足够让客户另眼相看，不会将它看成一件普通的商品。

增强型创新 这种类型的创新延续由产品线延伸创新开始的轨迹，通过创新不断优化产品的组成部分，对产品的底层基础设施构成的影响越来越少，创新对象越来越接近产品外观。其目标是在已有市场上通过改变产品某个单一的维度来改进已有的产品，便于再次激起客户对这个不断商品化的品类的兴趣。这方面的案例包括冰箱里的制冰机、汽车的导航系统、煎锅用的聚四氟乙烯、樱桃口味的可口可乐。

营销创新 这种类型的创新关注在购买过程中与有价值的顾客互动过程的差异化。其目标是比竞争对手销售更多的产品，而不是比它们生产更好的产品。营销创新的案例包括在网站上利用病毒式营销宣传一部新电影，在电视节目中植入产品，社交网络的点对点营销和单一供应商的陈列店铺。

体验式创新 客户亲近区域中最贴近客户的创新形式就是体验式创新。其价值并不在于功能的差异化，而是源于产品或服务的体验。体验式创新特别适用于产品已经完全商品化且购买决策已不存在风险的消费者市场。这方面的案例包括商务酒店了解客人喜欢的报纸；餐馆提供图书，客人可以在等待就餐时随意翻阅；充满欧式氛围的咖啡店。

这些类型的创新之所以非常有特色，部分原因是其核心产品并没有改变。因此在成熟市场中，随着越来越多的供应商满足了同一个相对完整的设计要求，产品本身的商品化程度也在提高。在这些市场中，对产品领先区域的额外投资并不能产生回报。相反地，在产品生命周期的早期，产品品类的关键功能仍有相当大的改进空间时，客户亲近区域的创新就不太适用，因为客户的首要评价标准仍旧是性价比。所有这些都强调了我们的主旨：创新战略必须匹配合适的创新类型。客户在选择一种产品而放弃另一种产品时总需要合适的理由，赢得客户偏好之战正是经济上成功的关键。问题是如何去赢。

卓越运营区域的创新类型

客户亲近区域关注市场需求方的产品差异化，作为补充，卓越运营区域关注供给方的差异化。这一区域的主要成果是获得低成本结构，从而企业能降低价格、进行资本再投资或获得更高的利润。除此之外，卓越运营区域的创新类型需要注意的另一点是上市的时间以及对市场变化的适应速度，这两点都是在竞争壁垒较低的市场中获得成功的关键。

卓越运营区域的创新类型包括以下几种，我们按从最接近产品到最接近流程的顺序来介绍。

价值工程创新 这种类型的创新减少了已有产品的材料成本与制造成本，但不改变其外部特性。典型的做法是将早期高成本手工集成的定制元件设计替换为低成本的标准化组件与预集成的子系统。这方面的案例包括电视、个人电脑、手机、飞机发动机、大型计算机,所有这些都通过价值工程创新大大降低了成本。

集成创新 这种类型的创新通过将各个分散的元件集成一个单一的中心化管理系统,减少客户对操作复杂产品的维护成本。典型的做法是对现有系统的向后集成,且以一个管理集成层作为缓冲,允许在保证内部架构不变的情况下改变外部。这方面的案例包括共同基金、数据中心管理软件以及打印、传真与复印多功能一体机。

流程创新 这种类型的创新关注边际利润的提高,其做法并不是减少产品本身的浪费,而是从生产产品的过程中减少浪费。其目标是取消工作流程中不产生价值的步骤。这方面的案例包括沃尔玛的供应商管理库存(VMI)流程、丰田公司的看板管理生产流程以及戴尔的直销模式。

价值转移创新 这种类型的创新包括商业模式的重新定位,将其从原有的市场价值链中的商品化元素转向利润更高的领域。这种创新与阿德里安·斯莱沃茨基(Adrian Slywotzky)在其开创性的著作《价值转移:竞争前的战略思考》(*Value Migration: How to Think Several Moves Ahead of the Competition*)中所描述的现象相映成趣。这方面的案例包括业务焦点从产品到易耗品的转移,例如从剃须刀转向剃须刀刀片,从打印机转向喷墨墨盒;从其他产品到服务的转移,例如电话答录机被语音邮件取而代之,成熟的系统性公司摇身一变成为咨询顾问或外包商。

同时考虑客户亲近区域和卓越运营区域的创新,成熟市场的创新总的来说旨在深化与已有客户的关系而不是获得新客户。由于客户关系已经确立,这些类型的创新并不需要像产品领先区域的创新那样产生深远的影响力,毕竟产品领先区域的创新焦点在于获得新客户。不过,为了保持有吸引力的供应商利润,同时满足客户对低成本的需求,这两个区域的创新必须不断减少开支并提高资本有效性。

品类革新区域的创新类型

所有的市场品类迟早都将走向衰退。当面临着一个衰退的市场时,你必须认识到任何市场仍然拥有各自的价值。市场为交易提供了必要的环境,同时市场提供这些是需要高昂的成本和承担一定的风险的。因此,即便处于衰退的市场,客户和相关的供应商仍有动机参与其中。

从供应商的角度来看,有两个基本的选择可供研究,它们一般是成对出现的:一个是通过将大部分资源重新聚焦到一个新的类别来更新专营权;另一个是依据盈利并退出战略,优化当前品类有用的剩余生命周期来获得利润。以下是属于这个区域的创新类型。

有机创新 采取这种创新类型的公司将其内部资源用于一个增长的品类,并将公司重新定位到该品类。在行业市场中,这种重新定位一般包括重新联系最有价值的客户,依据应用性创新中提到的方法为客户发现新的问题并加以解决。这就是IBM将自己重新定位为电子商务先驱时所做的。在消费者市场,重置一般包括与新的龙卷风市场重新建立联系。这就是微软在与网景公司争夺浏览器市场中所做的,也是柯达公司在数码相机业务中试图完成的。同时,这也代表了产品创新的回归。所有的案例中,供应商经营同一个产品类型,但重新定位了其产品线。

并购创新 并购创新通过合并与收购等外部化方法解决品类更新问题,公司可以成为兼并者或被兼并者。东亚银行有限公司(BEA)通过兼并网络应用服务软件公司WebLogic,使其从Unix市场转向互联网市场,并且大大提高了业绩。另一种情况是,当个人电脑软件公司莲花(Lotus)无法通过Notes平台进行自我更新时,它将自身出售给IBM,由此获得了成熟的分销与服务能力,这对于Notes的成功都是必需的。

第二部分　创新管理 ——— DEALING WITH DARWIN

总结

品类成熟生命周期模型提供了一个框架，用来分析影响竞争优势战略的市场驱动力。创新模型可以让你获得特定的差异化向量，来赢得与竞争对手的决定性差距。将上述两者共同考虑可得到形成企业核心优势的蓝图。

企业的战略型领导中最重要的一项任务是选择创新方向，在此方向上引领公司发展其可持续竞争优势——核心。要做到这一点，我们需要更深入地了解每种创新类型的特性。这就是第二部分剩余章节的内容。在这些章节中，我们将探讨每种创新类型并介绍各种公司的案例，这些公司使用不同类型的创新来取得与其最接近的竞争对手之间持久的差异化。在本部分的最后，我们将概述一个管理团队成功应用这些模型来选择其战略重点的过程。

第 5 章 成长型市场中的创新管理

成长型市场中的创新就是要推动品类的成长。这时候,企业发展是顺风顺水的,成长型市场中的创新要最大限度地利用这种优势。

正如本书在第一次讨论创新类型时所提到的,成长型市场中可以利用的首要价值信条是产品领先。有四种创新类型是以这一价值信条为基础的,详见第 4 章的图 4-1。在那里,我们还提出每一种创新类型都对应技术采用生命周期曲线上的某个拐点(见图 5-1),具体指:

- **颠覆性创新**:产品或服务在市场上第一次出现,对应技术采用生命周期中的早期市场阶段。
- **应用性创新**:产品或服务可以解决某个具体的应用难题,开始为市场所接受,进入发展阶段。
- **产品创新**:产品或服务的性价比得到大大提高,已经得到市场的普遍认可，并用于多种应用场合，对应的是龙卷风暴期。
- **平台创新**：该产品或服务已经成为某个或多个全新产品系列的关键组成部分。这是在龙卷风暴后会出现的现象，而且往往会被卷入下一轮龙卷风暴。关于这一现象，当我们讲到这一创新类型时会进一步探讨。

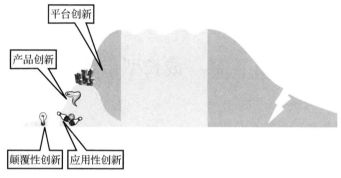

图 5-1　成长型市场中的创新类型——产品领先区域

在成长型市场中，技术采用生命周期是企业制定战略的重要依据，因此企业内部相关人员必须首先就品类所处的技术采用生命周期阶段达成一致。这本身就是件十分困难的事情，因为在不同的细分市场中，市场所表现出的发展趋势可能不同，就像不同员工的表现会不同一样。但无论如何，你们必须达成一致，为后续的讨论建立基准。

一旦确定了基准，四种创新类型中的某一种就会自动成为企业创新战略的首选。但这并不意味着你不能考虑其他选择，只是说，其他创新类型与该品类的动态采用过程并不同步，以至于它们很难发挥作用，而你不得不在管理过程中进行额外的调整，才能使它们变得可行。有一种情形，你可能需要考虑采取其他创新类型：当你某个强有力的竞争对手已经率先实施了默认的策略，而且已经遥遥领先，你认为自己追赶上的

第 5 章 成长型市场中的创新管理

机会渺茫时。

在成长型市场中进行创新时还需要保证你采用的创新类型适合企业的主体业务架构。由于复杂系统企业与规模运营企业在参与不同创新类型时表现迥异，所以必须保证整个团队看待事物的角度是一样的。在我们进行下面的案例分析时，你可以将企业自身情况与案例进行对比，看看是否符合案例中的情形，也可以从案例中看出你的竞争对手在采用了相反的业务架构时可能的做法，从而获得一定的启示。

带着这些思路，我们就可以开始分析产品领先区域中的四种创新类型了。在接下来的三章中，你的任务就是认真学习每一种创新类型，每学完一种就问自己：我们公司也能这样做吗？如果答案是肯定的，将该创新类型归入优先考虑的行列；如果答案是否定的，那么列出具体理由，然后就这些理由与公司同事进行交流。排除不适合的创新类型后，从剩余的类型中选出符合当前竞争环境和企业自身能力的创新类型，就相对容易得多。

是否应该集中精力进行颠覆性创新

下面主要讨论两种类型的颠覆性创新：一种主要针对复杂系统模式，另一种主要针对规模运营模式。前者主要是基于颠覆性技术，而后者是基于颠覆性商业模式。无论哪种模式，供应商都需要处理两件事情：新颖的产品或服务以及新型的市场。因此颠覆性创新在所有创新类型中风险最大，所以它只能用于高回报的项目。此外，这种创新类型的目标市场的规模以及发展潜力都必须足够大，必须能为企业带来持久的竞争优势，只有这样才能创造出足够的风险调整回报（risk-adjusted return）。

颠覆性技术创新包含两个关键特征。一个特征是颠覆性技术的性价

第二部分 创新管理 —— DEALING WITH DARWIN

比远远高于当前市场中的技术，通常具有一个数量级的优势。比如碳纳米管，强度比钢材还高，却跟绳子一样软。如果在科学（研究）和产业应用中能利用这些特性，就可以创造出很多目前想象不到的产品结构，包括往返空间站的太空电梯。

颠覆性技术的另一个特征是它与当前的市场标准基本不相容。以氢燃料电池和网络电话为例，它们都对市场进行了"打破—重建"，这对那些"高瞻远瞩者"来说非常有吸引力，因为他们乐于寻找借口抛弃原来的老产品，并对可能出现的新产品非常兴奋。但对其他人来说，这种情况则有些可怕。因此，对于早期市场的开发，唯一持支持态度的就是这些"高瞻远瞩者"。

为了在商业竞争中获胜，你必须将非连续性技术包裹在一系列服务中，以实现提供显著竞争优势的承诺。这一阶段的产品更像一个项目，由顾问型销售团队与专业的服务机构携手合作，规划工作内容，完成工作计划。这种模式恰好可以让复杂系统供应商发挥自己的优势。

下面是一些复杂系统企业的案例，它们都曾成功地将颠覆性技术引入市场，并由此获得了可持续的竞争优势。

甲骨文 当数据库还是由计算机系统供应商提供时，甲骨文就推出了一款便携式数据库，可以在不同的计算机中运行。此外，它还是一个关系数据库，用大家熟悉的表格形式将信息以行和列的方式进行存储。这两个创新点首先引起了实验室科学家的注意，随后独立软件商也开始关注这款数据库。甲骨文数据库便于汇总，以及可在多平台运行的能力，正是他们关注甲骨文的原因。到了20世纪80年代后期，甲骨文成了关系数据库市场中当仁不让的领导者，每一个大型计算机的供应商都支持它的软件，并且每一个主要的应用供应商都以甲骨文的数据库为平台。

波士顿科学（Boston Scientific） 支架（stent）是一种嵌在阻塞

的动脉中的塑料管，用于疏通动脉并保持其通畅，但是在支架周围很容易重新形成堵塞，需要外力干预疏通。波士顿科学首先推出了药物释放型支架，支架表面可以释放能抑制斑块形成的化学物质。由于这种类型的支架改进了动脉硬化的治疗手段，该公司及紧随其后的竞争者强生迅速主导了市场。

美国应用生物系统（ABI） ABI公司获得了基因研究的核心反应——聚合酶链式反应（PCR）的专利权。有了这项专利，该公司就可以通过制造PCR机器来颠覆该领域，因为这种机器的表现远超传统手工检测方法。结果，在大约10年后，该公司的收入就达到了13亿美元。紧接着，ABI公司开始帮助它后来的姐妹公司Celera推出了第二项颠覆性技术，加速了人类基因组计划（Human Genome Project）。这两家公司现已合并成一家公司——Applera，成为基因研究工具方面的佼佼者。

可编程逻辑公司赛灵思（Xilinx） 在推出其颠覆性的现场可编程门阵列（FPGA）之前，很多用新芯片的公司不得不花费大量的时间和金钱逐层构建专用集成电路（ASIC）。FPGA具有预连线电路，可按需编辑以切割出所需的逻辑路径。虽然单个芯片的成本要高得多，但使用起来所需的资本投入却少很多，并且从原型到投入市场只需要几周而不是几个月的时间。引领者赛灵思和紧随其后的跟随者Altera从一开始就主导了这个市场。

相对于前面提到的企业，规模运营企业在引入颠覆性技术时，不能直接向早期市场推出合适的顾问型服务和系统集成服务，因此它们必须与合作伙伴一起完成技术引进工作。这项工作可以完成，但过程绝不简单，下面我们举几个案例说明这一点。

苹果 苹果公司利用图形用户界面（GUI）技术推动了个人电脑的改革，但它没有找到像IBM这样的企业帮助它招募合作伙伴并服务于早期用户。结果，苹果公司一直等到 Adobe 和阿斯图（Aldus）等公司推动的桌面排版技术发展之后，其 GUI 技术才跨越了鸿沟。这就给了竞争对手微软足够的时间将整个系统复制到已经普遍使用的 DOS 系统中，最终将苹果反超。结果是微软将 GUI 带入龙卷风暴期，而不是苹果。

莲花 莲花的 1-2-3 试算表是一种改编自 VisiCalc 且专为 IBM 个人电脑量身定制的程序，莲花在这个程序上获得了巨大的成功。随后，莲花试图将其更具革命意义的产品 Notes 推向市场。尽管莲花公司的定价策略和销售渠道是为规模运营交易专门制定的，但公司仍需提供大量的服务以帮助用户使用 Notes 中的信息共享功能。莲花曾经让增值分销商（VAR）负责提供这项服务，但效果并不好。最终莲花被 IBM 吞并。尽管 IBM 为这个复杂系统提供接口，支持其基础设备运行，使 Notes 取得了很大的成功，但是它已经错失了接入互联网的关键时机，从未发挥出最初预期的市场潜力。

高通（Qualcomm） 该公司通过申请 CDMA 的新型技术专利，实现了对移动电话领域的革新。该技术以非常有效的方式复合了各种类型的电话。移动电话行业一直强烈反对使用高通的产品，直到该公司将自己的网络设备和手机业务剥离给一家建有复杂系统的合作企业——爱立信。这种关系帮助企业跨越了技术鸿沟，但是业内还是拒绝向单一企业支付高昂的专利使用费。直到高通的竞争对手开发出专利组合中的部分技术，并且提高了 CDMA 与原有技术的兼容性，CDMA 技术才进入龙卷风暴期。幸运的是，高通的专利地位足够稳固，安然度过了等待期。

在早期市场中，推动规模运营变革更直接的方法是引入颠覆性商业模式，而不是开发非连续性技术。创新目标仍然是以一个数量级的形式提高产品或服务的性价比，仍然需要利用"打破—重建"的方法，只是这里需要被打破和重建的是价值链的中间环节。消费者不参与重建的任何环节，他们只需要享受规模运营所带来的低价和便利的服务，而在此之前，他们必须支付高价或进行定制才能享受到这些。

通过这种方式，以下这些规模运营的企业已经成功地与竞争对手拉开了距离。

嘉信理财（Charles Schwab） 该公司设计了一个操作简单的股票交易平台，并聘请独立的理财顾问为客户提供服务，这彻底改变了美国中产阶级的财富管理方式。它颠覆了迪恩威特（Dean Witter）和美邦证券（Smith Barney）等股票经纪公司的商业模式，但对终端用户来说影响较弱。虽然在互联网泡沫时期，嘉信理财失去了一些势头，但它依然是一个非常有价值的品牌。

联邦快递（Federal Express） 谁会想到，从旧金山寄包裹到洛杉矶最快捷的方式竟是经由孟菲斯？弗雷德·史密斯（Fred Smith）给了我们答案。联邦快递自成立以来，就在不断完善包裹递送服务，它吸取了美国邮政服务体系及其邮政商业模式的精华，保证为终端用户提供隔夜送达服务。联邦快递一直是美国最受尊敬的高盈利企业之一。

西南航空（Southwest Airlines） 如果以每个流程和功能都以最经济为目的，从零开始设计一家航空公司，你将得到什么？你将得到一家市值等于所有竞争对手总和的航空公司。从工作制度到员工薪酬，从座位预订到机票定价，从设备选择到机场选择，西南航空打破了既定的中心辐射式（hub-and-spoke）商业模式，在为客户提供更简单快速服务的同时，它将市场领导者（如联合航空、大陆航空、美国航空）推向破产。

eBay 在 eBay 历来的案例中，并没有相关的经验可供参考。相反，它利用风靡全球的互联网技术以及一种新颖的商业模式，开创了一个全新的市场类别——在线拍卖。eBay，曾经是边缘经济学爱好者的论坛，现已发展成为主流的分销渠道。拍卖定价（auction-set price）（动态定价

第二部分　创新管理　　　　　DEALING WITH DARWIN

的技术术语），使得各种类型的交易成为可能。如今，eBay不仅是全球微型企业的主要经营渠道，也是大公司处理过期库存的重要市场渠道。

对规模运营企业来说，为什么颠覆性商业模式比较容易成功，而非连续的颠覆性技术却较难成功呢？原因在于，新产品或服务的市场已经存在。颠覆性商业模式的任务就是以低得多的价格提供一个新版本的产品，这个版本相较以前虽大不一样，但依然容易识别。对终端消费者来说，使用产品的过程中无须采用新的行为方式，无须解决不兼容性问题，也无需太多的咨询帮助。企业只需要说服市场，让客户相信在两个版本的产品之间转换是非常安全的即可。一旦市场接受，这种颠覆性创新带来的冲击就会由竞争对手承受，而非客户。

总的来说，复杂系统架构和规模运营架构都能成功进行颠覆性创新。如果你的企业属于复杂系统阵营，你应将注意力集中于非连续性技术，满足客户对高水平服务的需求，用客户熟悉领域的专业知识来维持产品的领先地位。反之，如果你的企业属于规模运营阵营，那么采用颠覆性商业模式，使现有市场产生波动，会更有可能成功。此时你只需要用卓越的运营系统去维持产品领先地位，以确保能够迅速提高产品或服务的销售量并得以保持。

无论上述哪种架构，成功的首要因素都是拥有真正具有革命意义的产品，即它能创造出比当前市场标准好一个数量级的差距。第二个关键因素是全新的进入市场的方法（途径）。在早期市场中，无法在方法上投机取巧，因为这种行为必然会招致迎头痛击。这也是为什么成熟企业很少在颠覆性创新中取得成功。它们的市场进入模式经常妥协于以前的范式，这导致产品或服务的价格在进入市场前就注定不可能高于竞争对手。因此，大多数成熟企业更适合采用快速跟随战略，让颠覆性创新用自己的方式跨越鸿沟，在其到达彼岸后，要么收购它，要么复制它。

讨论到这里，问问你自己：这和我们的公司像吗？我们有颠覆性技术或颠覆性商业模式可以开发利用吗？想象一下，我们将创新带入市场时能毫不妥协于旧范式吗？如果答案是肯定的，那么将颠覆性创新列入计划清单，然后继续考虑其他形式的产品领先区域的创新类型。

是否应该集中精力进行应用性创新

颠覆性创新同时涉及新产品和新市场，而应用性创新不同，它主要关心的是后者。也就是说，它利用市场中已经存在的产品功能，通过对它重新定向去进行创新，而不是从零开始。它针对的是目标客户未被满足的迫切需求，因此客户在购买时首先会选择这个产品或服务。此外，一旦证明该产品或服务是成功的，这些客户会向自己的朋友和同事推荐这种产品或服务，进一步加快其被市场接受的速度。最后，因为这种需求在目前是未被满足的，市场中的竞争程度通常很低，因此相对来说比较容易拉开与竞争对手的距离。何乐而不为呢？

实际上，市场规模是需要考虑的一个方面。应用性市场本质上是一个利基市场，它的规模并不大。这对于小企业或风险投资支持的初创公司来说并不是问题，因为一个新的利基市场已经足够大。但对于成熟企业来说，它们的期望是在原本就很高的收入基础上再增长几个百分点，此时再花费时间、人力和精力寻找利基机会是不合理的。此外，为了在价值链中创造价值，利基市场的销售和营销渠道建设就必须开发专门的领域。如果让同样的渠道充当其他市场高效运营的通用渠道，结果肯定是不尽如人意的。因此，在决定是否采用应用性创新前，先想清楚你的企业能否解决上述问题。

对服务于企业客户的复杂系统公司来说，应用性创新有三个关键步

第二部分　创新管理 ─── DEALING WITH DARWIN

骤。第一步是聚焦，通常通过垂直营销来实现，由一个高管发起的跨职能团队来推动一项目标市场计划，解决特定业务区块中某个未满足的特定需求。有了第一步的聚集，才能进行第二步，即找到一个完整的端到端的解决方案，以满足未满足的需求，这一步也就是我们所说的整体产品管理。承诺为整体产品管理的结果负责，这意味着团队不仅需要合理安排本企业所有的产品和服务资源，还需要精心安排价值链上的其他合作伙伴。我们通常将这最后一个步骤称为战略联盟营销（alliance marketing）。

下面这些企业成功地利用了垂直营销、整体产品管理和战略联盟营销这三个关键步骤，通过应用性创新创造了竞争优势。

太阳微系统公司（Sun）　在工作站的鼎盛时期，共有六个竞争对手角逐市场领导地位，它们分别是 Sun、惠普、阿波罗（Apollo）、数字设备公司（DEC）、硅谷图形公司（Silicon Graphics）和 IBM。Sun 之所以能在竞争中脱颖而出并主导该类市场，主要是因为它在金融服务市场获得了骄人的成绩。公司与关系数据库供应商 Sybase 合作，将注意力集中于金融市场交易员在交易时对信息的无止境需求。结果，Sun 在交易员工作站这个细分市场中达到了实际意义上的标准化。这个高利润的细分市场成了 Sun 的大本营，使其能够在其他市场上与竞争对手进行价格血拼。

瞻博网络　面对日益强大的品类领导者思科系统公司，该公司明智地收缩业务范围，集中精力满足电信服务提供商的特定需求，而它们正是被思科公司的"语音免费"的信息服务所疏远的客户。避开光纤设备及其他竞争性产品线，瞻博网络将自己定位为传统电信系统供应商的首选 IP 路由器提供商。这就保证了瞻博网络的高技术性产品能够获得相匹配的特定领域的专业服务，而不需要增加企业的工资负担。这样做也使得瞻博网络将精力集中在电信流量业务，在原始吞吐量上超过竞争对手的同时，确保能符合服务商级别对可靠性的严格标准。在这个至少需要两个供应商的市场上，瞻博网络占据了一个高度可持续的竞争优势地位。

讯宝科技 讯宝科技（Symbol Technologies）已经在零售系统细分市场占据了主导地位。它首先在条形码解读器方面占主导，后又成为移动信息系统市场的主导者。零售业的边际利润极低，因此提高库存周转率和降低劳动力成本至关重要。讯宝科技将自己的掌上电脑、无线网络接入设备以及软件和服务集成在一起，形成了一个生态系统，以满足特定的客户需求。这使得讯宝科技能够聚焦于可定制系统，将预先设置好的系统提供给仓库、货车和销售场所。13亿美元的收入使讯宝科技在该细分市场遥遥领先。

硅谷银行 在20世纪80年代，获风投支持的创业公司逐渐繁荣。然而，哪怕是最成功的初创公司，传统银行都不愿向其提供资金来帮助它们成长，因为风险投资企业没有固定资产，它们所拥有的唯一资产就是一下班就会离开的人。硅谷银行（Silicon Valley Bank）将注意力放在了这类未被满足的需求上，并找到新方法来吸收这类新风险，包括开发一种特殊的专业技能以区分赢家和失败者，以及将初创公司的认股权证作为额外的补偿形式。结果，硅谷银行确立了自己的利基地位，可以和很多大型竞争对手一较高下，并成功进入了长期活跃的金融服务市场。

从以上案例的分析我们可以看出，垂直营销、整体产品管理和战略联盟营销是在复杂系统模式中进行应用性创新的三个关键点。但这些策略不适合规模运营架构，因为规模运营企业需要制定高利润的价格来弥补它在时间和人力方面的投入。那么，规模运营企业要如何进行应用性创新呢？实际上，它通常是偶然发生的。一般来说，规模运营模式通过产品线延伸创新和增强型创新来开发新市场。这些创新带来的改变较温和，一般是改进已有的产品应用，而不是创造新的应用。然而，它们偶尔也会创造出全新的市场，但这绝对是"无心插柳"。正如下面的案例所示。

伟哥 辉瑞制药公司（Pfizer）开发了伟哥（Viagra）这种药物来治疗高血压，但它在临床试验中并没有表现出预期的功效。直到后来参加药品试验的患者拒绝交回剩下的药品样本，公司才发现了该药物的副作用，从而开辟了一个全新的市场。

橡皮泥 第二次世界大战期间，美国的橡胶严重依赖进口，为了摆脱资源受制这一困境，政府开始致力于开发人造橡胶。直到某些爱玩的科学家发现了橡胶的弹性，并由一位企业家将其推向市场，橡皮泥这种玩具才诞生了。

便利贴 当你手里有一种黏性不强的胶水时，你会怎么做？3M公司某个非常有创新精神的员工发明了有黏性的便签。3M公司进行了大量宣传才让市场接受这种产品，而现在，任何一个办公用品商店中都能找到它。

Skin So Soft 雅芳以为自己正在研制一种化妆品，谁知道它实际上是一种驱蚊剂。现在这款产品长居雅芳十大畅销产品排行榜。

为什么规模运营企业一开始不针对某个具体的应用提供产品或服务呢？这是因为这类产品或服务的市场规模太小，没必要大规模生产。但也存在例外，如运行于消费类设备（PDA、手机等）上的应用软件就不存在这种情况。这就形成了一系列差异化的应用性创新，包括：

- RIM Blackberry：一种便携式电子邮件收发设备。
- Nintendo Game Boy：一种便携式游戏设备。
- TomTom Go：一种便携式导航装置。
- SkyCaddie：一种高尔夫专用的距离探测器。

规模运营企业成功进行应用性创新的关键在于：按照人口统计特征对消费者进行仔细分析，并瞄准特定的人口细分（demographic segments）市场，而不是将精力放在垂直营销上。虽然这两种情况下都会产生应用焦点，但前者能为产品销售和服务支持建立客户导向的基础架构。也就是说，细分市场人群可以通过直销和零售交易系统等方式无缝衔接到企业的一般客户流程中。因此，对于规模运营模式来说，这比较容易做到，而且经济。

为了更好地瞄准目标人群，供应商可以通过传播目标客户所关心的特定信息，将需求进行分类汇总，吸引目标客户积极主动寻找该产品。产品本身一般只在一两个方面进行调整，方便企业利用规模运营的规模效应。实际上，企业所营销的是产品而非解决方案。最主要的是，现有的销售渠道不需要做任何改变，且不需要具备任何客户领域的专业知识。也就是说，新产品不附带任何服务内容，或者至少这些服务不需要人工提供（比如产品需要从网上下载，这从某种角度看并不算服务）。在此过程中，唯一限制规模化的条件就是人口细分市场的大小。

这意味着，在规模运营模式中进行应用性创新存在一定的边界条件，这些条件主要取决于企业品牌形象的弹性。企业的应用产品线延伸得越长，企业的品牌形象被稀释或模糊的风险越大。因此，当飞利浦试着推广手机产品却失败了的时候，企业从负责的团队那里了解到，消费者都认为飞利浦是厨房电器制造商，介入手机市场略显牵强。同样的品牌限制也使得惠普在复印机市场败北，尽管复印机与打印机和扫描仪在技术上并无本质差别。虽然品牌可以重新定位，但这样做的代价和风险都太大，所以规模运营企业要进行应用性创新，新的产品或服务最好与现有的品牌形象保持一致。

综上所述，应用性创新是一种以客户为中心的创新模式，它从某个客户群体的特定兴趣出发，向后推演，最终得到符合要求的产品或服务。它满足了客户的偏好，保证了客户的忠诚度，让企业在竞争中保持优势地位，可是为什么这种创新模式没有被普遍采用呢？最主要的原因是应用性创新很难在运营层面进行规模化。而开发一个通用的产品或服务，然后让下游组织根据客户偏好对产品做相应改进，则容易得多。这就是我们接下来将讨论的产品创新要做的事情。不过在那之前，先问问自己：在我们的企业中，进行应用性创新带来的好处和坏处哪个更多？然后根据你的回答将应用性创新放入候选列表，或者从列表中剔除。

是否应该集中精力进行产品创新

产品创新在某种意义上是应用性创新的对立面。应用性创新的核心内容是改进现有产品，以服务于某个全新的市场，而产品创新则是推出一个全新的产品以满足当前市场需求。从这方面来说，产品创新与颠覆性创新完全不同。在颠覆性创新中，无论是产品还是市场，一开始都是不存在的。颠覆性创新与产品线延伸创新和增强型创新更为接近，后两者也服务于现有市场，但它们通过适当改进现有产品来实现这一点。相反，产品创新的实质是对产品进行彻底的改变，在这个过程中会产生大量的成本，风险很高。

这场豪赌的理想结果是在一个成长型市场中占据市场主导地位。借着品类成长的浪潮，你就可以享受市场的态势变化，将客户带到自己面前，而不用主动去寻找客户。一旦你赢得这些客户，通过设定较高的转换成本，你大有机会留住这些客户。这就是说，考虑到未来收益的可能性，它们的投资净现值超过了第一次销售带来的收入。此外，如果你足够幸运，能够占据该品类市场领导者的位置，未来的新客户也更倾向于选择你的产品，而不是竞争对手的，即便竞争对手的产品的性价比比你高也无济于事。只有市场领导者才能提供实用主义者高度重视的"安全购买"这一价值主张。最后，这种现象也会出现在企业的合作伙伴中，你将会得到其他企业的青睐，它们将为你带来你原本看不到的客户，而且交易条件比其他供应商能得到的更有利。总之，产品能在龙卷风暴市场上获得成功的确是巨大的胜利。

通过产品创新引发龙卷风暴市场，正是规模运营模式的强项，从下面这些家喻户晓的企业产品中，我们就可略见一二：

- 谷歌的强大搜索引擎。
- 帮宝适的一次性纸尿裤。
- 耐克的运动鞋。
- 金霸王（Duracell）的碱性电池。
- 斯温莱茵（Swingline）的订书机。
- 美膳雅（Cuisinart）的食品加工机。
- 泰特利斯（Titleist）的高尔夫球。
- 佳得乐（Gatorade）的运动饮料。

这些公司都通过对市场上的某种已存在的产品进行重大改进，以迅雷不及掩耳之势迅速占据了主要的市场份额。企业根本不需要对客户或分销渠道进行教育，它们所要做的就是提出自己的主张，保证产品能解决客户的问题，然后退居幕后坐享其成。

因此，在规模运营模式中利用产品创新获取竞争优势的三个成功因素包括：

（1）研发——创造真正的产品突破。

（2）营销——在市场中宣布改变游戏规则。

（3）制造和物流——保证不间断的产品供应。

请注意，这三个因素都是十分关键的！

缺少任何一个因素的后果，可参考以下"局部"成功的例子：

- 苹果的 Newton：在营销时宣称可以改变游戏规则，但其产品研发无法实现这一声明。
- IBM 的 OS/2：它声明的游戏规则变更内容与研发内容并不相符。
- 微软的 BOB 人机界面：无论是研发还是营销都失败了。
- 凯龙（Chiron）的流感疫苗：在 2004 年进行了轰轰烈烈的研发，并且在市场上进行了大力的宣传，但最终产品没有上市。

更糟糕的是，规模运营的市场并不给企业第二次产品创新的机会。这些失败的产品留下的只有一个个弹坑，启人深思。

综上所述，规模运营模式中的产品创新战略并没有多少难以理解的地方。你的任务就是在数月内努力获得几百万客户，没有必要做其他多余的事情。整个过程就是得到一个有突破性的想法，然后疯狂地去实现它。

相比之下，如果由复杂系统企业服务于龙卷风暴市场，创新战略中就会有许多需要仔细推敲的地方。在这种情况下，你的任务是在几年内拿下成百上千的用户，并为每个用户提供不同的产品。此外，为了完全兑现你的价值主张，你必须在产品中集成合作伙伴的产品和服务，这使得产品结构更加复杂。产品营销也不仅仅是发布游戏规则变更声明那么简单。产品购买决策牵涉的人太多，而且每个人的利益各不相同。至于制造和物流，每一个安装步骤都极其复杂，总会出现各种问题。总之，复杂系统企业要在龙卷风暴市场中进行产品创新，必须具备钢铁般坚韧的意志。

不管怎样，在龙卷风暴市场上获得一次成功就可以让企业名垂千古，就像下面的企业。

施乐（XEROX） 公司在1960年推出了复印机，在复杂系统领域和规模运营领域都大有作为，它为复杂系统企业开发了DocuTech复印中心系统，为规模运营企业开发了台式复印机。尽管施乐在其他很多方面的产品创新，如以太网、Smalltalk，图形用户处理界面（GUI Computing）都失败了，但复印机的成功使其成为一家价值150亿美元的国际性企业。

美敦力（Medtronic） 公司在1960年推出了心脏起搏器，至今仍是全球市场的领导者。美敦力90亿美元的收入中有一半来自心律管理产品。

应用材料（Applied Materials） 公司推出了第一台多腔半导体制造设备，可以在同一环境下完成圆晶制造的多个步骤。公司的产品推动了行业的变革，并在史密森尼学会（Smithsonian）获得了一席之位，应用材料公司以80亿美元的年收入占据了行业领导地位。

EMC 公司在1995年已经价值数十亿美元，它推出了世界上第一个独立存储系统，这一突破使其摆脱了向计算机系统供应商支付专有存储费用的困境。如今，EMC已经成为存储系统市场的领导者，市值高达80亿美元。

这些企业的成功都基于对大量研发努力的重大押注。管理层如何确定企业是否值得冒险进行产品创新？如何确定复杂系统企业进行产品创新的恰当时机？在决定进行产品创新时，企业必须牢记以下三条运作原则。

第一，确信杀手级应用的存在。杀手级应用（killer app）是技术领域的专用术语，可以理解为具有巨大即时市场需求。杀手级应用在美敦力

第二部分 创新管理 —— DEALING WITH DARWIN

心脏起搏器案例中指心律失常的患者；在应用材料的案例中指半导体行业中一直存在的增加单个芯片容量的需求；在施乐和EMC案例中指由计算机化、互联网和万维网带来的创建、传送和存储文档数量的爆炸式增长。只有一直存在这样的动力驱使企业不断投入资源，产品创新才有可能为企业带来它需要的回报。

第二，聚焦。大量的研发预算肯定会吸引一大批试图从主要项目中分一杯羹的辅助项目。市场营销也存在类似的陷阱，大量次要的价值主张淹没了主要的信息。最终的结果就是开发出一个特性模糊、功能过剩的产品。由于很难向客户解释清楚产品的主要特性，客户也不觉得该产品值得购买，所以这种产品在龙卷风暴市场上并没有竞争力。相反，成功的产品总会在一两个关键方面非常突出，让市场在第一时间就接受这个产品，而产品的其他方面则相当简单。

第三个也是最后一个因素——整体产品管理。无论是为复印机搭建销售代理和维修服务网络，还是确保保险公司、医院管理层、医生和护士都接受你公司的心脏起搏器，不管是与半导体价值链上其他资本设备和化学品供应商合作，还是与使用你公司存储器的每个计算机系统公司和应用软件公司实现对接，你都必须保证龙卷风暴型产品在整个流程中不会出现任何问题。就像在赛车过程中，一次很小的失误都可能迫使你中途停车换胎或加油，从而给你带来不可估量的损失。

适当的聚焦能成功地将杀手级应用转化为一个完整的产品，这并不是人们在提到产品创新时会想起的口号。那些传说中的钟声、口哨声、赞叹声和"酷"去哪了？其实，除了时尚产品——在这个领域，"酷"本身就是杀手级应用，所有这些元素都存在于市场开发的后期阶段。它们属于增强型创新当中的惊喜因子（delighter），而且要在产品购买的第一波高潮过去后的成熟市场中才会表现出最大的影响力。在初代产品利用龙卷风暴期极简化、工业级的力量获取新客户的任务过程中，这些元素并没有一席之地。

总之，在决定是否将产品创新作为一种候选创新进行投资时，需首先检查企业环境，看市场上是否存在足够大的产品需求让你的企业愿意冒险进行投资。如果存在足够大的产品需求，就评估一下你的企业是否具备或符合规模运营模式或复杂系统模式的成功因素。如果评估结果是乐观的，你就可以缩小搜索范围，因为其他创新类型的回报不会比这里的更高。有一种创新类型产生的回报比产品创新要高，但这种创新类型必须建立在一次成功的产品创新基础之上，这就是我们接下来要讨论的平台创新。

是否应该集中精力进行平台创新

平台创新用抽象层掩盖了原有系统（legacy system）潜在的复杂性，为停滞不前的市场重新注入活力。这样，未来的产品或服务就无须与这种复杂性打交道了。实际上，它们只需要与平台交互，平台会处理其余的事情。当然，使用这种服务并不是免费的，但一般情况下，这种费用对一个新供应商来说是很少的。然而，如果使用这种服务的供应商数量足够多，那么平台提供商的总收入会相当可观。以下公司可以证明：

- 甲骨文：关系数据库。
- 微软：个人电脑。
- 英特尔：服务器。
- 索尼：电子游戏机。

看到这些公司的市值，你肯定也恨不得马上成为一个平台提供商。

但不得不说，现实世界中的平台提供商是一个非常排外的团体。其他供应商如果不向平台提供商付费，就会失去很多盈利机会，因此它们总是想方设法获得免费的平台服务。而对于消费者来说，他们也不喜欢受制于某个平台提供商，这会限制他们，让他们只能选择平台上的产品。随之而来的是市场的自我调整，尽可能地推广各种开放平台（如 Linux），以对抗能为平台提供商带来收益的专有平台。一旦出现这种专有平台，市场上就会怨声载道，并发起抵制。正如目前市场对微软采取的措施一样，不管它的产品是用于机顶盒还是手机，市场都会进行抵制。

当然，平台的拥护者都非常清楚这些状况，也知道它们所引起的市场对抗机制，因此大部分平台项目都会突出"特洛伊木马"战略。这场平台竞争游戏中最初也是最大的赢家——微软和英特尔，就采用了这种战略，将自己埋藏在 IBM 的个人电脑里。但现在，如果你在一座围城前留下一个很大的木马，市民的第一个反应是先查看里面的情况，然后要求你清空木马，最后才会接受这个礼物。所有这些举措都是对消费者有利的，而对你及你的投资者是不利的，这基本上就是 Sun 和 Java 之间发生的事情。这个故事的寓意是：只要愿意放弃经济收益，你就可以成为平台的一员，但显然你的投资者不会赞成这么做。

那么，你又该如何参与这场游戏呢？

进行平台创新有两种方法，我们可将其称为直接方法和间接方法。规模运营企业适合采用直接方法，而复杂系统企业则更适合采用间接方法。

在直接方法中，你应该在平台成立之初、第一个产品进入平台之前，就宣布平台的宗旨。此时，最简单的策略就是参照网景公司在 20 世纪 90 年代采用过的"免费平台"的方法。Adobe 在发布 Acrobat Reader 时，也曾采用过这个策略，将它定位为微软 Office 之外的另一个文档处理平台。这里的诀窍在于,只有当产品的普及率达到一定程度时,才能"变现"。这在网络蓬勃发展的时代被认为是一个不可逆转的趋势,但在网络泡沫破灭时,就不幸地变得难以实现了。由此,我们可以发现,关键因素在于(平台)转换成本。对于大多数网络平台来说,替换掉它们的转换成本不够高,从网景公司的倒闭中我们就可以看出这一点。但 Adobe Acrobat 的转换成本就很高。鉴于这些高昂的转换成本,该公司当前的发展路径一片光明:为客户提供可选择的附加价值服务——除了那些客户愿意付费的阅读,还包括自动寻址工作流、文档安全传输和强制个人隐私等,只要用户愿意支付一定的费用,就可以使用这些高级功能。之后,Adobe 就可以将最终网络许可授权给那些经常需要传送文档的软件和服务提供商。

另一种平台创新的直接方法更有挑战性,它提出一种专有解决方案,并在一开始就收取高额的平台使用费。Rambus 和高通采用的就是这种方法,前者主要生产高速存储器,后者主要生产手机中的高速芯片。两者都大力押注于自己的专利地位能够杜绝一切觊觎这些技术的人,在大多数情况下,它们赢了,当然也为此付出了沉重的代价。因为这两家公司向各自的潜在的被许可方提出的主张非常令人憎恶,以至于它们都被拖入了极其昂贵的诉讼和恶毒的公关攻击中,这不仅使公司的财务状况陷入困境,也拖延了技术进入龙卷风暴期的时间。正因如此,紧随其后开发出的技术,如 DDR 存储器和 Wi-Fi 无线技术,才有机会抢占了一定的市场先机。但不管怎么说,Rambus 和高通的平台创新在一定程度上是成功的。

再将视线转到采用复杂系统模式的企业,它们一般采用较为间接的方法进行平台创新,并将平台创新分成了两个独立的阶段。阶段一的目标是完成产品的普及。注意,这里仅指产品本身的普及,而不是指平台。

第二部分 创新管理 —— DEALING WITH DARWIN

阶段二的关键是产品必须建立在专有技术之上,而且具有较高的转换成本。在这两个因素的共同作用下,一旦产品被普及,就可以享有长期的生命力。

根据上述标准,以下企业都完成了平台间接创新道路上的阶段一:

- 思科公司:基于其网络设备的普及。
- SAP:基于其业务流程应用软件的普及。
- EMC:基于其企业级存储服务的普及。

接下来是阶段二,它的目标是将具有竞争力的产品转化成平台。这种状态的改变意味着第三方可以在这些由产品转化来的平台上构建产品或服务,从而利用平台已经开发出来的功能,同时还能利用这些平台已经拥有的用户。为了实现这一点,平台提供商必须开放自己产品的"内部平台层"供平台合作伙伴使用。

这种方式被冠以多个名称:模块化、组件化、转换为面向服务的架构等。但无论怎么称呼,最终的结果都是一样的:曾经只有单一界面的单体结构如今被转变为一种多层结构,其中包含了针对一般用户的"公共"界面和针对平台合作伙伴的"私有"入口。通过"私有"入口,合作伙伴便可以利用底层产品的功能来达到自己的目的。

目前,前面提到的所有的平台提供商都已经开始进行这类重构活动,不仅仅是为了它们的平台野心,还因为它们有必要简化和组织自身正在进行的维护和开发工作。实际上,它们的第二代开发工作本身就是将产品当作平台。因此从技术上说,阶段二对它们而言并不是那么困难,而且在某些方面,它们已经开始实施了。

目前仍未解决的难题是应该如何向第三方展示自己的平台,让它们相信这个平台将成为一个有活力的生态系统中心。技术领域的每一位领导者都在苦苦思索这个问题，他们都知道在未来 10 年可能只会有一两家公司能实现这一目标。如果他们能让自己的公司成为其中一员，他们就能晋级最优秀的技术精英之列。如果这个目标对企业来说太过遥远，那么它们还是要面对一项艰难的任务：选择加入哪个合作伙伴以及选择哪个生态系统。

在结束平台创新的讨论之前，我首先必须承认这种类型的创新并不是一门精确的科学，因此，我无法给出简单的规律供你参考。有个关键原则是为潜在的合作伙伴提供两类高价值的资产：向合作伙伴提供一个进入它们梦寐以求的目标市场的途径，以及帮其创造一个它们自己难以创造的功能（functional capability）。如果你能在市场成长曲线的特定时间向它们提供这些资产，迫使合作伙伴尽快做出决策（否则就落后于竞争对手），你就能像其他人一样有机会赢得平台创新游戏。

总结

本章讨论的是成长型市场中以产品领先理论为基础的创新类型。我们用一个产品/市场分析矩阵对本章讨论的创新类型做简单的整理，如图 5-2 所示。

图 5-2 相对直观地展示了颠覆性创新、产品创新与应用性创新之间的关系。然而，它对平台创新的分析比较随意，不过它体现了关键点，即平台创新可以帮助合作伙伴在已有市场中获得已有的产品能力。从整个矩阵中我们还可以得出一个关键结论，那就是成长型市场中的创新类型混合使用效果不佳。

每一种创新类型对应不同的创新战略，需要采用不同的创新技巧。以某种创新形式的成功而闻名的管理团队，往往不能在另一种创新形式上取得成功。例如，在初创公司中，那些倡导颠覆性创新并受到高瞻远瞩者青睐的企业家，往往在市场跨过鸿沟、实用主义客户成为目标客户时，只能退居二线。这些实用主义客户更青睐整体产品管理以及应用性创新领域的专业性，他们不想再听创始人对未来的任何承诺，他们想要的是更多关于现在哪怕是普通一点的承诺。

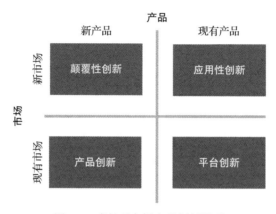

图 5-2 成长型市场中的创新类型

但是，一旦市场进入龙卷风暴期，在无处不在的竞争中，产品导向就会超过客户导向，成为真正的王牌。这时候，实用主义客户比任何人都想追随市场领导者。应用性创新者最终被定位为难成大器者。新的"成功公式"将有高度竞争力的"销售和工程"导向型高管推到前线。他们会将自己的专利技术作为事实上的标准强加给行业，推动这一标准在行业内普及。

最后，一旦有平台创新的机会出现，企业的视角就可以超越系统阶层中当前层面的局部竞争，合理安排行业内所有的相关人员，促进新一层系统的出现。此时，为了达到预期的结果，企业必须牢牢把握合作（collaboration）、关系网络（diplomacy）和愿景（vision）这三种核心竞争力。

通过本章的学习，我们得出的最后一个结论是：**如果要在成长型市场中进行创新，你必须聚焦于一种且只能是一种创新类型**。正如我们在前面讨论的，影响你选择的因素包括：你的品类所处的技术采用生命周期的阶段、你的竞争对手所占据的地位、你的企业最擅长的创新类型。从模型中我们无法得到答案，它只是提出了问题。投入资金得到最终结果不是我们的目标，我们的目标是让整个团队达成共识，这样企业的所有职能部门才能将它们的工作流程商品化，以得到预期的差异化结果，并与竞争对手拉开距离。

⊙ 案例
思科公司在成长型市场中的创新

从第 4 章的思科公司案例中我们知道，虽然思科公司的主要市场已经从成长阶段走向成熟阶段，但很多先进技术目前仍处于技术采用生命周期内。本章要讨论的是，思科公司在为每一类业务制定战略时，是如何应用成长型市场中的创新原理的。

首先，要提醒大家注意：思科公司有意偏重于产品创新。这么做有几个很好的理由。思科公司作为网络设备行业的巨头，其产品为该行业设定了标准。正因为如此，相比其他设备供应商，客户更愿意让自己的应用程序适配于思科公司的产品。思科公司用一个通用的产品层就可以同时满足企业和客户的需求，而采用了不同架构的竞争厂商只能开辟一个细分市场，因此应用性创新对它们来说更有吸引力。

其次，思科公司的功能型组织结构（functional organization）也是为了进行产品创新而优化的。相比之下，在以具体的市场业务为单元划分

第二部分　创新管理 ── DEALING WITH DARWIN

职能部门的企业中，研发、设计和产品营销都被划分到不同部门，而跨部门进行产品创新是非常困难的。相反，应用性创新就容易得多，因为每一个业务单元都有一个部门来提供服务，不需要为了满足其他部门的需求而牺牲产品要求。

最后，正如我们反复提及的，龙卷风暴市场最适合进行四种创新类型中的产品创新。思科公司一直对先进技术情有独钟，因为它具备推动企业飞速发展的潜力。思科公司的CEO钱伯斯曾说过，他们一直在努力寻找每年能为企业带来10亿美元收入的市场机会，然后将它们排成一列，逐个把它们变为现实。实现这个目标最有效的途径就是在龙卷风暴市场中进行产品创新。

牢记思科公司的战略目标，这里让我们用一些案例来解释思科公司具体是怎么进行产品创新的。

安全　随着客户服务和商业交易在网络上的盛行，犯罪分子也开始盯上了这种媒介，出现了身份盗窃和身份欺诈等网络犯罪行为。此外，黑客也不断地挑战系统的安全性。这两类攻击来源迫使私营和国有企业在企业的系统安全方面进行大量的投资，安全产品的市场已经进入龙卷风暴期，并且可能会持续一段时间。

思科在这一市场中的主要竞争优势在于定位。企业在最开始接入网络的时候就应该配备安全设备。思科负责世界上很多网络的运行，因为安全是网络的头号难题，市场上出现了各种必需的安全设备，希望通过在网络上安装这些设备来尽可能快地推动网络的普及。其他公司可能偏向于逐个开发安全产品，逐个解决安全性能的需求，但思科的定位是提供集成的系统产品，搭建完整的产品架构，全面解决安全问题。对于网络安全一类的产品来说，这种定位是非常有吸引力的。

在思科的安全产品创新过程中，最佳实践是被思科人称为"从产品到系统演变"的整个过程。复杂系统模式中的产品创新实际上存在两种状态：一种是商品化之前的状态，促使你沿着系统的层次不断向上移动，另一种是商品化之后，随着时间的推移，系统变成了产品，该产品与转变成产品的其他系统重新整合，形成更高级别的系统。这就是复杂系统模式中产品创新的内容。那些喜欢打产品战，喜欢对性能逐个进行对比的工程师往往忽略了产品创新的这一含义，他们发现自己的产品总是在竞争中落败，而且自己的企业创新得不够。对那些基础不是很扎实的企业，这也许是一种正确的态度，但对于成熟企业来说，从产品到系统的演化才是获得可持续竞争优势的关键。

无线产品 随着无线网络技术 Wi-Fi 的兴起，特别是随着英特尔的 Centrino 技术在笔记本电脑上的应用，世界的网络接入方式从有线进化到了无线，无论你是在星巴克还是在机场，无论你是在宾馆房间还是在家里，你上网时都不需要再插入网线。

这种市场机会最适合采用规模运营商业模式的企业，因为它们的收入大部分来自个人网络路由器业务。作为一个复杂系统供应商，思科进入市场的方法太过复杂，而且它的架构也有些小题大做。同时，机敏的颠覆者，如讯宝科技、Airespace、Aruba 以及 Trapeze 正在蚕食市场份额。思科依托规模优势和客户优势，依然占据市场领先位置，但它并不满足于保持现状。因此，它收购了竞争对手 Airespace，向市场提供一系列更简单的无线设备，迅速将其无线业务的销售收入增加到了 10 亿美元。

这个案例中的最佳实践理念是思科所谓的"不迷信技术"（no technology religion）。思科在互联网发展的鼎盛时期得到了这方面的教训。那时候，市场的重心已经开始从路由器转到交换机。思科是路由器市场的领导者，但在交换机市场没有话语权。面对这种转变趋势，思科选择顺应它，并立即收购了 Grand Junction、Kalpana、Crescendo 和

Granite 四家交换机生产商。思科的主要竞争对手 Bay Networks 尽管曾经在网络集线器（交换机的原始形式）市场上占据绝对领导地位，但由于拒绝顺应这种变化，以至于最后被 Nortel 收购。

互联网语音协议（VoIP）技术 这项技术处于生命周期的较早阶段，它在呼叫中心（资费低，方便客户与海外接线员联系）领域的应用帮助它跨越了鸿沟。VoIP 在中小企业开始盛行，并占据了一定的市场份额。电话和个人电脑的完美结合创造了一个统一的信息环境，这样那些繁忙（同时执行多项任务）的工作者就可以更方便地接听电话和接收电子邮件，保证信息的及时获取。同时，消费者开始将 VoIP 技术用于家庭的电话适配器，以免费进行国际长途通话。

不论是采用复杂系统模式的企业，还是采用规模运营模式的企业，都可以应用 VoIP 技术，这完全取决于企业要取代的是专用分组交换机（PBX）还是台式电话。思科的子公司 Linksys 努力用 VoIP 技术取代台式电话，并且已经成为该类产品主要的市场领导者。思科的复杂系统部门则将它用于取代 PBX，但没有前者成功。问题在于，思科的那些最佳复杂系统用户需要的是电信服务提供商的支持，而不是网络设备供应商的支持。需要思科解决方案的那部分消费者需要的只是易于安装和维护的产品。还是那句话：思科的复杂系统太过复杂了。

这就是思科以中小企业市场为工作重点的商业委员会需要立即解决的问题。它要求商业委员会对产品进行彻底的检查，从安装流程和软件到定价，再到渠道合作伙伴的支持程序等，所有的一切都应该努力为公司的市场渗透服务，以得到最好的结果。最终的结果是，思科超越市场领导者 Avaya——一个从朗讯剥离出来的专攻语音系统的新企业。

这个例子中的最佳实践理念是思科所谓的"以客户为导向"。这在大多数公司中只是陈词滥调，而且它在一般情况下都是销售人员让最新交易的特殊条款和交易条件获得批准的方法。然而在思科，它另有含义，那就是让市场带你去它想让你去的地方。如果你带着服务于市场的想法进入市场，就能找到你可以信任的客户（他们会在考虑自己利益的同时，也考虑你的利益），一旦这些客户给了你反馈意见，要接受并遵循它！思科曾多次举办客户咨询委员会会议来支持其各项业务板块的商业委员会的工作，指派高层管理者参加会议并与每个客户咨询委员会成员进行沟通。每次会议结束时，他们会列出行动清单，并在下一次会议召开时汇报跟进情况。通过这种方式，让企业承担自己的责任，由此，思科赋予了"以客户为导向"更深层次的含义。

存储区域网络交换机（SAN Switch） 在数据中心方面进行全面的努力，以赚取尽可能多的利润，这间接使得 SAN 交换机市场快速发展。通过在单一的子网中配置大量的存储设备，可以更好地利用所有资源。

思科并没有直接参与这个市场，而是向 EMC 供应交换机，然后由 EMC 将产品重新打包到它们的产品中进行销售。这之中流向思科的收入相对较少，而且在公司所有的 10 亿美元市场业务中，其流动速度也是最慢的。尽管如此，思科还是积极地参与竞争，并从 Brocade 和 McData 两个老牌供应商手中夺取市场份额，成为新的市场领导者。为什么思科会如此关注这项业务呢？主要有以下两个原因。

首先，虽然现在的 SAN 技术仍然依赖于以前的互联网协议——光纤通道（Fibre Channel）协议，但未来 IP 协议肯定会取代它，这是毋庸置疑的。一旦这种情况出现，思科在 IP 协议方面的巨大投入，就会在未来的几代产品中为企业创造出意想不到的优势。

其次，存储子网是进入其他各类子网络的入口，它将其他的数据中心设备都串接在了一起。因此，数据中心可以被简单地想象成一个固定在普通底板上的设备网络，它能充分利用整个设备组合中的所有资源，

第二部分 创新管理 —————— DEALING WITH DARWIN

我们将它称为"虚拟数据中心",它代表了一个市场机会,一个和思科目前主导的网络市场一样大的市场机会。因此,尽早地进入该市场是一个非常不错的战略,思科在 SAN 交换机业务中也正是这样做的。

这个值得我们注意的最佳实践,属于思科战略的一部分,他们称之为"构建—合作—收购"。虽然有时候长期的合作会转变成收购,但在很大程度上它们是互相排斥的。对思科来说,它需要构建任何对企业竞争优势战略来说是核心的东西,与战略外围的组织开展合作,收购它们在构建战略中没有涉及的"甜点"市场中的企业(或业务)。在 SAN 交换机的案例中,存储产品对思科来说处于外围,而不是核心,因此它需要在这个业务上寻找合作伙伴。真正核心的部分包括 SAN 交换机的子网,也是思科需要构建的业务。实际上,真正生产交换机的厂家是一个名为 Andiamo 的从其他公司分拆出来的企业,它在发布第一个产品时就被思科收购了。至此,我们已经用这类产品阐述了公司产品创新的"三叉"模型中的所有元素。

前文提到的四种市场都在平稳地经历着各自的技术采用生命周期。除此之外,思科还关注着三种长期的市场机会,每一种都有可能给其带来一个新的大规模的市场板块,因此,它们非常值得管理层关注。但是,它们中没有一个已经跨越了鸿沟,因此以它们目前的状态,思科很难对其进行产品创新。事实上,它们中的某几个市场可能永远不会有成果,或者至少与现在的预想存在一定的差距。因此,作为一个管理团队,我们想要的是一种"期权",以期在未来的某个时间点进入该市场。这也属于成长型市场中的创新内容,因此我们对思科在这方面采取的行动也进行了详细分析。

专为服务提供商提供的下一代网络(NGN) 这是最有可能跨越鸿沟的市场机会。基本上,这意味着将传统的电路交换网络(过去一个世纪以来用于传输电话通信的那种)全面转换为 IP 网络(迄今为止用于承载互联网流量的网络)。这意味着电信服务提供商需要对主要设备进行大量投资,这种千载难逢的采购高峰,可以确立在未来很长一段时间内各个企业的市场份额排名。这对于每一个网络设备提供商来说,都是一次必胜之战,思科也不例外。

我们已经讨论过,思科在这个市场上遇到的主要难题是,这些服务提供商客户希望由精通该领域的专业服务团队为它们提供服务,而思科在这方面的人才储备并不充裕。此外,企业本身与该市场的毛利率模型也不协调。那么,思科要如何创新才能走出这种困境?

现在就轮到服务提供商委员会来改变公司的运营了。从与客户的合作中可以清楚地发现,采用 IP 网络存在的主要困扰是,一旦客户接入互联网,服务提供商就会对服务失去控制。这导致服务提供商几乎无法对增值服务进行合理地计费,也不能阻止付费低的客户占用大量网络资源。为了应对这个问题,思科特别为服务提供商在网络架构上增加了一个新层——"服务交易",保证了服务提供商可以随时监控和控制流量。这样一来,服务提供商便可以对用户进行身份验证、制定(网络使用)政策并加以实施,从而保证了网络的可靠性。

这里的最佳实践可以表述为:把"从产品到系统"的创新扩展为"从产品到系统再到解决方案"的创新。其中第三环是从产品创新向应用性创新转变的关口。思科不打算提供使用"服务交易"层必需的应用,但它会与提供这类应用的企业或个人合作,通过这种方式征用合作伙伴中的领域专家为这个行业提供急需的服务。

虚拟数据中心 建立虚拟数据中心更多的只是在理论上,而不是一个事实,尽管企业在这个方向上已经战术性地迈出了一小步,如存储区域网络。当它完全实现时,整个数据中心就相当于一台巨型计算机,而

第二部分　创新管理 —————— DEALING WITH DARWIN

中心数据的来回传输将由 IP 网络交换机管理。

实现这一蓝图的最大障碍来自在位的系统和软件供应商——要实现这一蓝图必须打破品类壁垒，而它们对此持坚决抵制的态度。因为这些壁垒为当时的服务提供商带来了可观的利润，采用一个更开放的系统就会威胁到这些服务提供商的既得利益。那么，哪种创新能解决这个问题呢？

答案是某种经过调整的平台创新。在这种情况下，没有哪家企业能为其他企业提供进入市场的额外收益，因为所有的市场参与者都已经得到了这种收益。它们能提供的就只有技术，用较低的成本解决外围的问题，节约合作伙伴在非核心领域的投资，同时为客户节约资金。有些企业还能为合作伙伴节省更多开支，但这就像是在刀尖上跳舞。如果对非核心业务的支持触动了合作伙伴的核心领域，或者，如果以前的利润池在这个过程中枯竭，那么合作的意愿就会转变成敌意和不信任，企业为此所做的全部努力都将化为乌有。

思科在这一领域遵循的最佳实践是谨慎实施企业"构建—合作—收购"战略中的"合作"部分，步步为营。公司的每一段关系，包括与 EMC、惠普、Sun、微软、甲骨文、IBM 这些企业的关系，都会因管理方式的不同而走向不同方向。当然，思科在这方面有足够的耐心，因为最终所有的服务提供商都想通过网络提供服务，那时网络就成了一个平台。换句话说，这是一个不可逆的进化过程，而不是改革的产物。

网络化家庭　在网络化家庭市场中，情况则完全不同。在这里，我们对未来的构想不仅仅包含复杂系统供应商。供应商主导的架构（vendor-sponsored architecture）很少能推动消费者市场的发展，微软、索尼和甲骨文都已经从它们的失败中得到了教训。市场的形成是一种自我组织的自发行为，就像有人施了魔法，然后市场就出现了。任何零售商都会告诉你,"我们几乎完全不能预见其结果"。有效的做法是经常在商业街附近闲逛,发现任何的商业潮流就跟进。对于思科来说,问题在于这种做法不能在复杂系统模式内采用,因此才需要收购 Linksys。

Linksys 大约与思科同时成立,它通过规模运营进行产品创新,一跃成为市场领导者。在这种模式里,产品开发被以一种低成本、低资本密集的方式外包,使公司能够以最快的速度把第一代产品投放到市场中去试水。如果失败了,公司就可以马上放弃这个创意,然后另觅途径;如果成功了,公司接下来的任务就是与经销商进行艰苦的谈判,争取得到最好的产品营销方案和店内推广计划。在 Linksys 的历史中,它一直采用这种高度机会主义的方式进行产品创新,从不奢望自主研发。这听起来可能与思科相去甚远,但两家公司在本质上都采用了务实的市场进入方法——聚焦于产品创新,不对技术设置禁忌,而且对竞争形势的变化都十分敏感。

这两家公司的不同之处在于,思科在研发上的大量投入要求其通过产品创新成为市场领导者,而 Linksys 的研发投入非常少,只需要做一个快速跟随者。实际上,Linksys 跟戴尔一样,它只有在市场已经处于龙卷风暴期才会进入市场,因为这是低投入研发模式所能承受的上限。从这一差别就可以推导出它们在销售、服务、营销、运营、物流和财务等方面的一系列差别,这正体现了复杂系统模式和规模运营模式之间最本质的差别。因此,实施这两种模式时遇到的挑战也是十分相似的。

这里我们得到的最佳实践是将两种模式进行结合,但在实施时两者必须保持一定的距离,这样就在企业内部构筑了一条"隔离带",防止进行市场开发时两条路径相互影响。这两条路径中的一条可被称为"智能设计",另一条为自然选择。前者意味着对每一个复杂系统都要进行细致的设计,而后者则认为产品设计的出现是一个自然选择的过程。市场会同时沿着两条路径发展,有了中间的隔离带,即使你错过了复杂系统的设计周期,还有可能在接下来的规模运营中抓住机会。

本章中思科案例的主题是成长型市场中的创新,公司关注的重心是如何利用产品创新获得竞争优势。这意味着一家企业必须在销售产品和提供服务方面做到尽善尽美,必须充分利用合作伙伴来满足客户对系统和解决方案更为复杂的要求,而这正是思科近年来一直努力营造的企业形象。

此外,思科面临的另一个大问题是其核心市场已经从成长阶段发展到了成熟阶段。那么,思科应该如何应对呢?这是第6章要讨论的主题。

第 6 章 成熟市场中的创新管理

当新品类在市场中的第一个接受高峰过去后,也就是公司通过努力成功地获得了大量新客户(每个客户至少购买了该品类的一个产品)后,(产品销售的)增长速度就会大幅度下降。这时市场发展进入了新的阶段,我们称之为"不确定性弹性中期"。这时,各成熟供应商在市场中的地位更加稳固。与成长型市场相比,这一阶段市场的投资回报绝对值较小,但如果按风险对回报进行贴现,后者的回报往往更吸引人。欢迎进入主街!

在主街市场中,既不会出现品类被大量接受的盛行风来鼓满企业的风帆,也不会出现品类成长的高潮来托起企业的航船。但是,企业一直对产品进行大幅度的改进,以促进成熟市场的进化、定型,这样才能让企业的产品或服务、客户和流程更贴近市场。

技术部门很难了解这种环境的变化。由于习惯了在成长型市场中通过缩减成本不断提高产品的性价比,技术人员在面对成熟市场时常常会进退失据。结果是,在市场已经不能产生足够回报以抵消研发风险时,行业仍会继续投资开发新产品。在个人电脑行业,我们就可以找到三家典型企业——康柏、IBM和惠普,它们都被过量的研发开支所拖累。相反,戴尔对市场的变化过程有一种务实的理解,它通过捕捉从全球供应链中反弹回来的研发成果,间接地利用了竞争对手的研发投资,从而获得了利益。讽刺的是,如果戴尔将三者都踢出局,它在将来就不会有任何现成的免费研发资源。

为了能在主街市场中不断发展,管理团队必须转变思考方向,密切注意市场的动态。我们发现,最有助于转变思维模式的模型是市场分形(market fractalization),我们用图6-1中的一系列图表示。

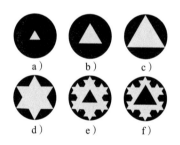

图6-1 成熟市场分形

图6-1a至图6-1c分别代表了成长型市场中的早期、中期和后期,正如我们在第5章中讨论的那样。圆形代表可获得的全部市场,三角形则代表全部市场中已被占据的部分。在这点上,市场变化的驱动力纯粹是企业对新客户和市场份额的追求。

到图6-1c时,市场中基础商品已经饱和,企业不能通过单纯地增加新客户来获得成长,因为市场上已经没有多余的新客户了。试想一下,当每个家庭都安装了电话,每个车库都停放了汽车,企业接下来应该做些什么呢？

图 6-1d 和图 6-1e 显示了企业为了追求持续增长的收入和利润所引起的市场变化，即分形开始向剩余的空间延伸。图 6-1d 中多出来的三角形代表了产品线的延伸，图 6-1e 中多出来的三角形则代表了产品性能的提升。以 T 型车的大众市场模型为例，汽车制造商首先生产出产品线延伸车型，如轿车、旅行车、卡车、跑车和豪华轿车，然后为以上每种车型提升配置，如增加收音机、自动变速器、电动车窗、安全气囊、杯架以及一度流行的科斯林皮革座椅，以求提升产品性能。

图 6-1e 不是市场发展的最终状态，只要有足够的资金投入，只要整个品类没有过时，市场分形就会不断产生。以电话为例，如图 6-2 所示。

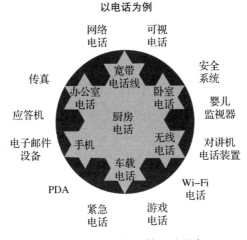

图 6-2 分形市场：第 N 个设备

随着创新的不断进行，企业找到越来越好的利基机会，大的分形就能不断衍生出小的分形。当然，一些人会认为这个过程最终还是会停止的，不会无止境地继续下去。另一些人会认为，当你确定这个品类（如电话）中不可能再挖掘出新产品时，马上有人告诉你可以卖手机铃声，然后一个年销售额数十亿美元的市场就这样出现了！

最后，图 6-1e 和图 6-1f 还显示了伴随着产品外形的不断完善而产生的伴随过程（companion process），即图形中心的三角形面积，会随着时间的推移不断变大。这个三角形代表了随着基础系统越来越商品化产生的系统成本的不断下降。在成熟市场中，客户愿意支付一定的差价来满足其对产品外观的需求，但这种差价是相对于不断下降的商品价格而言的。为了保持一定的利润率，供应商就必须在增加表面价值的同时降低产品基础部件的生产成本，只有这样，供应商（特别是消费类电子产品供应商）才有可能以与上一代产品相同甚至更低的价格，向客户提供一系列突出的新功能。这是因为，在你增加产品成本的同时，背后的供应链在以相同的甚至更快的速度降低成本。

纵观图 6-1 中的 6 个三角分形图形，在我们不断获得新的利基市场（不断产生新的分形）的过程中，什么东西发生了改变？保持不变的又是什么？一方面，在后面的图形中，分形的面积不会有太多的增加。事实上分形的面积不可能超过圆形的面积，也就是说，无论如何，企业能获得的客户数量不可能超过市场客户的总数。

另一方面，图形中不断发生剧烈变化的是分形的周长。事实上，从图 6-1c 转变到图 6-1d 的过程中，周长增加了 33%；从图 6-1d 到图 6-1e，周长在图 6-1d 的基础上又增加了 33%。如果我们继续在图 6-1e 的每一边增加一个三角形变成图 6-1f 时，我们会发现，周长再次增加了 33%。这是一个非常有意思的数字。

周长的增加就相当于市场中产品销售总数的增加。只要有一定数量的人认为需要购买同一品类的多个产品，销售总数就会大大超过客户总数，这一点我们可以从现实经验中得到证明。试想一下，你共有多少部电话、多少本书？你共开通了多少个电视频道？你有多少双鞋子、多少支笔、多少条领带、多少瓶酒？

分形模型清楚地表明，在客户完成了最初的品类内产品购买活动后，消费还能大幅增长，但要保持这种增长，必须进行创新。

成熟市场的创新类型

我们在前文已经提到过，成熟市场的创新类型可以归入两大区域，详见表4-1。

如果我们将这两大创新区域及其包含的创新类型与分形模型联系起来，就可以发现它们是如何相互作用并在成熟市场中创造价值的（见图6-3）。

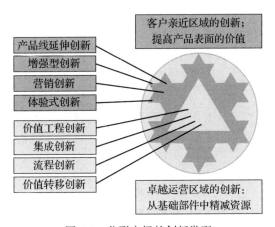

图6-3　分形市场的创新类型

以客户亲近理论为依据的创新类型带来了产品表面的变化。创新过程中，产品的基础属性并没有改变，但它的某些次要属性被调整了。也就是说，在基本同质的产品核心基础上出现了差异化的次要属性。单纯从功能角度来说，产品线延伸、产品增强、营销方案、客户体验的改善等，都能为功能相对稳定的、无差别的普通产品增加价值，就像在一首乐曲平稳的低音旋律中即兴加入和弦和变奏。

只要供应商能够不断创造出客户喜欢的新花样，这些创新类型就能不断产生新的收入和利润。但是，正如我们在前文提到的，随着市场的成熟，后期回报的增加额会递减。也就是说，随着品类的分形越来越多，每个分形所能产生的收入会越来越少。因此，要想在主街市场上繁荣发展，除了追求在产品表面上产生更新颖的变化，企业还必须想办法降低产品的核心成本。

这就是成熟市场中第二类创新需要完成的目标——利用卓越运营减少产品基础部件（substrate）的资源用量。最简单的方法就是通过价值工程创新降低生产成本，用标准化的产品部件替代个性化的产品部件。此外，我们还可以通过集成创新、流程再造和价值转移等方法提高生产基础部件的效率。将其中的一两种方法和客户亲近区域中的一两种方法组合使用，企业就可以上下夹击，同时提高产品表面价值和减少产品基础部件的成本，大大提高产品的利润。

从中我们可以得出结论，成熟市场中的创新与成长型市场中的创新有本质的区别，后者的主要着力点在于品类的高端，企业必须且只能选择四种创新类型中的一种。在成熟市场中，企业同时关注品类的高端和低端——如果以客户亲近为理论依据则偏向于高端，如果以卓越运营为理论依据则偏向于低端。但总体的理念是，两者中必须有一个处于主导地位，另一个处于次要地位。

于是，我们就得到了管理主街的秘诀：**提高产品的表面价值，降低产品基础部件的成本**。

为了实现这一战略，企业应该从两个创新区域各选择一种创新类型，在进行这两种创新时要以其中一种为主，另一种为辅。也就是说，成熟市场中的创新必须是一个自我支撑（self-funding）的过程。事实上，企业要想在未来提高整体生产率，从产品的基础部件上节省的成本必须超过产品表面价值增加所带来的预算。

很多企业在面对这个问题时都将所有的精力用于降低成本，这种做法是非常不明智的，甚至可以说有点愚蠢。因为如果企业的投入不能持续产生足够的差异化，就无法保证为企业带来足够的回报。还有一些企业在创新方面无节制地投入，不考虑投入的经济性问题，当市场不能产生足够的回报来支撑这种高投入时，企业就会受到重创。因此，企业必须充分理解主街的运行机制，事先掌握其发展规律，然后再去挖掘（利润的）源泉！

在这么做之前，先搞清楚你的企业采用的是复杂系统模式还是规模运营模式。在成熟市场中，复杂系统企业倾向于在保持基础部件不变的基础上尽可能地亲近客户。然而，这些企业及其客户都在尽可能地寻找更有效的产品维护方法，以降低客户的总体持有成本。因此，这些企业更适合采用卓越运营区域的创新类型来创造竞争差距。

相反，规模运营企业一般都擅长利用卓越运营解决生产率问题，但在不断商品化的市场中如何保持客户忠诚度方面，一直存在困难。因此，它们更适合通过以客户亲近区域的创新类型为主、卓越运营区域的创新类型为辅的方式创造竞争差距。

牢记这个原则：以一种创新类型为主，另一种创新类型为辅，提高生产率以支撑企业的创新活动。理解了这个基本原则，我们来进一步探讨如何优化成熟市场的创新类型。

客户亲近区域的创新

有四种创新可以让企业更亲近客户，它们分别是产品线延伸创新、增强型创新、营销创新和体验式创新（见图6-4，从左到右依次从与物理产品关系最紧密转变为与客户心理关系最紧密）。这种转变反映了市场成熟的一个重要表现：随着基础产品或服务的功能和特性越来越商品化，客户所感知的价值逐渐从物理世界中的实物转向符号世界中的个人价值观和社会互动。

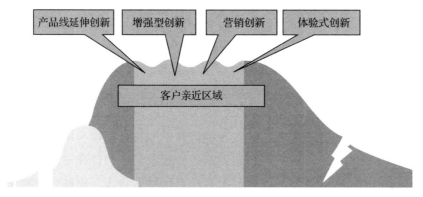

图6-4 成熟市场的创新类型——客户亲近区域

因此，从客户亲近区域选择哪一种创新类型，其决策与产品生命周期密切相关。和这个模型的其他部分一样，每一种创新类型都对应品类进化的一个最佳点，虽然在这一最佳点之外进行这种创新也可能取得好的结果，但我们首先应该找到最符合市场动态的创新类型。

是否应该集中精力进行产品线延伸创新

产品线延伸是对分形空间进行的第一次填充，它在成功产品的基础上，在一两个维度上对产品进行修改，以更好地服务其对应的若干相对较大的细分市场。它的目标依旧是获取更大的市场份额，只不过它是通过采用在某个具体的环境中经过验证的解决方案来实现这个目标的。相较于在品类的高速扩展阶段所采用的方式,这种方式要和缓得多。

产品线延伸创新特别适用于规模运营模式,因为在这种模式中,进入新的细分市场的大部分成本是在之前的工作中产生的。这样,企业就可以在竞争对手赶上之前渗透市场。以下企业都通过这种方式获得了成功。

泰诺(Tylenol) 作为一种比阿司匹林和布洛芬更为安全的止痛药,泰诺迅速占领了止痛药市场。紧接着,泰诺的产品线向治疗过敏性鼻炎、流感以及失眠的药物领域拓展,并且泰诺将它的产品线进行延伸,为儿童、痛经的妇女和关节炎患者生产药物。像其他消费类商品(如汰渍和可口可乐)一样,泰诺充分展示了一个强势品牌向邻近品类拓展的能力。

美国运通(American Express) 该公司最初的业务是为旅行者提供旅行支票,后来转向信用卡业务。它的信用卡持有人可以享受一系列金融服务,而它的竞争对手(在当时)无权提供此类服务,这是运通信用卡与Visa和万事达信用卡最不同的地方。如今,你可以用运通信用卡办理房屋贷款或者抵押贷款,设定信用额度,开设支票账户、储蓄账户或定存账户,设立个人退休金账户(IRA)并存入共同基金,购买汽车保险和人身保险等。同样,美国运通的规模运营品牌也包含了这一服务组合,让客户可以与同一家供应商进行一系列交易,既方便又快捷。

《人物》杂志 起初它是《时代周刊》中一个很受欢迎的专栏,后来《时代周刊》的一些工作人员选择了一些他们感兴趣的不寻常的方向进行扩充延伸,于是创办了《人物》杂志并从中获利。类似的产品线延伸创新也曾在影视领域发生,例如,将《老友记》的角色乔伊分离出来,形成一部新的连续剧;或者拍摄电影续集,如《蜘蛛侠》和《洛奇》。无论是哪种情况,企业都构建了远离竞争的新市场,客户则获得了更多符合他们偏好的商品。

第二部分 创新管理 —— DEALING WITH DARWIN

雷克萨斯（Lexus） 如果企业的品牌还没有覆盖企业想进入的邻近领域时，企业应该做些什么呢？雷克萨斯给了我们一个很好的答案。丰田公司通过一个新的销售渠道推出一个全新的品牌，然后就可以利用自己引以为傲的丰田生产系统直接与梅赛德斯和宝马进行正面交锋了。但这是个高风险的决策，本田的讴歌和日产的英菲尼迪都已经尝到了失败的滋味。

复杂系统企业对于产品线延伸的界定没有那么明确，因为其产品一般是为每位客户量身定制的，企业提供的专业服务决定了某类系统市场地位的高低。因此，要提高复杂系统企业的市场地位，只需要提供更好的专业服务，不需要对基础产品进行重新包装。但是，企业依然可以利用产品线延伸创新，以下案例可以证明。

波音 737 波音公司的每一款机型都是一次真正意义上的产品创新。波音承担了该类创新所带来的所有成本和风险，但在每一款机型的延伸产品上，波音都实现了回报最大化，737 系列尤为如此。自 1967 年投入市场以来，波音总共销售了 5200 架 737 系列的飞机，比竞争对手空中客车自成立以来销售的飞机总数还要多。波音 737 系列经过无数次的产品线延伸（创新），可以为客户提供多种规格、多种航程的飞机，还可以实现客运飞机和货运飞机之间的转换。所有这些服务都可以由同一个服务组织提供，而且使用的是同一份物料清单。面对以实用为购买标准的保守购买者，波音对经过验证的系统进行渐进式改进，并且集中精力持续降低成本。以上便是其成功之道。

EMC 因为 EMC 的存储设备可以在不同供应商的电脑上使用，所以它很快成为企业存储设备高端市场的领导者。接着，它收购了 Data General 的中档存储设备生产线，将公司的技术推向中低端市场，大大提高了公司的市场份额，同时保护了公司在高端市场的地位，使它免于遭受侧翼攻击。随后，它通过收购管理、修复数据备份以及其他与数据处理流程相关的软件，进一步巩固了它的市场地位。这些都是自然的产品延伸过程，用相对比较保险的方式拓宽了企业的经营范围。（这个过程与脱离存储领域向其他软件种类扩展是完全不同的，后者意味着数据管理方式的变革，更应视为一次颠覆性创新而不是产品线延伸创新。）

瑞士再保险公司（Swiss Re） 该公司已经有100多年的历史，因为当时的保险公司没有能力解决重大火灾事故后大规模索赔的问题，于是瑞士再保险公司应运而生。如今，它的业务领域已经涵盖人寿与健康保险、财产与意外保险以及与风险管理相关的金融服务。它的财产与意外保险类业务经过数十年的自我扩展，已经涵盖为事故、农业、工程、船舶、汽车、自然灾害、核能以及其他更专业领域提供的保险服务。公司曾一度进入直接保险（DI）领域，但马上退了出来，这也说明了品牌扩展不能走得太远，否则就违反了品牌承诺，将企业推向客户的对立面。

产品线延伸创新本质上是一种能力转移过程中的强势进攻，它利用某一类产品中现有的品类发展势头和企业发展势头，在不冒新风险的情况下进一步扩展品类空间。市场希望看到更多的延伸产品，企业也乐意提供。同样，企业也不会推出市场不喜欢的品类和品牌，否则市场宁可企业不推出任何产品。当你必须重新引起市场的兴趣时，最好采用价值工程创新并辅以增强型创新，前者可以获得更高的价格，后者可以重新吸引消费者。

为了实施产品线延伸战略，公司的每一个部门都必须从产品创新的实践和思考模式中脱离出来，具体包括：

- 研发部门必须清楚它利用的是已经存在的平台，就算平台可能存在

第二部分 创新管理 —————— DEALING WITH DARWIN

缺陷，也不允许对它进行重新设计。此外，它必须与营销部门合作，关注产品的某个具体属性，必须从产品表面寻找研发切入点，而不是产品核心。

- 产品营销必须突出重点，针对目标细分市场对营销清单进行取舍。企业应该选择理想目标客户，并分立两个研究小组，对该客户使用产品前和使用产品后的情况进行对比分析。
- 在运营方面，产品线延伸能为企业带来大规模定制的收益，但也在一定程度上损失了采用大规模标准化所带来的高效率。这就需要企业重新安排价值链的各个环节，在保证其可靠的前提下，将定制活动尽可能地往价值链的后端安排。
- 客户服务部门也必须重新调整，以应对日益复杂的客户服务工作。在大多数情况下，客户服务部门需要面对的产品线延伸创新不可能只有一次，因此客户服务工作的策划过程，实际上就是对工作流程进行重新设计以提高可扩展性，让其在面对不同产品的延伸创新时能重复使用。如果不这么做，客户服务部门的运营成本就会超过产品线延伸所带来的收益。
- 对于前端市场营销和销售部门，团队必须寻找新的传播渠道，重新发布营销信息，以吸引目标细分市场的注意，并且适当集中营销渠道。同样，在该部门中也需要搭建一个能在不同细分市场中使用的信息传递架构，让产品线延伸战略能在多个细分市场使用。

从总体看，产品线延伸创新本身在执行过程中并不存在高风险因素，但有一点必须牢记：产品线延伸创新的逻辑体系有时会诱惑你超出业务架构的界线。这不是个好现象。企业无法通过增加业务量来补偿增加的复杂性，这样企业盈利状况只会更差而不会更好。因此，当客户希望美国运通提供更复杂的服务时，它为了将业务领域限定在规模运营模式内，于 2005 年放弃了经纪和资产管理两条服务线。

如上所述，如果你的市场及其定位都更有利于产品线延伸创新，那么它绝对是一种最具有吸引力的创新类型。它的风险较低，回报却相对较高。因此，如果你的情况符合，这就是你应该采用的创新类型。

是否应该集中精力进行增强型创新

与通过获得新客户来扩大市场规模的产品线延伸创新不同，增强型创新关注的是如何从已有客户那里赚取更多的利润。企业可以通过提高客户的忠诚度来实现这一点，也可以通过让客户购买升级的产品或服务来做到这一点。我们最熟悉的是增强型创新在消费者市场规模运营模式中的运用，但在成熟市场中，也会有很多复杂系统产品的管理人员要求进行增强型创新。

下面是一些通过增强型创新获取竞争优势的规模运营企业的案例：

Swatch 手表　Swatch 在手表行业独树一帜。该公司首先利用足够低的价格引起消费者的购买欲，然后通过增强型创新进一步诱发他们的购买冲动。利用这种方式，Swatch 吸引了大量的消费群体。其 2005 年春夏系列的收藏表已经超过 225 个款式，涵盖从时尚有趣的潜水表到经典表再到智能手表等 17 个品种。它巧妙地利用零售亭来配合这一战略，在每个亭展示它炫目的设计，吸引路人，诱发他们的购买冲动。而它的竞争对手都还只是将产品放在商场的玻璃柜台中展示，那里人流量少，价格更高，推销员也很乏味。

帮宝适（Pampers）和好奇（Huggies）　一次性纸尿裤市场主要被宝洁（帮宝适和乐芙适）以及金佰利-克拉克（好奇）两家公司占领。自

第二部分　创新管理 ——— DEALING WITH DARWIN

从前者在 20 世纪 60 年代推出该类产品，并且将产品线延伸至儿童和大小便失禁的成年人市场开始，纸尿裤市场的竞争就主要由增强型创新驱动。帮宝适在 20 世纪 70 年代通过用胶带替代固定尿布的别针，并且设计了 Z 形槽来增加纸尿裤的吸收量，提高了行业标准，在竞争中脱颖而出；好奇的纸尿裤则是在其靠近腿部的部分增加了弹性材料来防止侧漏，由此风靡市场。两家公司通过提高使用者的舒适度或使用的方便性的增强型创新，总共占据了纸尿裤市场 75% 的市场份额。

万宝龙（Montblanc）　这家奢侈笔生产公司共有两个系列的收藏笔，一个系列以大文豪为主题，另一个以著名艺术赞助人为主题。两个系列中每一支笔的设计和包装都匠心独运，而且限量发售。虽然仅仅是笔，但一支圆珠笔的售价高达 400 美元，一支钢笔的售价更是高达 700 美元。尽管所有的收藏品生产公司都在与其竞争者争夺弹性预算（discretionary budget），但市场上并不存在万宝龙的直接竞争者。为了加强品牌的排他性，万宝龙对配送渠道进行了严格的限制，每个系列的产品在上市的一两年内都会售罄，而且没有任何折扣。

芭比（Barbie）娃娃　芭比娃娃的产品线向其他玩具延伸的过程已经不属于它原来的经济引擎（economic engine）范畴，而是来自增强型创新，包括以当红明星为原型设计芭比娃娃，设计新的芭比娃娃式样，使芭比娃娃适应新的时尚潮流、进入新的热门场所，诸如此类。在创新过程中，企业为芭比娃娃设计了不同场合的搭配服饰，包括驾车服饰、家居服饰、泡吧服饰等。正因如此，芭比娃娃的形象不断给人以耳目一新的感觉，同时，其高利润的搭配服饰也给企业带来了可观的收入。

只要企业的复杂系统产品足够有特色，就可以通过增强型创新不断地更新产品。创新的目标是用短周期的增强型创新，辅助长周期的产品创新和周期适中的产品线延伸创新。如以下案例所示：

波音（Boeing） 波音公司长周期产品创新的产物是 7X7 系列飞机，其中 777 是最新产品。前文已经讨论过该公司的产品线延伸创新——737 产品线，这条产品线本身也在不断更新，经常添加一些新的特性。例如，燃料节约型翼梢小翼提高了飞机燃油效率，系统声音满足了噪音管制标准，垂直态势显示器（VSD）系统改善了飞行员的驾驶体验，GPS 降落系统提高了低能见度情况下飞机的安全性。这些增强型创新进一步巩固了由产品创新和产品线延伸创新带来的竞争差距。

奥的斯（OTIS） 奥的斯电梯公司长周期产品创新的代表作是它的 Gen2 系统，它对各个子系统进行了全新的设计，使其更易于调度，更方便维修。它的产品线延伸创新产品覆盖了从两层公寓到高层建筑的各种需求。它的增强型创新包括 Elvonic 软件和电梯关门安全系统，前者可以最大限度地缩短等待时间，后者可以防止关门时夹到人。同样，该公司短周期创新激发了客户和渠道合作伙伴对当前年度的创新产品的兴趣，继而巩固了由长周期创新模式创造的竞争差距。

卡特彼勒（Caterpillar） 卡特彼勒建筑设备公司在 1985 年首先推出了反铲挖掘机，而且到目前为止已经进行了三次长周期产品创新，创造出 B、C、D 三个系列的产品。系列 C 引入了一种联动架构，方便操作员快速进行工具间的切换。系列 D 主打一种高速旋转的联动装置，用于挖更深的洞，但它的营销则强调以客户为导向的产品改进，包括操纵杆控制、更舒适的座椅，以及能提升能见度的更大的玻璃窗等。

增强型创新巩固了企业已有的市场地位，并根据企业在品类内的整体地位，为它们赢得最有利的价格。如果企业是市场领导者，所有客户都愿意支付一定的差价购买你的产品，因为他们认为差价是产品可靠性的重要标志。如果企业是市场挑战者，则增强型创新必须足够边缘化，因为只有这样，那些大公司才不会复制你的产品，因为它们不想因此疏

第二部分 创新管理 —— DEALING WITH DARWIN

远了自己的主流客户。如果企业是低成本的机会主义者，最低的价格则是分销的先决条件，因而每一次的增强型创新都意味着一次全新的市场营销活动。无论是以上哪种情况，这些投入都能为企业带来新的竞争差距。

尽管如此，如果企业的增强型创新投入被大量地用于追赶其他企业先前的增强型产品，这无疑是一种浪费。这么做不会为企业带来任何好处，因为市场已经将那部分利润分配给了有竞争力的产品，企业的这种做法只能中和竞争对手的竞争优势，即压低赢家的产品价格，而不是抬高自己的产品价格。因此，为了获取经济收益，进行原创式增强型创新是至关重要的。

麦格拉思（McGrath）和麦克米伦（MacMillan）的消费链是一个非常有用的模型，可以用来系统性地评估做出原创贡献的可能性。它将购买交易的生命周期分成 15 个不同的阶段。⊖ 作为一个增强型创新者，你应该找出最需要改进的阶段，并就如何改进这一阶段对客户和合作伙伴进行深度访谈，然后设计出一个可行的实施方案，让企业能从残酷的竞争中脱颖而出。例如，针对排队等候这个问题，不同企业开发出了很多创造性解决方案，为企业带来了大量差异化产品。比较经典的案例有：迪士尼乐园的排队管理实现了热门项目的提前预约，Taylor's Refresher 的呼叫器解决了客户在汉堡出炉前枯燥的等待问题，电子快速通行系统可以让车辆并行通过高速公路的收费站。

企业总是可以通过增强型创新实现差异化，只要品类仍处于不确定性弹性中期，它就应该成为企业的备选创新类型之一。至于增强型创新

⊖ *The Entrepreneurial Mindset: Strategies for Continuously Creating Opportunity in an Age of Uncertainty*, Rita Gunther McGrath and Ian MacMillan, Harvard Business School Press (Boston, 2000), chapter 4.

是否能成为企业的首选，则取决于它与其他创新类型相比，是否更具吸引力。

是否应该集中精力进行营销创新

产品线延伸创新和增强型创新都是通过对产品进行修改，使产品在面对更精准的客户群体时更有竞争力。但企业也可以通过修改市场营销组合中的其他因素来使同一个产品更有竞争力。在规模运营模式的企业中，通过营销创新获得可持续竞争优势的企业包括：

耐克 耐克最早的形象代言人是迈克尔·乔丹，后来转请泰格·伍兹。无论是其中的哪一位，均是非常有感召力的体育明星，他们帮助公司树立了独一无二的品牌形象，公司也回馈了他们丰厚的回报。在同类产品中，耐克也是第一个设立专卖店的公司，它的"耐克运动城"策略一出现，便马上被索尼和苹果效仿。其弯钩标志出现在世界的各个角落，而且它的标志性口号"Just Do It!"启发了一个时代众多愤世嫉俗的人，让该口号成为其价值观的一部分。上述营销创新造就了耐克强大的品牌知名度，以及积极正面的品牌联想。这是消费者营销中的两个非常关键的因素，正是它们推动耐克获得了商业成功，这与鞋本身已经没有太大关系了。

雅芳 它提出了一种独特的化妆品营销理念——消费者在家中即可进行个人预约，并且为此搭建了一个从服务态度到技术水平都能与零售店面一较高下的、经济效益良好的销售渠道。通过在20世纪50年代发起的"我是雅芳"（Avon calling）活动，雅芳将雅芳女士（当时全世界共有500万人）的形象深深地植入顾客的脑海中。高效的销售管理和采用粉红色凯迪拉克作为销售激励的策略，让公司在本该是由独特产品作为

第二部分　创新管理 ── DEALING WITH DARWIN

驱动的品类市场中长盛不衰。现在，雅芳在经济发达地区将直销模式转移到网络上，利用它广泛的品牌认知度在网上销售产品，而在经济落后的地区，则仍沿用以销售代表为主的营销模式。

美国女孩（American Girl） "美国女孩"不仅是一个个玩偶，公司配合每一条产品线，还会出版一本关于生活在某个特定历史时期的一位女孩的书。所有这些故事都引人入胜，并且包含了丰富的知识，令人印象深刻，为孩子们提供了很多的想象素材。玩偶是孩子游戏的焦点，但这仅仅是个开始。每个玩偶都有自己的玩偶屋、自己的家具和服饰等，所有产品都以书中的故事为核心进行营销，并在其后的一系列产品目录中进行强化。爸爸妈妈和爷爷奶奶可以为同一个玩偶一次又一次地花费数百美元，即使买全目录中的所有产品，都买不完它的周边产品。

苹果 就像 Macintosh 电脑是苹果公司颠覆性创新的丰碑一样，iPod 则是其营销创新的典范。首先，苹果公司与音乐行业协商建立了合作伙伴关系，使公司能使用 iTunes 上的所有在线音乐资源。然后苹果公司设计出一个外形优雅且使用便利的设备。接下来，公司必须以生动的外形吸引目标用户市场的注意——谁能想到这个在各种外形中脱颖而出的竟然是白色有线耳机呢？随后，苹果公司将产品线同时向上和向下延伸，抓住了那些高端用户，同时也守住了低端市场。再然后，它推出了诸如扩展坞、iPod 保护套等增强型创新，还让总裁史蒂夫·乔布斯和 U2 乐队主唱波诺"同台演出"。最后将整个公司从计算机行业重新定位到了消费电子行业，而不仅仅是推出了一个标志性产品。

总的来说，规模运营模式中营销创新的策略是众所周知的，并且经常被效仿。但真正能实现竞争差距的企业很罕见。在这种情况下，关键在于企业要将营销创新做得足够彻底、足够出色。大多数公司都不愿意为了这个目标而放弃其他属性。它们投广告，推出品牌活动，但最终它

第6章 成熟市场中的创新管理

们没有跨越那条能使自己从竞争者中脱颖而出的界线,成为客户世界中独一无二的一部分。相反,它们留在群体当中,与供应商和购买者保持若即若离的关系。客户虽然非常满意,但不认为它们存在差异。只要管理团队都不认为差异化营销是企业的目标,只要企业的目标只是满足市场可接受的最低标准,这种做法都是没问题的。如果这刚好是你的目标,那么你就可以降低营销投入,只需要将服务保持在足够好的水平即可,而不需要加大投入去努力做到业内最好。

在复杂系统模式中,营销根本不能算一种职能。在这里,企业的目标是创造声誉差距,而不是品牌差异,因此它要求企业关注社会因素而不是消费者心理。创新的根本目标是与某个专属的社群建立亲密关系,成为该群体中唯一能打入内部的供应商。因此,要在该模式中获得影响力的关键点之一就是进行隐形操作,在幕后对结果施加影响,就如下列企业所做的:

麦肯锡咨询公司 麦肯锡提供的服务与其他咨询公司并没有太大差别,但在接触到私营及公共部门高层主管的途径上则非常不同。它最惹人瞩目的营销方案是发行《麦肯锡季刊》和建立麦肯锡全球研究所,这两者都是知识讨论的热土,拥有最领先的思想。但是,它的大部分营销力量来自它的"校友网",这个社群悉心地呵护着与前员工的关系,使其与公司维持联系。当这些人在他们新的企业或政府岗位上升迁时,他们不可避免地会依赖前同事提供的服务,而几乎不考虑其他的公司,即便考虑,他们对"母校"也更加偏爱。麦肯锡在保持其神秘性方面一直非常小心,从不在公开发表的材料中提到任何一个客户,也从不允许任何企业公开将自己定位成麦肯锡的合作伙伴,它一直处于幕后,而这对复杂产品的营销是非常重要的。

GE 医疗(GE healthcare) GE 医疗向市场推出了一种多供应商

第二部分 创新管理 —— DEALING WITH DARWIN

的维护服务,由此客户只需管理与 GE 医疗之间的这一单一的关系,让客户的预算变得可控,而且该服务还提供批量折扣。这种服务的推出打破了成熟的医疗设备市场的稳定。有了这一服务,GE 医疗阻断了该领域的所有竞争对手与客户之间的互动。如今,GE 医疗无论是提供系统支持及维护、技术培训、继续教育、监测或诊断、管理软件等服务,还是提供性能改进咨询等服务,它都占有了客户的所有注意力,掌握了客户的下一代需求,并保持了在下一轮采购中的领先地位。

伯克希尔-哈撒韦投资公司(Berkshire Hathaway) 毫无疑问,该公司主要因其傲人的投资表现而受人推崇,但沃伦·巴菲特成功地将自己定位成"奥马哈的先知"。他的主要营销手段是年度股东大会以及他每年给股东写的信,两者都为意向不明的投资世界设定了一系列的价值观,并给出了相应的解释,以厘清混乱不明的情况,解决企业面临的难题。巴菲特以热情洋溢的语调利用常识进行投资分析,让其他人都接受他的投资理念。他用这种方法组建了一个专属社群,而其他的竞争对手只能眼红。

复杂系统企业的营销就是要努力让中立的第三方一致认同自己独一无二的特权地位,即与一批有影响力的支持者——他们一般非常注重隐私,建立并保持排外的关系。这种关系大部分是关起门来私下建立的,或者通过一对一的谈话建立。这与规模运营企业中公开的营销方式形成鲜明的对比。因此,如果复杂系统企业想要寻找新的营销方向,聘用一位拥有合适背景的领导者是非常重要的。

采用复杂系统模式的企业是否应该优先采用营销创新,部分取决于它能承受的时延长度(time horizon)。关系营销需要经过一段时间才能看到结果,早期的回报并不多,因为信任随时间呈指数级增长,在越过曲线的拐点前都不会有明显的变化。但是,如果你有足够的耐心,而且你的企业能够遵守诺言，未来你肯定能获得非常有利且持续的市场地位。

是否应该集中精力进行体验式创新

体验式创新关心的是客户与商品、供应商、销售和服务提供商之间直接接触的时间长短，以及他们与产品和流程互动的质量。接触时间长短与质量高低决定了企业产品或服务的差异化程度。换句话说，产品的功能在体验式创新中处于外围，客户的体验才是核心。

在规模运营的竞技台上，成功地运用体验式创新创造差异化的企业包括：

迪士尼 迪士尼是主题乐园的先驱。如今，它通过创造一个个由其电影中的角色和故事情节构建的家庭活动体验来实现差异化。这种体验从营造清洁、安全和便利的乐园环境（即产品的外围）开始，由此建立起区别于一般乐园的特色，因为一般乐园主要针对青少年并以提供刺激性娱乐项目为主。此外，迪士尼在这个舒适的环境中，叠加出各种场所和游乐设施，重现电影中的场景，让家庭能参与其中，娱乐身心。这些项目能让游客重历电影中的情节，并为机械化的游乐设施赋予生命。而且由于不同迪士尼乐园中大多数娱乐设施的主题都是一致的，所以整个游玩的体验既高度结构化又自成一体，无论是在身体上还是情感上，都创造出了其他乐园无法比拟的可预期的快乐享受。

太阳马戏团（Cirque Du Soleil） 这个公司的娱乐表演在很多方面与迪士尼截然相反，它寻求项目的前卫和出人意料，注重"引起人们的好奇心"，而不是"安抚人心"，用后现代哲学理念装点视觉盛宴，从而开辟出自己独特的领地。太阳马戏团就是一个在差异化上做得足够彻底的例子，理性的竞争对手要么不会选择追随，要么根本没能力追随。因此，它从各个维度完全重新定义了马戏团，将赌城拉斯维加斯变成了它真正意义上的专用舞台，并且倚仗不同寻常的演出，马戏团得以销售高价演出门票。

美国在线（AOL） AOL 崛起的关键，在于为那些技术采用较晚但对新通信机会持开放态度的用户，创造了更简单的电子邮件体验。AOL 是第一个利用一系列连续的图标向用户保证登录过程是完全依照协议进行的公司，这对于技术采用较晚的用户来说尤为重要。公司的系统提示音"你有新邮件！"，不仅促使客户群继续使用该系统，而且他们还会向朋友推荐。随着互联网技术及宽带通信技术的出现和普及，AOL 意识到，晚期技术采用客户群也想体验相应的媒体技术，于是公司对其系统做了相应的修改。随着时间的推移，该品牌必然会不断进化，因为客户对技术的采用问题总是暂时的。目前，AOL 在市场上具有高度的差异化，因此公司可以收取一定的溢价。

前进保险（Progressive Insurance） 该公司不同于一般公司，它关注客户体验，并且从中获得了比一般公司好得多的经济效益。客户体验开始于购买过程中的报价，包括与竞争对手的比价；如果需要的话，接着转到全天候理赔中心，它们会即时给予回复，并派遣理赔代表前往事故现场；最后到客服台，为客户提供车辆维修服务。公司会代表客户全面处理整个过程，包括在维修完成后通知客户。公司从客户需求而非运营角度出发设计整个流程，持续创造了它与主要竞争对手之间的竞争差距。

在采用规模运营模式的企业提供服务的消费者市场中，体验式创新的关注焦点在于终端用户，而且这么做的效果非常明显，因为在这种市场中使用者和购买者就算不是同一个人，两者之间也肯定存在紧密的关

第6章 成熟市场中的创新管理

系。在由复杂系统提供商提供服务的企业市场中,情况就不是这样了,因为企业中负责预算的经济购买影响者实际上很少接触产品或服务。虽然如此,体验式创新还是会对这类高管产生强烈影响,只要创新针对的是他们平时遇到的难题,包括与同行之间建立联系、激励他们的组织、咨询知识专家以及凭敏锐的洞察力从海量信息中提取相关见解等。

在复杂系统模式中,成功利用体验式创新创造竞争差异化的企业案例有:

世界经济论坛(WEF) WEF 在瑞士达沃斯的年会以每年都能邀请到商界和政界最顶尖的领导者而闻名。邀请这类听众参与论坛的最大困扰是他们的隐私和安全问题,论坛通过严格限制参加者、监控入口以及精心设计并严格实施安保系统来解决这些问题。有了这些保障,与会者就能真正享受得之不易的参与社交互动和相互接触的机会,通过讨论碰撞出新的思想火花并取得再次参与论坛的机会。每年的会议主题涵盖的范围非常广泛,从最初的经济问题扩展到后来的社会问题与艺术,因此利用论坛参与者独特的地位可以真正影响全球的发展。论坛的主题是邀请参加者在不妨碍其公共和私人的社会责任的基础上参与全球事务,而且要求不能带功利性目的。这种方法不可能一夜之间发挥作用,因为信任是随时间慢慢积累的,但一旦该方法发挥作用,它带来的成果将是非同凡响的。

IBM 在 20 世纪七八十年代,当计算机在企业中的主流地位越来越牢固,已经从所谓的数据处理器转变为管理信息系统(MIS)后,IBM 一马当先为企业主管提供教育培训,告诉他们什么是计算机,以及计算机与企业业务之间的关系。同时,它还对自己的销售人员和销售渠道的合作伙伴开展关于企业客户的教育,将他们的注意力集中于如何挖掘每个行业的特殊需求,以及如何将这些需求与计算机性能相挂钩。它还在业务系统规划方面领先于其他公司,IBM 的主管帮助客户企业中的管理信息系统主管将其下一代信息系统概念化,并帮助他们设计和应用该系统。整个过程让参与其中的客户企业主管觉得非常可靠,并最终为 IBM 创造了重要的差异点——"没有人因为购买了 IBM 而被解雇"。

加德纳集团(The Gartner Group) 如果存在某种事物,它的信息总是过载,那肯定是 IT 行业以及它所包含的数量巨大的可供选择的供应商和产品,这组成了一个庞大得令人费解的品类序列。加德纳提出了魔力象限,从根本上改进了经济购买影响者的体验。在象限中,加德纳将给定品类中的所有企业按照执行能力和愿景的完整性分别归入一个 2×2 的矩阵。这种构建方法聪明地将 IT 事务计划从本质上简化为两个经常出现的变量,让 IT 主管能够同时做出无数个高风险的购买决策。这成了推动企业形成竞争差距的市场动力,最终加德纳收购了竞争对手迪讯(Dataquest)和迈达克(Meta),共同组成了一个领导市场的大型集团。

在上述体验式创新的所有案例中,所有企业都从头到尾仔细研究了客户的体验过程,发起了一项企业与客户共同参与的活动,主动干预体验过程,为市场提供更与众不同的产品或服务。客户非常欣赏企业所做的这类努力,并回报以持续的忠诚;竞争对手则会复制这些计划中的一两个元素,而这也确实在一定程度上削弱了差异化。由此产生了下列问题:企业应该在什么时候投资这类创新?什么时候不能投资这类创新?

在规模运营领域,体验式创新要想成功的第一个关键的先决条件,是基础产品或服务必须完全商品化。如果没有做到这一点,特性和功能方面的问题对购买决策的影响就会覆盖"体验"这一因素。第二个先决条件是产品或服务的体验必须可以重复足够的次数,它应该成为供应商品牌标识的一部分。偶尔创造非凡的客户体验,不能创造出与体验式创新的投入等值的忠诚效应。第三个先决条件是,这种体验必须是可被规模化的，即它可以被嵌入供应商的各种系统和实践。

在复杂系统方面，第一个先决条件是与经济购买影响者直接接触，体验式差异化不能假借他人之手进行传递。第二个先决条件是体验内容个性鲜明，要确立真正的思想领导地位，必须能让参与者感觉到他们正在学习以前不曾接触过的东西。最后，寻找一个有感召力的指挥者，精心安排体验过程，并且在这个过程中保持网络交流的活力。这虽然不是一个先决条件，但对体验式创新也是非常有帮助的。

如果你的情况满足以上条件，那么你就可以从体验式创新中获得巨大收益，特别是在基本保持产品成本、资金开支或经营开支不变的情况下增加收入和利润。实际上，客户亲近区域的创新类型通常是按照它们出现的顺序，依次将价值创造场所从物理世界转移到了客户思想中，并不断提高资本使用效率。成熟市场适合这种策略，是因为商品的功能、特性等已经被充分挖掘，企业需要将注意力转移到其他地方。

换句话说，持续地消除产品或服务的可变性是客户亲近战略的一个必备驱动力。这个过程是伴随着卓越运营区域的创新类型发生的，因此成熟市场中的企业至少要将卓越运营区域的创新作为辅助的创新类型。下一个问题便是，需要将卓越运营区域的创新作为主要的创新类型实施吗？为了回答这个问题，让我们进入下一部分。

关注卓越运营区域的创新

我们曾经提到过，为了在分形市场中进行创新，企业必须在增加面向客户的产品或服务的表面价值的同时，减少对基础部件的资源投入，即卓越运营区域所关注的重点。首先我们应该明白，想要在成熟市场中竞争，就需要企业有一定程度的卓越运营，这样才能跟得上竞争对手。

不过，我们下面要讨论的并不是停留在这种层面的卓越运营。为了值得在接下来的讨论中出现，这些企业必须十分擅长该区域中的某种或多种创新类型，并凭借这个能力获得了重大的差异化，创造出了可持续的竞争优势。

在这样的环境下，我们将要仔细分析图 6-5 中提到的四种创新类型，同样我们还应该注意到，这四种创新类型从左到右依次从最接近产品的创新——价值工程创新，逐渐变得抽象，最后转变为最远离产品的创新——价值转移创新。这一转变过程隐藏的含义是，随着产品基本功能的不断商品化，企业必须不断创造产品的差异化，寻找新的价值创造点。

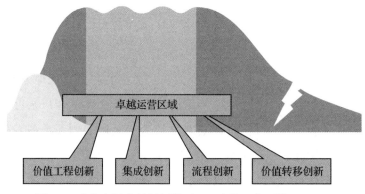

图 6-5　成熟市场中的创新类型——卓越运营区域

是否应该集中精力进行价值工程创新

当规模运营企业能够完全抓住商品的本质并且显著降低其他方面的成本时，它就能通过价值工程创新创造差异化。下面是这方面的一些例子：

比克（BIC）　比克是世界上领先的制笔企业，最早版本的比克笔目前仍在生产,而且已经成了价值工程的标志。比克笔的主要特征包括:它是一支圆珠笔,是公司的一项重大工程成就,一直使用了50年不曾改进;它是一次性的,因此供应链不存在库存方面的担忧;它由透明的塑料制成,你可以随时看到墨水的余量;它的笔杆是六边形的,不会从桌面上滚下来;除了一个笔帽,它不存在多余的可动部件;它工序简单而且生产历史悠久,可以在世界任何地方的比克工厂生产,所以非常适合进行大规模生产。在主攻卓越运营的同时辅以品牌建设,这是比克公司推动产品可持续差异化的模式,后来比克将其运用于打火机和剃须刀两项业务中。

Motel 6 公司将自己定位为一个低价领导者,这也是它原来的名字所代表的含义,即在旅馆住宿一夜收取的最初价格。这个价格决定了旅馆的位置只能在低成本的郊外,以及采用标准的汽车旅馆设计,便于清洁和维护,并且不提供餐饮服务。Motel 6 在实施价格领先的价值工程的同时,还开展了一场引人注目的品牌建设活动,聘请气质亲和的形象代言人,并且用一句非常温馨的话"我们为您留了一盏灯"作为广告的结尾。这种家居式的语调帮助企业从大量的汽车旅馆品牌中脱颖而出,向受众传递了公司的基础价值信息。最终,公司成了这一市场的领导者。

西南航空(Southwest Airlines) 该公司是从头开始重新设计产品以削减成本的经典案例。西南航空围绕一种标准机型组建一支机队,简化维修过程并减少备用配件;避开收取高额着陆费的机场;简化机票定价与座位选择过程以缩短旅客的等待时间;将主要精力放在直达的往返航线上,以避免中心辐射式产生的闲置运力。另外,西南航空还围绕灵活的工作制度组建工作团队,以员工持股的方式激励员工。通过这样的运营,西南航空的市场资本超过了所有竞争对手的市场资本总和。

Buy.com 最初是一个零售网站,消费者可以在该网站比较多个商家的产品说明书和价格，然后决定购买哪一款电脑。后来该网站利用其先发优势将网站扩展成出售各类消费品的网上超级商店。它的价值主张依旧是经典的零售方案——价格、便利、品类多，常年关注大宗交易，特别是促销和清仓销售。这家网站主打价值策略，已然成为电子商务领域的一个重量级玩家。

采用规模运营的企业，在实施价值工程策略时需要注意多个关键点。第一个关键点就是必须有一些可持续的核心价值，如产品设计、品牌、商业模式、规模或其他属性，这样才能在成本削减完成后继续维持竞争差异化。没有这些内核，你就不可能在与其他低成本竞争对手的竞争过程中获得可接受的经济回报。第二个关键点是坚持将成本削减策略贯彻到底，这样才能让竞争对手在同样的业务领域无法与你抗衡。第三个关键点是以达到规模效应为目标去设计每一个流程，最理想的情况是将各个流程都嵌入自动化系统，如果不能达到规模化，那么就围绕流程开展设计或者将整个设计工作外包。所有这些策略的最终目标是尽可能细致地定义每一项业务，降低每一项因素产生的成本。

在复杂系统商业模式中，价值工程的对象与规模运营商业模式中的不同。这里的关注点是整个系统，而不是某个孤立的部分，其目标是显著降低整个系统使用生命周期中的总体拥有成本，包括从最初采购到最终丢弃的整个过程。价值工程首先被用于将系统分解成一系列相互关联的模块，即价值链工程，然后降低价值链中每一个模块的成本。外包和专业化是价值链中最关键的两个杠杆，价值链中的每一个部门都将财务和人力资源用于关键的增值环节，而将价值链的其他任务留给其他企业完成。

利用价值工程创新获取最终竞争优势的复杂系统企业包括：

台积电（TSMC） 台积电成立于1987年，是第一个专门生产半导体芯片的外包商，是该产业第三方制造商中的佼佼者。近年来，芯片制造设备成本不断上升，使得绝大部分公司将芯片制造业务外包，这就推动了这一市场的出现。台积电的成功来自对价值链供应商的合理安排，这条价值链从软件设计师一路延伸，经设计服务提供商、掩膜制造商、知识产权许可方，一直到集成和测试企业。通过与这些行业组织相互协调，台积电就可以将资源集中用于它的专长之上——开发和优化先进的生产工艺。

印孚瑟斯（Infosys） 印孚瑟斯1981年成立于印度，2004年收入突破10亿美元，并且在与规模更大、成立时间更久的咨询和外包企业竞争时取得了明显的胜利。印孚瑟斯一开始的业务主要集中于IT项目的后期环节，如测试和文档编制等，现在公司已经将业务向前延伸到编程、设计，最终涵盖整个IT系统的开发流程。紧接着，它又进军业务流程外包领域，包括为一般企业提供财务和人力资源服务，以及提供抵押贷款等特定领域的流程服务。对于印孚瑟斯来说，这种模式成功的关键在于充分利用了印度受到高等教育，会说英语的低成本劳动力。为了做到这一点，印孚瑟斯与客户合作，将讨论中的整个活动模块化，企业作为一个低成本模块提供商向客户提供处于客户战略外围的模块，建立与客户之间的信任关系，让越来越多的业务可以通过这种关系流向印孚瑟斯。

开源运动（Open Source Movement） 这项运动由一系列从属关系松散的组织组成，它们都支持Linux之类的软件进入公共领域并提供免费许可。这样如何能产生经济优势呢？看看IBM和惠普就知道了，它们都是开源运动的主要发起人。开放源代码是一种降低成本的资源共享机制，用于管理业务所需的技术，对于公司来说是必需的，但在创造差异化方面是非核心的技术。开放源代码的所有成本由负责技术维护的多个组织分摊，它们支付一定的费用对技术进行维护，以满足公司特定的需求。这项运动曾长期被误认为只有技术狂热者才会参与,但现在《财富》世界 500 强中大多数企业已经成为这种运动的主导企业,它们的 IT 中心都有这类开源软件的元素。

在复杂系统模式中,利用价值工程创造差异化的关键是形成及利用价值链的模块观,这样企业才能专攻其中的某一个模块,利用规模经济、技术和专业水平去提供明显优于竞争对手的价格,同时避开价值链中自己不擅长的模块。这意味着企业需要建立一个可靠的工作流程,连接价值链中的其他成员,并且能与对流程产生直接影响的客户建立相互信任的关系,让客户将过程的直接控制权交给你。这样企业就有机会成为价值链中具备差异化的低成本提供商。但是,如果建立关系的成本太高,或者花费的时间太长,这个战略就会失败。

总之,对私营企业来说,有时候最有利的定位就是成为低成本提供商。如果这种方法符合你所在行业的需求,符合你公司的价值创造重点以及文化,而且你的产品处于成熟市场,价值工程创新绝对应该成为你的候选创新类型。

是否应该集中精力进行集成创新

集成创新将许多完全不同并且独立的组件放到一起,组合成一个完整的系统。对规模运营的客户来说,集成创新最根本的好处就是减少麻烦,提高使用的方便性。这种价值主张意味着单体产品(point-product)的特性并不能吸引市场的注意,人们更喜欢将几个最佳的单体产品进行集成。例如,高保真音响爱好者喜欢一个部件一个部件地组装出一套音响系统,而我们其他人则直接购买家用音响套装。

市场希望品类的领导者进行集成创新,因为这些公司拥有最大规模的不同组件库，而且它们还设定了组件之间的连接标准。相应地，市场也希望品类挑战者进行单体产品创新。

在规模运营企业中，以下公司成功利用集成创新创造了可持续竞争优势：

微软　微软公司最初是一个桌面应用程序的挑战者，它首先用Word挑战Word Perfect系统，然后用Excel挑战Lotus 1-2-3系统。在Windows时代来临后，Word和Excel这两款微软产品都已成为相应品类的市场领导者。因此，公司推出了Office套件，以这两个领导产品为主，同时包含两个相对较弱势的产品——Access数据库和PowerPoint演示软件。（当时，Ashton-Tate是数据库市场的领导者，而Aldus则是演示软件市场的领导者。）市场已经成为集成产品的天下，单体产品占据的份额很小，现在Office套件实际上已经成为全世界桌面的标准应用，每年都整合进新的功能。微软还利用同样的方法对抗网景的Navigator网络浏览器——在自己的Windows操作系统中内置Explorer浏览器，这种强大的组合使得大西洋两岸的政府都提起了反垄断诉讼，以减轻本土企业竞争的压力。

雅虎　雅虎最初是互联网上的一个主要的搜索引擎，这使它成为访问其他网站的首要门户。它充分利用这一优势将自己变成了一个目标站点，将资讯、购物、娱乐以及通信等服务集成为个性化的网络服务。你可以通过雅虎支付账单、查看股票、获取行车路线甚至找到约会对象，所有这些都可以在雅虎网站上完成。其他网站或许可以提供某类更专业的服务，但从全面性来讲，谁都不如雅虎。这种差异化使得更多的人愿意在这个网站上面花费更多的时间，并让它成为网络上广告点击率最高的站点之一。

瑞士军刀　该公司真正的名字是维氏（Victorinox），但它的军刀才是

第二部分 创新管理 ———— DEALING WITH DARWIN

真正家喻户晓的产品。公司经典的军刀版本主要包含以下几部分：小刀片、剪刀、兼作螺丝刀的指甲锉、牙签、镊子和钥匙圈。但这仅仅是个开始。后来公司逐步在钥匙圈中加入了瓶塞钻、开瓶器、剥线钳、锯子、放大镜甚至测高仪。尽管从单个产品来说，这些锯子、测高仪和放大镜都不是最好的，但绝对是集成度最高的。这种价值主张让公司的产品成为同类中的佼佼者，而且已风靡了一个多世纪。

乐高（Legos） 乐高公司只生产内锁式塑料积木，但该公司的产品价格比其他积木生产商要高得多，因为它以套装的形式销售，这些套装可以组装成华美的玩具。你可以认为你买的是一堆积木，但实际上你真正购买的是一架死星（星球大战中的一种超级武器）、一个警察局、一台汽车起重机或者一个作业机器人。这种创意很简单，但又非常吸引人，现在很多国家都已经出现了乐高主题公园。这就是集成带来的好处。

在规模运营模式中进行集成创新，意味着在产品或服务的初级层面（atomic level）必须具备一定程度的普及性并且已经被商品化。没有这一基础，其他因素就会抵消集成所带来的价值，或者在集成过程中会有太多额外的工作让集成变得不值得。它还意味着企业必须具备在更高层次上创造体验的能力，而且在某种程度上要高于各部分体验的总和。瑞士军刀就是一个很好的例子，它的价值就在于，这种组合能提供的效用远高于各部分单体产品实际的功能效用总和。

在复杂系统中，集成创新的价值主张是不同的。这时企业关心的是由系统的复杂性带来的维护成本，而不是差异化。客户希望企业能够简化产品架构及各子系统的关系，能将产品的所有复杂性集中在一张"毯子"下。他们希望市场领导者能提供这种服务，部分是因为这些公司首先安装了大部分的复杂产品并且建立了它们之间的复杂关系，还有部分是因为它们有这个声誉与实力让市场接受这些相互依赖的关系。

成功利用集成创新实现差异化的复杂系统企业包括：

SAP 在20世纪90年代初期，计算机行业由大型机时代向客户端-服务器时代转变时，企业软件公司SAP主要向市场提供功能最全面、集成度最高的企业软件，即后来人们所说的企业资源计划（ERP）系统，帮助企业处理财务、人力资源、订单以及库存管理等方面的事务，并且很快成为企业软件行业国际市场的领导者。成了ERP市场的领导者后，SAP就开始向现有的产品中集成以前力所不能及的软件品类。它首先选择的就是供应链管理软件，在这个领域，那些独立的竞争对手已经不可能依靠单体产品的差异性（优势）去对抗市场对集成产品的渴望。近来，客户关系管理软件也正面临相同的局面。现在SAP正努力投资搭建架构，让未来的软件更容易与现有产品集成，并且为在未来进行业务流程平台创新创造良好的机会，提高其可能性。

IBM IBM进行的是另一种形式的集成，它的产品及服务囊括了整个IT部门或部门内任何一部分的所有事务。这本质上是一种服务型产品，IBM起到了总承包商的作用，将产品各个部分外包给自己的产品和服务部门，或者在它监管下的第三方。这是简化的终极形式，也是前CEO郭士纳推行的变革战略的本质，它受到了那些饱受现代技术的复杂性和高成本压力的保守型客户的热烈欢迎。IBM的国际规模、长盛不衰的良好声誉，以及作为大型机市场领导者无所不在的产品普及度，使它成为能提供这类服务型产品的唯一企业。

安富利（Avnet） 安富利的传统业务是以规模运营模式分销电子元件。但现在它主要为那些希望通过外包非核心业务来加快进入市场速度的供应商提供更高级的服务——将这些电子元件集成到不同的子系统中，目前公司有一半的收入来自这种服务。安富利与一般代工制造商的差别就在于，它本来就是客户供应链的一部分，通过集成下一个价值创造模块，就可以帮助提高整个价值链的效率，这也是它不同于其他分销商的地方。最终，安富利成了电子行业分销双头垄断中的其中一头。

英特尔 英特尔的传统业务同样属于规模运营领域，不同的是，它的业务是建立在专利产品技术的基础上，这为公司带来了非常高的利润。但是，公司需要寻找新的增长点，于是将目光锁定在集成创新上，通过创新将自己从一个元件供应商转型成一个平台提供商。英特尔集成了芯片、软件和相关的设计等业务，将企业的锚位从个人电脑平台扩展到了其他领域。最先获得成功的是无线领域，在该领域中迅驰技术已经成为笔记本电脑的标准技术，XScale技术推动了手持设备的发展，前者与个人电脑集成，后者与微软软件集成，共同服务于同一个目标市场。

复杂系统模式下的集成创新与规模运营模式下的集成创新差别在于，前者中被集成的元素没有商品化。这是因为，通常情况下这样做的转换成本太高。这些元素现在已经不是客户价值创造活动中的积极因素，而是被看作一种成本负担。在这种情况下，客户不会寻找新的供应商来替代它们，但是会削减在它们身上的支出。集成创新通过降低成本负担，创造新的平台，在未来的价值创造活动中发挥积极作用，让这些元素重放异彩。

复杂系统模式下的集成创新有几个关键成功因素：第一，集成后必须创造一个新的交互界面，让客户远离界面下较低层面的复杂性，部分集成尽管也能带来一定的价值，但不会产生任何回报；第二，集成成本必须相对较低，投入的增加必须有一定的限度，我们可以从总拥有成本的增减来判断投入是否合适；第三，必须考虑到在随后的价值创造活动中与系统交互的可能性。这实际上是将原来的产品转化成平台，重新建立起供应商与客户之间的关系，保证企业的产品与其他同类产品存在决定性的差异，以提高客户的转换成本。

总之，对于那些具有庞大的复杂系统的企业，或者在已经商品化的规模运营品类中占据较大的市场份额的企业来说，集成创新是一个非常有吸引力的选择。

是否应该集中精力进行流程创新

在成熟市场中，随着产品本身越来越标准化，产品的制造、交付和支持流程也变得越来越有趣，成为差异化机会的来源。因此，企业应该非常理智地将差异化创新与提高生产率或赶超成本更低、更敏捷的竞争对手等一般的职责区别开来，后者只需要企业遵循游戏规则。我们现在讨论的对象只做到这一点还远远不够，我们讨论的是流程创新，需要达到竞争对手无法达到或者不愿意争取的境界。

在规模运营的商业架构中，流程创新往往能达到传统智慧无法达到的高度。很明显，如果创新成功了，能为企业带来很大的差异化。正如我们从下面的案例中可以看到的：

戴尔 公司通过系统地质疑、解构和修补零售模式中的锚点流程（anchor process），永久地改变了个人电脑的零售方式。它用电话销售及后来的网络销售代替实体店销售，因此不需要再支付一、二级分销费用，何况从中也没得到什么收益。它用按订单组装代替按库存生产，因此最大限度地削减了库存占用成本。它用5%的研发外包模式取代了15%的内部研发模式，有效地利用了竞争对手的研发投入。此外，它充分利用了它的供应链，因此能以大致相同的价格销售更多的产品，每一季度都在财务方面超越竞争对手。因此，在成熟市场中，没有颠覆性技术的帮忙，戴尔也已经有机地接管了整个行业，收购了自己的竞争对手。正如其创始人迈克尔·戴尔戏称的：一个一个地将竞争对手打垮。

第二部分 创新管理 —————— DEALING WITH DARWIN

Salesforce.com 该公司利用互联网，将企业应用软件作为一项服务而不是一种产品进行交付。通过这种方式，公司有效地对该产业进行了重新定位，从复杂系统模式转移到了规模运营模式。为了做到这一点，公司不得不配备一系列包含各种流程的基础设施来保护客户数据，建立与原有系统交互的界面，在充分考虑客户需求的同时舍弃不可能达到的定制化要求，以及在保证公司收益的前提下以市场可以接受的方式为整个产品定价。作为一个相对较小的公司，它的规模运营方式颠覆了整个软件行业，挤垮了很多规模比它大得多的复杂系统竞争对手，如希柏系统软件有限公司，然后又向甲骨文和 SAP 发起了挑战。

麦当劳 麦当劳通过严格规定从原料采购、原料准备、食物烹制、预处理到接订单这一流程中的每一个细节；制定严格的员工招聘、培训、晋升、解聘规章，以及设定详细的店址选择依据、店面设计标准和设备管理规则等，将快餐业务当成可规模化的特许经营对象进行投资。它要求所有的被特许方进入汉堡包大学进行培训，这种内部管理培训计划向所有成员灌输了同样的流程观念，保证了麦当劳的一致性和质量。结果是，这种特许经营方式以迅雷不及掩耳之势征服了美国市场，进而席卷全世界。

丰田 汽车制造可能是最复杂的规模运营业务，也就是说，在这个业务中进行流程创新可以带来巨大的回报。丰田非常关注爱德华·戴明（Edward Deming）的质量管理理论，它们将这一理论和其他理论综合在一起，并将其演变成丰田生产体系，帮助日本在产品质量方面获得了质的飞跃。它在制造流程创新方面的奠基石——看板管理、JIT 库存管理和自动化的质量控制方法，已经成为全球企业研究和模仿的对象。但是，公司依旧保持了自己的优势，这很大程度上是因为它的文化非常适合进行流程创新，因此它总能不断先于竞争对手提出新颖的改进方案。现在，

第 6 章 成熟市场中的创新管理

丰田已经是世界领先的汽车企业。

在规模运营的企业中进行流程创新的关键，是将初始洞察力与严格的执行相结合，而且以后者为重点。它需要企业综合考虑汤姆·彼得斯和罗伯特·沃特曼在《追求卓越》（*In Search of Excellence*）一书中提出的"宽严并济原理"：在"宽"的环境下，创新性建议才能从低层向高层传递，质量圈理论就是在这种环境下产生的；只有在"严"的环境下才能保证流程设计过程的一致性。在规模运营环境中中途改变流程、将工作当成一种试验或在运营过程中不断发现新问题，都是有害的做法。

在复杂系统企业中，情况又有所不同。虽然初始洞察力和执行力同样是关键成功因素，但复杂系统企业更注重前者，而不是后者。那是因为每个客户的情况都是独特的，而且不断在变化，因此，比起制定严格的执行规则，与关键的执行原则保持一致更为重要。

下面这些复杂系统企业都已经通过流程创新获取了竞争差异化：

塞雷拉（Celera） 该公司在加速人类基因计划方面做出了卓越的贡献，成为该领域的杰出企业。在该计划刚被提出来时，人们的计划是像读取自动收报机纸带那样逐个片断、逐个染色体地按顺序解码基因，但克雷格·文特尔（Craig Venter）提出了更好的想法。他建议将基因组进行随机切割，然后对所有的切割片断同时进行测序，最后利用计算机计算出将这些片断重新拼接回去的方法。这种方法被称为"鸟枪测序法"。随着工具的改进和经验的不断积累，该方法也在不断完善。总而言之，这让人类基因计划的时间表缩短了好几年，公司也已经成为基因研究领域的领先者。

英国石油（BP） 作为世界三大能源巨头之一，英国石油公司出名的原因在于它对技术的创造性利用，大大提高了石油勘探的成功率。它最早使用图形软件将地震数据转化成 3D 可视化油田分布图。最初只有其

第二部分 创新管理 —————— DEALING WITH DARWIN

工作站中的地理物理学家使用这种图形软件，后来英国石油公司花大力气建造了巨大的水族馆式透视屋，在透视屋的墙上映射图像，以进行实时操作，于是这个软件开始在全公司推广。英国石油公司在钻井工地利用新的传感技术和互联网来获取钻井数据，并将它发送到分析人员所在地（往往在另外半球），以更新地质模型并将修正过的钻井坐标发回给钻井团队，所有这些活动都是实时的。通过不懈地追求模拟、通信和可视化方面的最新技术，英国石油公司已经在石油开采和加工方面实现了很大的差异化。它第一个在墨西哥湾的盐丘下面发现石油，这就是最好的证明。

奔达可（Bandag） 该公司通过遍布全球的数千个经销商向货车运输行业销售翻新的轮胎。以翻新设备中的专利技术为基础，奔达可建立了遍布全球的特许经营网络，并且不断地寻找和完善流程方法，以保证公司的数百个经销商能获得可靠的高产出。随后，公司将它的流程导向转向了提供轮胎管理解决方案，保证以每英里⊖固定成本满足货车运输客户对轮胎使用时限和监管报告义务等方面的需求。通过这种创新，奔达可才在残酷的竞争环境中长期保持了第一名的位置。

纽柯（Nucor） 纽柯是美国最大的钢铁企业，克莱顿·克里斯坦森和迈克尔·雷纳在《创新者的窘境》(*The Innovator's Dilemma*)和《创新者的解答》(*The Innovator's Solution*)两本书中，围绕公司的小型钢厂，对流程创新进行了详细的整理。公司流程创新的本质是，利用回收的钢材作为主要的原材料，从钢筋等低端市场进入钢铁行业，然后像其他的小型钢厂竞争对手那样，利用传统制造商创建的价格保护伞逐渐向市场高端过渡。在每一次市场跃迁的过程中，当最后一个传统供应商被驱逐出市场后，低成本的小型钢厂就成了彼此间致命的竞争对手，为了抓住

⊖ 1 英里 =1609.344 米。——译者注

最近的高利润机会，企业被迫进行流程创新。纽柯就是因为领先竞争对手一步向钢板生产流程转型，才获得了现在的市场地位。

这一类流程创新能够帮助创新企业从竞争环境中脱身。它们不同于企业在成熟市场中为保持市场占有率所进行的日复一日的流程创新。因此，管理层在决定进行流程创新之前，必须先问自己一个关键的问题：它能带来差异化吗？如果你的企业满足以下条件中的至少一个，就代表流程创新能为你的企业带来差异化。

- 其他企业存在内部壁垒，阻碍它们采用你的方法。
- 你的企业进入该市场比其他企业早很多，获得了其他企业无法超越的市场份额领先地位，或者在其他企业醒悟并赶上之前，已经狠赚了一笔。
- 你的企业的执行能力比其他企业强得多，因此在相似的系统内总能比其他差不多时间进入市场的企业表现得更优秀。

如果你的企业满足这些条件，那么企业应该以流程创新为主要创新形式。如果企业不满足这些条件，那么你最好以这种创新为辅助手段，或者投资卓越运营区域的其他创新类型。

是否应该集中精力进行价值转移创新

我们应该感谢阿德里安·斯莱沃斯基，因为他为我们总结了品类成熟生命周期中的价值转移现象。价值转移的概念非常简单，随着时间的流逝，市场中的稀缺元素会从价值链的一个环节转向另一个环节。因此，在品类成长初期，技术提供者和系统集成商是市场的稀缺元素，但随着时间的推移，随着越来越多的专业技术用于标准产品和服务，稀缺元素

第二部分 创新管理 —— DEALING WITH DARWIN

变成了专业的营销技术和定制能力,再后来能降低企业成本的因素——维修服务提供商和外包商成了稀缺元素。此外,稀缺元素会从品类的基础系统转移到附件和易耗品。

价值转移创新的基本原理包括:第一,找到价值链现有环节中价值被侵蚀的环节;第二,预测价值转移的目的地;第三,先于你的竞争对手到达目的地。在规模运营的舞台上,成功进行价值转移创新的企业包括:

吉列(Gillette) 该公司的价值转移战略取得了非常大的成功,以至于"吉列剃须刀""吉列剃须刀片"已经成了价值转移概念本身的代名词。柯达从照相机业务向胶片业务的转移,以及惠普从打印机业务向墨盒业务的转移,都是对这种现象的另一种标准诠释。在以上这三个案例中,易耗品的地位无一例外地从辅助角色变成了主要的收入来源,而设备则向相反的方向转变。当你发现为了扩大价值链上其他元素的销售,而对一种元素采用折扣价时,这种元素的地位就开始向辅助角色转移。

沃尔玛(Wal-Mart) 该公司在零售价值链中进行了根本性转变,将主要的盈利产品从市场领先者(如宝洁和雀巢)的品牌包装消费品转移到了一般零售商的大量折扣商品。这是由消费者购买力和沃尔玛的分销覆盖范围决定的,哪怕是最受欢迎的品牌也大约有40%的收入来自沃尔玛。因此,沃尔玛有能力进行一系列彻底的成本节约型流程改造,从行业标准条形码到供应商库存管理,再到RFID动态库存跟踪系统,所有这些都巩固了它在高销量、低成本分销渠道中的王者地位。

漫威(Marvel Comics) 该公司作为新一代的漫画书特许经营商而一举成名,这给公司带来了足够的利润和吸引力,使得漫画收藏成为一个新兴的小型产业。不过,最近公司从《蜘蛛侠》《X战警》等电影的不断成功中意识到，公司的价值已经从印刷物转移到了可授权的知识产权上，漫画书中的人物档案正成为电影授权收入的主要来源。电影媒介是一个崭新的行业，漫威在最初的许可协议中可能会表现得比较幼稚，但如果它的其余稳定人物也能吸引大众的注意力，它仍旧拥有价值链中的稀缺元素，拥有谈判的筹码。

Sabre Sabre 系统最初只用于国内的机票预订，后来从美国航空公司分离出来成为一个独立的实体。当它的价值从航运本身转移到信息提供商，代理乘客处理某些事务时，Sabre 的市场资本总额很快就超过了它的母公司。这是较大的价值转移趋势——信息时代的特例。在这个时代中，关于资产的信息被赋予的价值比资产本身的价值高得多，而且邮件列表和数据挖掘提供了成功的市场细分策略。

上述的每一个价值转移创新都需要改变商业模式，这种商业模式的改变可以由主导价值链的企业进行，也可以由没有遗留问题的颠覆者进行。商学院的毕业生都知道这一点，而且在互联网时代，市场中出现了各种商业模式创新，为下一轮的颠覆性价值转移做准备。这些创新大部分都没有达到预期的效果。回想起来，当时我们不理解为什么大多数成功的价值转移都是在被保护的环境下经历很长一段时间才完成的，现在我们明白了，这是因为在这种环境下，价值可以慢慢积累而没有竞争威胁。换句话说，价值转移必须悄悄进行。相反，如果企业大声宣布价值转移的目标，市场就会本能地抵制任何企业以市场为代价获取利益。这种市场抵制会自行组织，在你到达目的地之前挡住你。

因此，规模运营价值转移的关键是发现那些目前不被看好的资源的潜能，在它们被低估时保护好这些资源，然后在价值转移变得更加明显以及更普遍时，在下游将这些资源资本化。价值转移在复杂系统市场中也以相同的模式开展，但是这种市场中的价值转移，很大一部分是通过

第二部分 创新管理 —————— DEALING WITH DARWIN

将部分市场从复杂系统模式向规模运营模式转变来实现的。在这种情况下，复杂系统供应商是不可能将其资本化的，相反，它将价值创造能力用于商品化程度较低的新品类上。尽管如此，在保持其复杂性且解决方案转换成本极高的产品类别中，仍有一些复杂系统企业成功地将品类间转移的价值资本化。详见下面的案例：

CA 计算机公司（Computer Associates） CA 计算机公司在 20 世纪 80 年代占据了市场的主导地位，先是通过收购拥有对公司至关重要的特许经营权的系统软件公司达到这一点，后来收购那些特许经营权已作废的公司。为什么收购后者呢？管理层发现，虽然这些公司在为 CA 计算机公司带来新客户方面并没有什么潜力，但它们的已安装用户具备很高的转换成本。因此，如果 CA 计算机公司的运营能够向维护方向优化，而不是被当作现金牛去投资一些越来越没有前景的未来计划，为这些被收购公司的客户提供维护服务还是能为公司带来很高的利润的。换句话说，价值已经从创造新产品转移到了支持现有产品。CA 计算机公司已经成为收购与处理这类企业的专家，它为自己建造了一座现金牛的"农场"，用于支撑企业业务从大型机向客户机服务器系统软件的转变。

IBM IBM 中的"M"代表了机器（machine），但是多年来，企业软件中稀缺的价值创造元素已经从硬件转变为软件和服务，而 IBM 也相应进行了调整。现在，企业最有价值的资产是它的咨询团队以及软件特许经营权。具体而言，企业的注意力都集中在了计算机运行所必需的技术和流程上。在软件方面，这意味着要彻底改建一个叫"中间件"的系统软件基础设施，IBM 称之为 WebSphere。在服务方面，这意味着要重新回答下列问题：企业应该如何管理它们的信息技术？如何搭建信息系统？如何保持外包模式中关键信息处理过程的透明度和可控性？这就是

"另一个 IBM"——IBM 全球服务发挥作用的地方。总之，软件和服务共同让一个 15 年前面临倒闭的企业重振雄风。

通用汽车金融服务公司（GMAC） 通用汽车是一家正处于崩溃边缘的企业，不过只要它能进行价值转移，就能继续生存。它需要将价值从产品转移到服务，特别是从制造汽车转移到为汽车提供金融和保险服务。通用汽车金融服务公司作为通用汽车独立的融资部门，为整个公司带来了非常可观的收入。

昂飞公司（Affymetrix） 在生物技术的第一次浪潮中，关键的价值创造设备是应用生物系统（Applied Biosystems）的基因测序设备，但现在，价值创造中心已经转移到了基因芯片，在这一领域昂飞公司才是市场领导者。每一个芯片都是一组特殊的基因序列，当它暴露在检测材料中时，待检测物质与其中的基因发生反应，研究人员、医生或法医鉴定人员就可以知道待检测物质的构成。尽管制备和读取样本的设备仍旧处于成长型市场中，但主要的价值创造者已经非基因芯片莫属，其每一片的价格高达数千美元。

综上所述，价值转移是品类成熟生命周期中不可避免的结果。问题是，它应该在什么时候成为公司的差异化战略？首要的决定性因素是你的现有用户基数。在你的总体资产价值中有多少与现有的用户基数有关，而不是与吸纳大量新用户群的下一代技术有关？百分比越大，企业进行价值转移的要求就越迫切。

第二个因素就是市场规模。销售消费品并提供维护服务的业务模型就像给企业买了年金，它们因为低波动性而为企业赢得了很高的收益。如果企业的收入绝对值很大，这是个很好的现象；如果收入绝对值不大，说明此类模式没有发挥作用，那么你就需要将注意力放在其他创新类型上，用盈利并退出的方法管理当前的现有用户。

第二部分 创新管理 ── DEALING WITH DARWIN

第三个需要考虑的因素是企业所处的品类成熟生命周期阶段。如果支撑价值链的成熟产品基础结构即将被颠覆，如果它已经快要走出不确定性弹性中期进入衰退阶段，那么你就必须重新评估这一机会。服务优化、内容优化以及消费品优化需要企业大量投入固定成本，而这种投入需要很长一段时间才能收回。在成熟市场中如果没有被颠覆的威胁，这种投入决策的风险就很低，而且回报是非常吸引人的。随着被颠覆的可能性越来越高，风险贴现也相应越高，风险回报比可能会迅速发生变化。

最后，你还得问问自己是否有勇气进行价值转移。每一次转移都意味着权力在企业各个部门之间重新分配。在这个过程中企业需要克服影响比较大的惯性。企业的CEO和高层管理者将是这个过程中的关键因素，顺利完成价值转移需要他们的全力支持。

总结

本章的篇幅相当长，因此让我们花一点时间回顾一下我们讨论的内容。我们共介绍了八种创新类型：四种在客户亲近区域，分别是产品线延伸创新、增强型创新、营销创新和体验式创新；另外四种在卓越运营区域，分别是价值工程创新、集成创新、流程创新和价值转移创新。我们还提出这八种创新类型都最适用于在成熟市场中创造差异化。此外，我们在介绍每种创新类型时都引用了两类企业——规模运营企业和复杂系统企业的案例，它们都成功地创造了可持续的竞争优势，并且获得了巨大的市场成功。换句话说，我们已经确定每一种创新类型都能发挥作用，至少在特定情况下对某些企业来说如此。

本章的所有内容都是为本书的整个主题服务的。也就是说，本章的目标自始至终都是为了帮助你找到能为企业带来非凡回报的创新类型，使企业创造足够的差异化，并与直接竞争对手区隔开来，由此在销售周期中获得特权待遇，在合同谈判时获得较高的溢价。简言之，我们相信主街中的分形市场应该是创新的温床。

以成长型市场创新为主的企业不可能成为成熟市场中创新战略的佼佼者。成长型市场对应的是初级效应：新的市场、新的产品、新的流程、新的客户。分形市场对应的是次级效应：现有的市场、现有的产品、现有的流程、现有的客户。在分形市场中负责创新的更有可能是最接近日常运营的人：营销人员、供应链上的人员、财务人员以及客户服务人员。我们一般不会认为这些职能部门是创新的温床，但经过这一章的详尽分析，我们发现成熟企业要在主街中繁荣稳定地发展，就必须在这些部门中进行创新。

⊙ **案例**

思科公司在成熟市场中的创新

思科公司是否达到了传统意义上的成熟市场阶段还有待商榷，但毋庸置疑的是，它的两个主要市场（广域网路由器市场和局域网交换机市场）正以明显不同于前几年的速度发展。特别是企业系统部门，思科有一半收入来自该部门，而且其增长率已经突破了两位数，这在真正成熟的行业里也是非常少见的，但是与前几年投资者已经习惯的增长率仍相差甚远。因此，对思科来说现在着手实施成熟市场创新战略已经不算太早，而公司实际上也已经在这样做了。

思科在做管理决策时，创新类型模型尚未问世，但它揭示了思科决策过程中的逻辑思路。下面就套用我们提出的概念来看看它的逻辑思路是如何展现的。

第二部分 创新管理 —— DEALING WITH DARWIN

（1）思科是一家面向复杂系统的公司，按照该模式，公司及其竞争对手可能在客户亲近方面具备相似的优势，因此公司要在客户亲近区域获得可持续差异化会难上加难。因此，公司应该以卓越运营区域的创新类型为主。

（2）接下来我们从最后一种创新类型开始，逐个讨论卓越运营区域中的四种创新类型。如果排除价值转移创新，接下来的讨论就会容易得多。思科的市场还不够成熟，因此价值创造的最初来源还没有耗尽。同理，解决方案也没有达到足够的商品化程度，因此流程创新也不是合适的创新类型。

（3）然后是价值工程创新，思科在复杂系统和规模运营两个舞台上都已经跨出了一大步。在采用复杂系统模式的业务中，它是第一家利用外包作为差异化来源的企业，这帮助思科以大幅少于竞争对手的资金投入获得了更快的发展速度。思科收购了Linksys，为自己增加了规模运营的能力，而Linksys的管理团队从一开始就擅长价值工程创新。它的一个主要竞争对手华为同样有非常强大的价值工程能力，而且华为也在这方面投入了大量的资源来创造差异化，因此思科不可能在同一方向再创造决定性的优势。

（4）综上所述，我们要认真考虑将集成创新看成思科路由器业务和交换机业务的主要差异化来源。思科在这方面有很多机会，因为它在20世纪90年代收购了很多家公司，这就要求思科将各个独立发展的架构整合在一起，哪怕不是用最优雅的方式。此外，因为市场对互联网的依赖性越来越强，它也在寻找更有效的方式与互联网交互。显而易见的是，思科的市场领导者地位也有利于它进行集成创新，这在很大程度上是因为思科需要集成的东西太多。因此，集成创新是思科应该关注的创新类型。

第6章 成熟市场中的创新管理

对所有已经达到大猩猩级别的复杂系统企业来说，集成创新是天生的差异化方向。这是因为，这时候市场已经以市场领先者的产品或服务为标准进行了标准化，但是因为维护它们太过复杂，市场的负担越来越重。大猩猩级别的企业想要将高价值的资源用于能为企业带来更多收益的地方，却无法做到这一点，除非它们降低维护难度。

集成创新解决了这个难题。此外，它为客户和合作伙伴提供了一个统一的环境：

- 现有的系统维护人员非常熟悉该环境。
- 该环境被证明非常可靠，而且在很长一段时间内会很稳定。
- 该环境在与有接口的系统进行交互时是可预测的。

在复杂系统已经成为未来发展规划的基础架构时，这些价值主张都是非常吸引人的。

在思科的案例里，其集成创新的焦点是网络操作系统，或简称为IOS，它在局域网交换机和广域网路由器中都可以运行。IOS总共包含2400万条代码，在思科产品线的所有产品中都可以找到它的踪迹。思科的产品功能都是由这个软件监控与管理的。但是，因为思科对这个软件基本上采取放任自流的态度，而且在其发展过程中整合了几个来自公司战略并购对象的关键创新，因此它成了最难被修改的产品，也成了创新团队必须克服的一个重大障碍。

任何集成战略都存在一个限制因素：连接整个系统的核心技术是否存在足够的弹性。随着核心技术规模越来越大，复杂性越来越高，在不破坏产品其他性能的前提下集成创新成果就变得越来越困难。无论企业在系统文档化方面下了多大的工夫，总是会存在疏漏，忘记将一些维护人员必须知道的系统特性文档化。这导致其中所包含的专业技术扩展得并不好。更重要的是，随着关键员工的退休或离开，他们所掌握的专业技术也随之流失。回归测试的负担越来越重，而介绍新的团队进入系统开发也成为一项越来越难完成的任务。因为只凭借自身的力量，最终这些系统将在自我压力下崩溃。

在这些动态的压力下，工程团队往往会想到重新编写整个系统，力求这次"把事情做对"。这实际上是一种非常可怕的想法，因为它违反了一条市场不可侵犯的价值主张——系统版本必须向后兼容以前的系统版本。如果放弃了这一主张，随之而来的利益牵扯和混乱不是企业能够承受的，无论多么精致的产品都不能弥补产品被颠覆所带来的损失。因此，就算生产出了再好的产品，放弃向后兼容也是一个不可原谅的过错，市场会毫不犹豫地将其抛弃。个人电脑软件企业 MicroPro 和莲花在修改各自的旗舰产品 WordStar 和 Lotus 1-2-3 时，已经得到了教训。

思科在 20 世纪 90 年代时也进行了类似的危险计划，但它及时回头了，改道提供特殊用途的电信类"超稳定"的 IOS，称为 IOS/XR。此外，思科打算对主流 IOS 版本进行重新设计。这意味着对原有系统做逆行模块化改造，方便公司将它重新设计成子系统集成块，使各个模块之间拥有明确的接口以及严格的互调通信法则。这种重新设计的架构从根本上提高了可管理性。如果出现漏洞，这种架构会控制并且系统地追踪它们。如果企业需要修改某个特定的功能，可以将相应模块拆卸下来进行重建，完全独立于系统的其他部分。这些就是集成创新的好处。

思科当前阶段的重构工作被称为 IOS on Neutrino，简称 ION。Neutrino 是一种非常灵活的下一代服务导向型架构。当 IOS 被分解成模块化的子系统后，各类子系统首先在新的环境内被模拟，然后被修改，以便在新的环境中运行。软件专家称这个过程为重构（refactoring），这个过程可以有节奏地开展，不会影响原有系统的运行。换句话说，IOS

的弹性还可以更高，这为思科的集成创新带来了新的希望。

由此可见，为了保证软件的向后兼容性，集成创新必须在系统架构的基础层面进行。一旦模块接口确定了，系统的较高层面也可以进行集成。也就是说，新的功能可以整个附着在原系统上，因为这些功能完全可以被看成另一个模块。集成为下一轮创新创造了基础。

在思科的案例中，IOS驱动的路由器和交换机自然而然地成了很多网络相关功能的集合体。它们不再是一个密闭的盒子，现在包含了很多插槽，可以外接很多包含最先进技术的卡，起到了底盘的作用。因此，2005年思科成长最快的产品是它的多功能集成路由器，其中包含了很多插槽，可以在底盘上直接插入安全设施、网络电话和视频播放器。类似地，思科的局域网交换机也包含插槽，实际上还包含了路由功能，进一步集成了其一体化网络结构，并简化了它的维护和管理。

所有的这些集成过程都极大地拉开了思科的产品或服务与直接竞争对手之间的距离。尽管这些竞争对手能够在单个产品的性能上超过思科，但它们无法做到思科的价值主张——提供集成的一体化网络结构。无论竞争对手在何时超越了思科一小步，思科的工程师马上会迎头赶上，一旦思科的单个产品与竞争对手的势均力敌了，公司的集成价值主张就会使任何存在于单个产品之间的性能差异变得毫无意义。

需要了解的是，市场在这种结果中起到了多大的作用。客户并不是唯一推动围绕市场领先者的集成架构进行固化以及标准化的群体，服务合作伙伴和产品合作伙伴在这个过程中也起了推波助澜的作用，因为这给它们带来了好处。因此，想要与这种价值主张进行正面竞争是不可能的。企业必须通过专注于基础设施不适用的利基应用的创新来避开它，通过开发一个全新的品类去颠覆它，或者有条件地屈服于它，成为一个合作伙伴，帮它填补空白。

第二部分 创新管理 —— DEALING WITH DARWIN

由于上述原因,思科将主要的精力放在了卓越运营区域的集成创新上,并且取得了一定成果。但是,分形市场成功模式的另一边是什么情况呢?思科是否在客户亲近区域选择了一个辅助创新类型?事实上是有的,那就是产品线延伸创新。

同样,让我们看看为什么思科不选择其他的创新类型。

(1)实施增强型创新为时尚早。网络的基础功能还没有达到一定的商品化水平,增强型产品还不能在下一代功能改进中胜出。

(2)使用营销创新似乎又有些过头。作为品类中的大猩猩,思科已经拥有了接近每一位客户的特权。营销创新还能为公司带来更好的结果吗?

(3)体验式创新完全不合时宜,因为企业仍有太多紧迫的问题必须马上处理。

让我们回忆一下,产品线延伸创新可以用于在产品达到第一波采用浪潮顶峰后继续创造第二次增长。它关注的是已经接受了该品类但仍有需求未满足的细分市场。在思科,最让人感兴趣的目标市场是中小企业市场,在该市场中有一大群永远被忽视的客户,它们需要的是复杂系统产品,但它们的预算只能购买大众市场产品。

在本书的第1章,我们已经讨论过供应商想要为这类客户提供服务,共有两种选择,要么从复杂产品设计中心降低产品的成本(当然产品功能相对较少),要么适当抬高规模运营模式中产品的售价。在思科的案例中,考虑到它的复杂系统传统以及它收购的规模运营企业 Linksys,它可以同时采用这两种方案。但是,采用这两种方案都需要付出一定的代价,公司仍在摸索着前进。

在成本降低方面,思科已经推出了低端可堆叠交换机,解决了小企业预算不足的问题。这种产品包含与高端产品一样的核心功能,但是没有模块化功能,因此不能升级。如果要增加容量,只需要在堆栈中增加几台交换机就可以了。相对地,思科在同一条产品线中推出了另一种交换机——模块化交换机,它可以进行升级以获得更先进的技术。从可堆叠交换机转换成模块化交换机的过程,有点像从小孩到成人的转变:将信息技术的复杂性提高到下一个级别。一旦跨出了这一步,思科就再一次回到了它的舒适区。舒适区之外的区域对公司来说才是挑战。

让 Linksys 来解决中小企业的需求问题,依旧是一个挑战,但这一次是因为中小企业的预算太高,而不是太低。Linksys 已经优化了它的研发流程和进入市场的方法,它的自安装产品都是通过百思买和欧迪办公等零售商进行销售的。小企业喜欢去这类商场通过讨价还价购买商品,而 Linksys 在这类商场中已经建立了良好的声誉。但是,当 Linksys 在面对复杂的产品销售和服务时,哪怕是个简单的可堆叠交换机,公司的低盈利商业模式也无法适应它。此外,Linksys 精简的研发模式与保持向后兼容以及数代产品架构的一致性方面所必需的工程投入并不匹配。在 Linksys 的模式中,如果发现有东西过时,一般会丢弃它(而不是循环利用)。因此,对于 Linksys 来说,中小企业领域也是一个挑战。

这样来看,我们可以专门设计一个适合中小企业市场的商业模式,这也是思科的竞争对手惠普和 3Com 曾经做过的事情。用规模运营的方式制造和销售复杂系统的研发成果,通过当地增值经销商进行分销,以介于复杂系统和规模运营解决方案之间的利润率销售产品并提供服务。这种模式的问题是它容易受到双面夹击,复杂系统公司会降低成本来抢夺最有利可图的客户,而规模运营企业会抬高价格来抢夺对价格敏感的客户。公司腹背受敌,既不能向上也不能向下转移。而当地市场一直处于饱和状态,导致经销商也难以维持稳定的经营,继而使这种模式失去稳定性。

第二部分 创新管理 ——————— DEALING WITH DARWIN

鉴于这种模式并不受欢迎，同时考虑到企业在市场两端都已经有了客户认可的产品和服务，思科最佳的战略是将产品线向中小企业市场的"甜蜜区"延伸，但永远不要试图占领整个市场。事实证明，企业管理团队在阅读有关中小企业资金投入量的报告时，或者在试图将现在企业和消费者市场获得的成功复制到中小企业市场时，结果都是非常不如意的。但归根结底，抓住机会的企业能得到的回报，总比仅仅羡慕其他公司的企业得到的多。

第 7 章　衰退型市场中的创新管理

　　这章是我们对创新类型及其与品类成熟生命周期之间关系进行研究的第三个章节，也是最终章节。我们前面已经指出，当品类处于成长期时，管理团队的工作是利用此品类的增长动态来迅速地扩展公司业务；而在品类处于平稳期时，管理团队的工作则是让公司通过创新超越竞争对手，从而让公司在整个品类中占据上风。在本章中，如果描述的品类处于衰退期，管理团队的工作则是让公司业务有序退出该市场，并让公司重新寻找到其他更有潜力的新品类领域。

　　因此在面对市场衰退的品类时，管理层必须深刻认识到其问题并不是出在公司的业绩上，尽管公司的业绩不好可能会使问题越发恶化。这一概念对于那些以执行力为核心的管理团队来说，的确让他们很难把握，因为他们往往会认为超越竞争对手就表示已经取得了成功。但是必须记住，你现在正处于一个"旅鼠竞赛"的环境中，你们的目标不再是追求遥遥领先，而是怎样让你的公司在衰退期能够及时悬崖勒马。

在衰退的市场背景下，公司应做出最基本的战略选择，即进行革新或采用盈利并退出市场。革新代表了公司会将现有的品类进行转变，这也意味着公司需要寻找新的目标客户、新的市场需求、新的产品，创建新的价值链，可能还意味着新的销售渠道、定价和竞争对手（见图7-1）。此时公司不可能按照以往的业务惯例行事。恰恰相反，公司必须激发整个公司的员工去参与一场关乎生死存亡的转型之旅，不成功则成仁。你也无法通过迭代来实现革新，我们必须在第一次就把它做对。

图7-1　衰退型市场中的创新类型——利用品类革新

公司应考虑到这样做的赌注之大，该创新的回报也必须足够大。因此，多数成功的革新案例均涉及将企业从衰退的品类直接重新定位到增长的品类，而非成熟的品类。这也表明公司将重新回归到产品创新的区域，积极参与到该区域内的各种创新活动中。此时，你的选择范围就要小得多。因为你缺乏足够的时间来进行颠覆性创新，如果创新需要很长的时间来孕育，那么公司所面临的风险是巨大的。这种情况下，公司也没有机会发起平台创新，因为作为品类中的新进入者，还不具备此类创新所需的资产。这样一来，公司只剩下两种选择：应用性创新与产品创新。

在大型企业中，无论是以复杂系统为导向还是以规模运营为导向，它们往往倾向于选择产品创新，这是因为企业从开始时就需要一个广阔的市场来确保获得足够的收入，以维持企业的正常运行。在短期内，为了抢占市场，它们可能会牺牲应用性创新所带来的利润创造潜力。然而，一旦它们确信已经解决了品类衰退的问题时，就要开始关注企业的盈利问题了。

相较之下，小型企业更适宜专注于应用性创新，这里可以看成回归至保龄球道阶段。这些企业需要依赖利基市场及高度忠诚的客户群体来实现自我重生。它们没有足够的财力承担放弃定价权可能带来的经济损失。简言之，它们必须同时关注品类竞争力和企业竞争力。这也就意味着它们必须按照利基市场的需要调整企业规模，这是让企业恢复活力的最优策略。

一旦确定了革新的目标，企业可采取两种策略去实现该目标，即有机革新策略和并购革新策略。有机革新策略是指在企业内部为新的目标品类开发产品，而并购革新策略则是通过从企业外部并购获取新产品，选择哪种策略，则取决于企业的时间因素和该企业当前的核心竞争力。有机革新需要企业投入充足的时间来发展新品类，并且企业必须具备保持新品类所需的领先技能。并购革新则代表了相反的情况。实际上，若将并购革新的概念扩展至包括出售企业或并购其他企业（我们建议你如此理解），那么它在衰退型市场中就为企业提供了一种更为灵活的策略选择。尽管如此，若以上两种革新策略均未能达到预期效果，企业还有最后一种选择：盈利并退出市场。虽然我们不将此视为一种革新策略，但正如商业活动中的其他事情一样，采取有创造力的方法总有可能带来收益。

有机革新

若你的企业持续保持关键产品的领先地位，则面临的有机革新挑战

第二部分　创新管理 —— DEALING WITH DARWIN

并不在于提出具有说服力的创新以适合新的品类，而是在于如何克服企业内在的对这些创新的排斥。在第三部分，我们将对这一挑战进行详细讲述，深入分析惯性的力量，以及如何使其促进下一代创新服务。目前，我们应先记住，革新的实施需要企业决策层展现非凡的决断力，正如下面的案例所示。

让我们从规模运营企业开始。案例中的每家企业都能利用内部开发的技术，实现从一个逐渐衰退的品类领导地位过渡到一个增长的品类领导地位。

英特尔　该公司研发了动态随机存取存储器（DRAM），并在硅基芯片取代传统计算机磁芯存储器的变革中崛起。到了 1985 年，同品类竞争者中，日本对手的实力越来越强大，商品化趋势越来越明显。在这一关键时刻，英特尔决定退出该品类，转而专注微处理器业务的发展。在这一领域，英特尔巩固了其作为个人电脑行业唯一供应商的地位。

Adobe　通过与苹果公司及 Aldus 公司（后来被 Adobe 收购）的合作，Adobe 助力开创了桌面出版印刷行业，并贡献出了自己的 PostScript 打印机语言，使得今天我们习以为常的位图字体成为可能。然而，随着全球网络化的进步，传统的打印–分发模式逐渐被分发–打印模式所取代，这意味着打印语言不应再局限于打印机中，而是应该嵌到文档中。为了适应这一模式的转变，Adobe 重新将重点放在了 Acrobat 技术上，使这一技术成为互联网时代的标准。在这一转型的过程中，Adobe 需要面对拥有新价值主张的新的目标客户，并构建了由新的价值链支撑的新产品。目前，Acrobat 是为数不多可以在桌面软件上与微软竞争的专有技术之一，这充分证明了 Adobe 在决策管理上的果断性。

苹果　公司利用 Macintosh 技术成为市场的主导，该技术对个人电脑的用户界面进行了重新定义。然而，由于 IBM 个人电脑的广泛应用，使得 Macintosh 很难将其取代。于是，微软的 Windows 系统就成为用户界面的新范式。在史蒂夫·乔布斯重返苹果公司担任 CEO 时，该公司在个人电脑市场的份额仅为 3%，前景堪忧。乔布斯通过一系列的增强型创新和营销创新成功遏制了公司的亏损，其中引人注目的是为 iMac 增加了半透明的彩色外壳。然而，他真正扭转局面的关键是抓住了数字化音乐和图像的浪潮，先是通过 Macintosh 的"扒歌、混制、烤盘"(Rip、Mix、Burn) 活动，然后推出 iPod 和苹果 iTunes。乔布斯通过这些举措，使苹果公司从一个濒临绝境的个人电脑制造商转变为领先的消费电子产品供应商，抢占了索尼公司的市场份额，而不是继续与戴尔或惠普等公司进行竞争。

西联汇款（Western Union）公司起源于一家通信公用事业企业，最初以电报起家，随后发展到电传领域。然而，随着长途电话、传真及电子邮件逐渐取代了其专有网络，导致其品类开始衰退。为了摆脱困境，西联汇款将重新定位自己，转型为金融服务的提供者，特别专注于原有业务中的汇款业务。如今，这家公司在世界范围内拥有十几万家汇款代理点，并成为跨国汇款支付的主要推动者。

规模运营公司在有机革新中面临的挑战是，它必须与时间赛跑。要生产一定数量的产品来平衡品类开发的固定成本是需要时间的。在前面提到的几个案例中，这四家公司均展现了在转型过程中，能够从公司其他品类中汲取充足的资源来支撑自身发展的能力。这也是此类创新成功的关键要素。对于复杂系统公司而言，情况也是如此，我们用以下几个例子来说明：

IBM 公司凭借独特的大型机计算机业务与垂直整合的商业模式实现了崛起，其产品涵盖芯片、网络、软件和服务等多个领域。为了充分利用其广泛的基础设施，该公司随后将业务范围扩展到了小型计算机

第二部分 创新管理 —— DEALING WITH DARWIN

和个人电脑领域。在20世纪90年代初,IBM遭遇了严峻的考验:成本持续增长,与此同时,大型计算机业务急速衰退。当时,许多分析家认为IBM的业务过度扩张,建议公司进行分拆。然而,IBM通过重新定位自己为全球电子商务服务的提供商,成功地将核心差异化从硬件转向了软件和服务。这一转型包括将大量高层管理人员从内部岗位转移到一线岗位,并明确将投资重点从现金牛业务转向新兴领域。管理层在此过程中展现了果断的决策力,如今IBM已经成为IT行业领先的服务提供商。

诺基亚 公司在20世纪的大部分时间里,都是一家以生产纸浆纸品、橡胶、电缆等产品著称的多元化企业。该公司是通过为家庭计算机网络提供同轴电缆而逐步进入电子行业的。到了20世纪90年代,诺基亚成功进入手机市场,而其他业务则逐渐淡出历史舞台。为了提升手机制造的竞争力,诺基亚将从纸浆纸品、橡胶这些现金牛业务中获取的资金大量投入到手机业务中。转型完成后,诺基亚剥离了这些非核心业务,如今它已成为全球领先的手机供应商。这一过程是多业务模式向单一业务模式转型的经典案例。

康宁(Corning) 公司是从多业务模式到单一业务模式转型失败后成功复苏的经典案例。该公司最初凭借其在玻璃制造技术基础上的多元化材料生产,在消费品及厨房用具等多个领域确立了市场领导地位。随着电信行业的大爆炸式发展,康宁投入巨资于光纤电缆业务,并剥离了消费类产品线。然而,随着电信泡沫的破灭,光纤产品市场出现供过于求,公司业绩暴跌,濒临破产。此时,康宁再次采取回归多元化战略来拯救自己,投资于那些因经济环境变化而重新焕发活力的品类。目前,康宁公司已成为娱乐和移动电子行业中液晶显示屏(LCD)的领先供应商、汽车行业的环境技术子系统供应商,以及生命科学行业样品处理材料的供应商。通过管理层的果断干预，康宁再次成功地走出了曲折的革新之路。

金佰利 公司原为铜版纸材行业中表现不佳的企业，通过成功转型，现已成为纸业部门中消费类产品的行业领先者，这一转变，正是吉姆·柯林斯在其著作《从优秀到卓越》（*Good to Great*）中所称赞的。该公司转型的关键措施就是出售所有的造纸厂，并将所得资金全部投入消费者品牌的建设，如旗下知名品牌好奇和舒洁（Kleenex）。这一过程涉及重大的有机革新，要求公司从适应服务行业供应商的复杂系统模式，转变成为适应服务消费品制造商的规模运营模式。

回顾这些案例，我们便可以发现这些公司成功的关键原则。首先，变革管理的领导力更多地来自内部而不是外部（郭士纳是显著的例外）。安迪·格鲁夫、约翰·沃诺克（John Warnock）、史蒂夫·乔布斯（在其第二次回归时）、约玛·奥利拉（Jorma Ollila）、魏文德（Wendell Weeks）、达尔文·史密斯（Darwin Smith）等人都对各自所领导的公司的文化有着深刻的了解并得到了广泛的信任。相对而言，当董事会聘用外部人士担任领导职务时，公司往往会采取并购作为创新策略，因为对于一个新CEO来说，建立实现有机革新所需的信任基础需要较长时间。

其次，虽然变革并不总是需要像英特尔、诺基亚和金佰利那样经历戏剧性的业务退出，但管理层确实需要在成熟业务还是现金牛的时期承担重大风险，对新兴业务进行大规模投资。这一点也解释了为何当iPod获得的收益还不到苹果公司总收益的10%时，其广告支出却占据了很大的比例。在转移组织重心的过程中，必须采取果断行动，向所有相关人员传达管理层对变革的坚定承诺。正如科林·鲍威尔（Colin Powell）将军所说，单纯地将部队移至新的位置是远远不够的，必须同时对指挥官

第二部分　创新管理　　　　 DEALING WITH DARWIN

进行重新部署。IBM 负责软件开发与生命科学业务的副总裁约翰·汤普森（John Thompson）将此策略称为"分割新业务"，这意味着新业务需有独立的财务核算，确保其费用和收入都不会被更大、更成熟的业务所掩盖。如果缺少这些广泛且果断的举措，现金牛业务很容易重新占据优先地位，从而妨碍变革的进行。

最终，成熟企业会在创新领域超越更为年轻且灵活的初创企业，尤其是在该领域通常更倾向于没有历史负担的新参与者的情况下。成熟企业需要展现其强大的研发能力，这通常是成熟企业传统优势的一部分。但随着企业在主要业务领域的发展，长期专注于客户关系和卓越运营区域的创新，可能导致企业对研发工作生疏了。在这种情况下，最好还是采用并购革新的方法。

并购革新

尽管品类的衰退通常被视为不可避免，尤其是在事后回顾时，但衰退的发生往往出乎企业管理层的预料，要么来得太早，要么其速度比预期的快。在这两种情况下，有机革新的机会变得很小，因为这需要一段时间才能显现成效。当公司处于这种困境时，更适宜采取并购作为创新的手段。

并购革新，并非仅限于危机发生时才能使用。它也是唯一一种可以与其他创新形式并行推进，而且在实施并购前不会产生干扰的创新形式。总的来说，具有多元化业务的公司尤其擅长运用这种方法，这一点可由通用电气的卓越业绩来证明。随着时间的推移，通用电气从代表 20 世纪中后期经济优势的重工业型公司，逐步转变为代表信息时代经济特征的金融服务和媒体导向型公司。从本质上看，通用电气通过不断地并购与

第 7 章 衰退型市场中的创新管理

资产剥离实现了自我革新,成为实践这一创新类型的典范。

采用通用电气的模式需要非常精湛的管理技能,这并不是每个公司都具备的。因此,对于大部分公司来说,都会十分保守地采用结构性创新,只有当先前的创新战略没有多大成效时才考虑并购。让我们来分析一下复杂系统企业的案例:

BEA 公司成立于 1995 年,目标是为 UNIX 社区开发一种稳定的系统软件,就像 IBM 为大型机所提供的服务。公司最初就是从收购现成的软件开始构建的。其战略重心原本集中在数据中心和客户机–服务器计算领域,但随着互联网的持续发展,BEA 逐渐意识到 IT 投资的重点正在向万维网转移。为了适应这一趋势,公司收购了 WebLogic,并因此成为万维网应用服务器的主要供应商。此外,管理层采纳了 WebLogic 的企业文化,让一群反应迅速的高管取代了风格更为审慎的前辈。通过这种变革,BEA 在成立不到 10 年的时间里就创造了近 10 亿美元的收入。

Documentum/EMC 这是一个结构性创新的案例——Documentum 公司选择了被并购而不是成为并购方。情形是这样的:2003 年,经过巨大的努力,Documentum 在企业文档管理品类的竞争中赢得了领导地位。那时,公司预见到未来将面临规模大 10 倍甚至更多倍的竞争对手,如微软、甲骨文、IBM 等公司。那时,尽管 Documentum 并未处于市场衰退期,但面临着无法想象的竞争劣势。公司最终决定接受 EMC 提出的收购提议。现在,Documentum 迈上了一条更加广阔的发展道路,并获得了更丰富的资源来应对未来的挑战。

对于 EMC 来说,该公司自视为企业存储市场的领先者,但也预见到这一品类将面临商品化的趋势,因为在低端市场商品化已经开始了。同时,公司也认识到这种商品化的过程实际上反映了价值从硬件到系统软件的转移。因此,EMC 围绕信息生命周期管理(ILM),制定了一项软

第二部分　创新管理　——　DEALING WITH DARWIN

件并购战略。Documentum 现已成为 EMC 的 ILM 产品和服务的组成部分，也在 EMC 从硬件供应商向系统及软件供应商的转型过程中起到了关键作用。

孟山都（Monsanto）　孟山都公司的历史与基因研究对农业和制药领域的影响交织在一起。该公司首先在农业化学行业占据了主导地位，其标志性产品是除草剂 Roundup。在 20 世纪 80 年代和 90 年代，孟山都公司的业务逐步扩展至分子生物学和转基因植物领域，部分原因是为了开发能够抵抗 Roundup 的农作物。其研究成果在农业领域产生了具有突破性意义的产品，然而，这也引发了欧洲一股强烈的保护主义之风，新产品被贴上了"弗兰肯食品"⊖的标签。与此同时，其制药部门在经历频繁合并的行业中艰难地挣扎着。为了应对这些挑战，孟山都公司实施了三个结构性措施：首先，公司剥离其工业化学和纤维业务；其次，通过与西尔公司（Searle）以及辉瑞制药公司的合并，成为制药行业领先企业的一部分；最终，公司又重新将农业部门独立出来，成为新的孟山都公司。如今，该公司已经是一家独立的公司，在一个开始普遍接受转基因食品，并将其作为对抗饥饿和提高农产品产量的合法手段的世界中，孟山都拥有该市场领先的产品。因此，两个曾经处于劣势的业务部门成功转型为强势公司，也从低增长的行业中被解放出来，并开始高速发展。

Applera　公司原名珀金埃尔默（PerkinElmer），与从惠普拆分出来的安捷伦科技公司（Agilent）相似，以多元化的测量仪器和工业设备而闻名。在计算机行业突飞猛进时，珀金埃尔默公司却未能成功涉足该领域，因此它决定将自己重新定位至生命科学领域，为基因测序提供颠覆性技术。重新定位后成立的公司正是我们在探讨颠覆性创新时所提及的美国应用生物系统公司 ABI。它与基因应用公司 Celera 同时从母公司中

⊖　一个俚语，用于描述利用生物工程技术创造的各种转基因食品。——译者注

独立出来，而最初的珀金埃尔默公司则被出售给 EG&G 公司——一家专注于服务发电公用事业行业的财团。随后，ABI 与其姐妹部门 Celera 再次合并，形成了现今的 Applera 公司。在这一转变过程中，关键的领导举措体现在其对生命科学的坚定承诺，并推动了所有后续的结构性决策以进一步实现这一承诺。

在复杂系统企业中，通过并购进行革新有助于应对产业结构的变化。管理层可借助品类的转变，引导业务向更有发展前景的领域转型。在规模运营企业中，问题往往更多出在品牌业绩方面。以下的一些例子可以说明规模运营企业是如何通过并购革新来解决品牌业绩问题的。

Gateway 公司凭借低成本的个人电脑品牌崛起，迅速地击败了佰德（Packard Bell）等竞争对手，同时在 IBM、惠普、康柏等公司的保护伞下，采用低价策略。它成功的部分原因归于其独特的"奶牛花纹"品牌形象，这为 Gateway 提供了别具一格的包装和与众不同的广告吸引力。然而，随着戴尔在行业中迅速崛起，Gateway 意识到自己虽然没有处于一个衰退的品类中，但自身的竞争优势地位已难以维持。品牌建设的创新无法弥补运营能力的不足，公司的业绩逐渐下滑。为了解决这个问题，Gateway 并购了 eMachines——一家低成本个人电脑零售市场的领导者，接着，公司让 eMachines 的管理团队接管了原公司的业务，从而大大提高了公司的运营效率。目前，Gateway 已经成为美国第三大个人电脑制造商，它专注于零售业务，并且其两大品牌完全能与戴尔的在线销售模式相抗衡。

莲花公司/IBM 我们已经探讨过莲花公司为何无法借用 Lotus Notes 这一颠覆性创新来获得竞争优势，这也是其对表现稳定的现金牛（Lotus 1-2-3 电子数据表格）进行有机革新的失败案例。虽然 Notes 公司建立了强大的品牌影响力，然而不可否认的是，Lotus 1-2-3 电子数据表格适用于大规模运营的业务，而 Notes 则需要的是更为复杂的系统架构。莲花公司采取了并购革新的策略来解决这一问题——将自己出售给 IBM。IBM 随后完整地保留了莲花公司的管理架构。在那里，Notes 团队首次获得了复杂系统的资源支持，这充分满足了自身的发展需求；随后，该团队就发行了上亿份产品许可证，使其在协作软件安装领域中稳居第二位，仅次于微软。这再次证明了并购的双向性：成为并购方或被并购方并非关键，重要的是公司合并后是否能展现比独立运营时更强大的实力。

奥驰亚（Altria） 当美国的公共舆论导向和公共政策开始抵制烟草行业时，菲利普·莫里斯公司发现自己的品类已经处于衰退阶段了。这时，公司进行了结构性转型，向生命保障型消费类产品领域转移。菲利普·莫里斯公司首先重组了自己的品牌，并将其命名为奥驰亚集团，且以这个名字首先并购了通用食品公司（General Foods），后又并购了卡夫食品公司（Kraft Foods）与纳贝斯克饼干公司（Nabisco）。2004 年，奥驰亚 50% 以上的国内收入和 60% 以上的国内利润都来自食品产品。

这些例子说明，品牌在新的环境中或新的品牌在现有环境中都可以获得新的生命。并购革新能够给予管理者新的机会，摆脱阻碍业绩的包袱，专注于利用那些依然重要的资产。

无论是在复杂系统还是规模运营的环境中，并购革新第一个关键的成功要素是企业的管理层具有冷静的头脑且行事当机立断。当组织处于高压之下时，只有快速且公平的行动才能让员工更快地适应新情况。这不是打感情牌或担心自己被讨厌的时刻，优柔寡断只会让你丧失成功的机会，坚定不移地执行设定好的路线才是此刻最该做的。

并购革新第二个关键的成功要素在于合并后的整合。若合并的两者实力相当，那执行整合的难度就相当大，因此最佳做法是将整合视为非

第 7 章 衰退型市场中的创新管理

对等实力的合并,即确保一方的团队处于明显的控制地位,而另一方的团队则要适应新的规则体系。最佳实践要求管理层应当明确地区分核心与外围资产,确保并购获得的核心能力得到妥善保留,这些能力是公司获得差异化优势、促使并购发生的最根本的原因。同时,管理层也要确保很好地裁减、剥离或吸收所获得的外围资产,即对并购公司资产的其他部分进行适当处理。越早完成这项工作,对所有利益相关方越有利。

第三个关键的成功要素是将高层管理人员的大量精力集中在整合所带来的新市场机遇上,而不是关注整合过程本身。从 CEO 到一线工作人员,每个月都应该召开会议,持续关注向新品类转型的进展。管理层应该全身心投入到这些发展动态中,没有什么比共同的敌人更能团结新组织了。要尽快让组织集中注意力,关注新的竞争对手。

最后,正如我们在本章初始所提及的,无论是有机革新还是并购革新,都是高风险的行为,这也暗示了失败的可能性很大。如果真的失败了,管理层应当考虑采取盈利并退出策略,此时可以寻求杠杆收购(LBO)公司的帮助。实际上,情况常常并没有描绘中的那样惨淡,员工可以在其他公司找到新的职位,技术会被别的公司吸纳,客户会找到新的供应商,股东可能会从中获利,杠杆收购公司的合伙人也可能得到更多。没有什么事物是永恒不变的,因此,我们也不必假定企业必须是永生的。

总结

本篇论述不仅是我们对衰退品类中创新模式讨论画上了句号,同时也标志着我们对所有创新类型的总体讨论的结束。在前三章的探讨中,

第二部分 创新管理 ———— DEALING WITH DARWIN

通过对100多家公司的案例进行分析，我们审视了14种不同类型的创新，并了解了不同的创新如何使这些企业在它们所选择的品类和目标市场中构建起竞争性区隔。这也正是我们所强调的，通过创新来实现经济成功的差异化策略。所有我们提及的企业都展示了深刻的洞察力、勇敢的决断力和不达目的不放弃的毅力。

因此，在与达尔文式进化共处的每一天，当你努力想要寻求能够创造无限回报的竞争优势时，只需要记住一件事：如果上百家企业都能做到，你也一定能做到！

⊙ 案例

思科公司在衰退型市场中的创新

由于思科公司的大部分历史主要集中在互联网领域，因此它的主要市场尚未出现衰退迹象。不过，思科采取了两种创新策略来应对潜在的市场衰退风险。这两种创新策略并不能相提并论，因为它们需要不同程度的果断干预，但通过对其策略的深入分析，我们还是可以有机会学习思科的成功经验。

思科与有机革新

在衰退的市场环境中，有机革新指的是通过内部研发力量来抓住新一波重大机遇，从而避免其品牌陷入市场或行业的衰退。虽然思科还未面临市场衰退的困境，但公司已经预测到（当下定义的）网络技术在未来将会被逐渐边缘化，因此思科相应地采取了一系列行动来应对这一趋势。然而，让我们觉得困惑的是，当前市场趋势正朝着网络化不断加深的方向发展，而非相反的方向，那么在能够对当前决策造成影响的不久的将来，网络究竟会如何变得边缘化呢？这一问题的答案，也就蕴含在即将影响企业计算（enterprise computing）模式的重大变革中。

在过去的 10 年间，企业计算架构的构建主要采用了客户机－服务器架构模式。在这种架构模式中，市场领导者（如微软和英特尔）的竞争力来源于对客户端的掌握，包括我们所使用的电脑以及日益普及的移动设备；同时，思科、SAP、甲骨文、IBM、EMC 等企业在服务器端或后端数据中心领域已确立了其竞争力。将这两个端点连接起来的架构构成了一个功能堆栈，其顶端是终端用户，底端则为电器设备端。每家公司均在一个或多个层面占据重要位置，例如，思科主宰着网络层，SAP 主宰着应用层，甲骨文主宰着数据层等。只要客户机－服务器架构继续作为主流模式存在，它们在每个层级中的地位几乎难以撼动。

然而，基于两个主要的因素，客户机－服务器架构正逐渐走向衰退。首先，客户机－服务器架构主要是为企业内部计算需求而设计并优化的，然而我们正步入一个越来越依赖企业间相互外包的新时代。其次，当这种架构既要保持与原有系统兼容的同时，还要吸收并适应新一代技术，此时它的能力就显得较为单薄。就在本案例撰写之时，这种情况使企业计算领域的投资得以减缓，从而为服务导向架构（有时被称为网络服务）创造了机遇，这一架构被多数专家视为下一代架构范式的潜在候选者。

在新的架构中，每个设备所执行的每一项功能都可以看成一项独立的服务，可以按照需求进行调用或移除。计算、存储、视频、语音、游戏、传输等均转化为服务形式。然而，此转变也带来了一系列问题：所有这些服务由谁来提供？谁来托管它们？谁来制定调用这些服务的协议及标准并管理其执行？谁有权对使用这些服务的用户收费？又由谁来支付使用费用？

第二部分 创新管理 ——— DEALING WITH DARWIN

　　这些问题使得思科和每一家企业计算领域的主要公司夜不能寐。当前阶段，每一家主要公司都有充分的理由相信，它们的客户机–服务器堆栈理所当然是下一代网络服务模式的核心。然而，实际上，要想胜任这一角色，它们必须将自己现有的相对封闭、专有的产品转变得更加开放，同时保留专有性。简言之，它们必须将自身的产品转化为平台。

　　你可能还记得，平台创新乃是成长型市场中的创新类型。那么，它在衰退型市场中又扮演何种角色呢？平台创新在这里可能成为史上最伟大的革新迁移的候选地之一。

　　想要成为平台之战的领导者，只需要拥有一样东西：众多的追随者。具体来说，该生态系统内的其他主要参与者必须自愿采用你的平台。尽管明知这将赋予提供平台的公司巨大权力，为什么其他公司还愿意这样做呢？答案包含了三个方面：

　　（1）通过使用你的服务，它们可以实现显著的生产力增长。

　　（2）它们可以接触到更为广阔的市场。

　　（3）它们并不认为你所获得的权力会对它们构成损害。

　　思科的策略旨在满足以上三个方面。

　　从思科的观点来看，网络自然地承载了被调用服务的主机功能，因为所有从 A 到 B 的调用都必须通过网络进行传输。这给思科带来了一个优势，类似于零售业中那句关于成功的老话："位置决定一切。"思科专注于利用自身在网络中的位置优势提供服务，这些服务是其主要合作伙伴的非核心业务。安全和数据备份就是两个例子，这些服务对赛门铁克（Symantec）公司在客户机–服务器堆栈中的地位构成了挑战，尤其是在赛门铁克并购了 Veritas 公司之后。思科可能会考虑从赛门铁克公司获得这一技术许可，以完善这项功能。但这样的举措可能对赛门铁克公司的竞争对手 Legato 公司构成威胁，而 Legato 刚被 EMC 公司收购，EMC

第7章 衰退型市场中的创新管理

又是思科公司的关键合作伙伴，公司不想与它关系紧张，因此，思科开始了一段漫长且微妙的范式变革之舞。行动过于迅速可能会引发他人的自我保护性反击，而行动迟缓又可能导致他人抢占先机。

因此，便引出了这样一个问题：思科的执行团队应该在何种程度上关注这个机会呢？我们必须认识到，这需要最佳的工程师智囊团来解决技术问题；需要最娴熟的市场营销人员来协调和安排价值链上的各个利益相关方。同时，这些人员也需被公司用来开发更直接的机会以及应对更为急迫的威胁。你将如何安排，以确保你所指派的各种人员能够持续关注此任务？你将如何防止这个团队陷于孤立，长期处于象牙塔之中呢？

当前，思科公司是第一个愿意承认自己无法解答这些问题的企业。因此，该公司不再按照惯例简单地实施行动，而是进行了更多的讨论：成立了营销委员会解决外部遇到的问题，同时成立了工程委员会解决内部遇到的问题。从第三方视角观察，思科正逐步实现内外部的协调一致，组织内部正在逐步达成共识。这一过程与有机革新通常要求的迅速果断的行动完全相反，但只要公司的生存还没有受到威胁，它便拥有更为审慎行事的余地。当然，用直接行动代替讨论分析的风险一直存在，在与思科管理层的交流中可知，这种担忧从未消失。但是，相反的策略同样也会带来风险，如果没有实现内外部的一致性，盲目地大胆推进，一定会遭到内部的强大阻力，最终可能破坏整个革新进程。思科必须在这些潜在风险中寻找一个平衡点。

思科与并购革新

在20世纪90年代，思科公司因其积极的并购策略而闻名。表7-1展示了思科在1993～2004年每年的并购活动次数。

表 7-1　1993～2004 年思科每年的并购活动次数

年份	1993	1994	1995	1996	1997	1998	1999	2000	2001	2002	2003	2004
次数	1	3	4	7	6	9	18	23	2	5	4	12

表 7-1 中不同深浅的数字背景色，揭示思科采取了多样化的并购策略：

- 1993～1997 年：投资组合构建的策略。在此期间，该公司成功进入局域网交换机品类市场，并提高了其在现有技术领域的地位，这些技术领域包括异步传输（ATM）/帧中继（Frame Relay）和系统网络体系架构（SNA）。
- 1998～2000 年：购买"期权"的策略。通过利用其高价值股票，公司成功并购了处于不同市场和技术行业的公司，从而顺利渡过互联网泡沫时期。没有任何一种策略能够完全整合所有并购来的公司。实际上，思科公司是在购买一系列的选择权，即期权，以此来对冲未来可能出现的各种发展情况。
- 2001～2002 年：收购研发成果的策略。此时正是思科公司低迷的阶段，其股票价格大幅下跌，在此背景下，管理层调整了并购策略，专注于收购技术成果和关键组件。
- 2003 年至今：投资组合构建的策略。思科重新采纳其早期的并购策略，显著提高了其在存储区域网络（SAN）交换机、消费类网络和无线网络领域的市场地位。

投资组合构建是公司补充自身能力时常用的一种策略，它有助于公司在品类衰退过程中不被淘汰。许多公司在此过程中遭遇挫折，原因在于它们过于自信，坚信自己能够独立开发出具有竞争力的新产品，而不愿意与其他公司共享股权，认为那些公司的产品比自己的差，这就是典型的"非我所创(NIH)综合征"。有这种态度的公司未能充分认识到时间的价值。它忽视了负面效应——公司将产品推向市场所需的时间,以及建立有价值的市场地位所需的时间;同时也忽视了正面的时间价值——成熟公司已经占有市场的时间,以及在你的公司进入市场时它们将占有市场的时间。

思科对于其投资组合构建持有两种策略。对于那些直接与以太网和互联网发展紧密相关的关键技术,思科不计一切代价确保其领先地位。如果持有相关技术的公司在文化和地域上都与思科匹配,思科便会通过高价收购这些公司中的最优质者,并将被收购公司的管理团队直接并入思科现有的组织架构中。此类属于旗舰式收购,其发生的可能性较低。大多数收购行为可以称为填补市场空白型收购——它们的产品用以填补那些互联网还没有渗透的领域。这些产品对于思科所提供的端到端网络能力来说是非常重要的,然而,鉴于互联网最终会成为全能型的网络,这类技术的生存周期往往非常短暂。在此背景下,思科将采用务实的收购策略,以满足短期至中期的需求。至于文化和地域的兼容性,并非关键考量因素,被收购公司的管理团队通常会选择在其他领域享受这次"变现"所带来的成果。

使这一策略具有连贯性的是一种总体愿景:互联网协议网络必将成为所有网络中唯一的主导标准,无论是芯片上移动的比特,还是星际间或任何事物之间的数据流传输,都将遵循这一标准。这一愿景是否正确?无人能知!但从实用主义的角度来看,这并不重要,因为这一愿景所创造的连贯性本身就具有价值——这不仅对制定并购策略至关重要,对确定整个公司的优先事项也具有重要意义。

那么,我们应如何审视互联网泡沫的繁荣与萧条呢?思科公司为适应环境而采用的并购策略看似奇怪,但确实符合了时代的趋势。在泡沫

第二部分　创新管理　—————— DEALING WITH DARWIN

时期，思科史无前例地大量收购科技公司。并非所有公司都具备整合所收购技术的能力，那么思科究竟有何考量？简言之，其目的在于储备各种潜在的选择权，即期权。

在过去的 10 年间，人们对于实际期权有了深入的了解——它们可以让公司分阶段管理高风险投资，或者对低概率但影响重大的结果进行风险对冲。以思科的"泡沫策略"为例，概率低、后果严重的结果是，当前一家被过高估值的初创公司突然出现在市场上，而它很可能会成为其重要的竞争对手，最好收购它。在通常情况下，人们只能在这个领域碰碰运气，但如果你自己的股票也被过高估值，你就有机会几乎不需任何成本便能购买未来的一个期权。也就是说，只要市场将其过高估值叠加于你的过高估值之上，你便获得了一张免费的入场券。

尽管我们能够清楚地意识到此策略并非长久之计，但在这种策略所带来的不稳定性症状出现之前，即在所有股票和市值都能依据实际的收入和盈利表现进行重新估值之前，避免这种方法所造成的损失将大于采纳它的风险。原因如下所述。在泡沫时期保持清醒的公司会发现，由于未能"顺应潮流"，其股票价值下跌。这使得它们成为那些股票价值被高估的"潮流"公司收购的对象。因此，美国在线收购了时代华纳，贵士（QUEST）收购了美国西部电信公司（U.S.West）。因此，许多互联网公司收购了很多实体企业，最终却因自身股票价值的崩盘而拖累了这些企业。

让我们远离那些已然被低迷所取代的超现实主义的时代。然而，我们不应该忘记当时人们所讨论的话题。你是否还记得人们相互询问经济复苏的轨迹会呈现"U"形还是"V"形？那时，还没有人预料到会是大大的"L"形。尽管如此，思科公司还是不顾一切地采取了紧急措施，这一点从思科在 2001～2002 年并购的公司数量就可以看出来。若你将这些并购的交易金额汇总,就可以看出思科收兵的速度有多快。

目前,思科所进行的并非期权购买,而是对有形资产的投资,其支付的方式更多是现金,而不是股票。这在并购革新的领域中属于最不创新的类型,也是产生的影响相对最小的一种。其实,此方法本身并没有什么错,但这种类型的创新无法构建可持续发展的竞争优势。对于思科而言,这不过是在长期扩张之后的一种适度的调整策略。

回顾思科公司的并购革新历史,其成功实践之一在于如何消化和吸收这些并购的成果。在此过程中,思科公司非常好地运用了核心与外围的分析模型。核心部分指的是被并购企业的差异化能力,这才是真正吸引思科购买它的原因。在绝大多数情况下,这些独特能力包括产品创新所需的技术人才以及产品营销人才。思科公司保留了这些被并购企业的核心能力,并继续关注其竞争优势。至于被并购企业的其他方面,包括一线销售、外部营销、服务、财务等职能,则被视为外围部分。这些职能虽然具有巨大的价值,但并非构成差异化的关键元素。思科公司将这些职能部门归入现有的组织架构中,并持续推动生产力的提升。

在互联网泡沫的高峰期,当并购活动快速而疯狂地进行时,思科公司将整合所需的流程进行了制度化,这是为了确保其在并购整合过程中所需的决策果断性得以贯彻。由于大多数问题在并购初期已决定,因此在谈判环节上不会浪费太多时间。这种做法十分值得效仿。其核心理念是,不存在所谓的平等合并,或者确切地说如果存在,会导致整合期太长,暴露出的风险太多,带来的收益却非常少,这样是非常危险的。更好的做法是实行"非平等合并",即由收购方制定基本规则,愿意接受的人继续参与,不愿意者则选择退出。

这一规则在思科体系中唯一的例外就是对Linksys的整合,这是该公司唯一一次深入参与规模运营设计的业务。在进行并购时,思科对这一业务进行了细致地处理,因为当时尚未明确什么是核心,什么是外围。作为权宜之计,思科公司为了维护其业务的完整性,将这一部门独立出来,专门指派了一位高级执行官来管理,允许其继续按照原有的模式运营。然而,这只是一个较长的试验期、一段观察期,最终公司必将寻求更加紧密的整合,因为未来的网络需要将处于边缘的消费者产品和处于中心的复杂系统进行有效的协调。归根结底,这也并不是一次平等的合并。尽管如此,这是一次两种截然不同的架构之间的融合,而思科仍在探索维持这一关系的规则。

第 8 章　企业的创新管理

总体来说,有多种类型的创新是件好事。这有助于管理团队对成功获得竞争优势的机会持理性、乐观的态度,并使那些具有不同特质的公司在同一经济环境中占有一席之地。然而,这也使得创新思维框架变得相当复杂,共有 14 种创新类型分布在品类成熟生命周期的各个阶段,我们无法保证用尽所有的创新类型。那么,如何从众多选择中聚焦于某一特定的创新方向呢？此外,如何将这个聚焦方向转换成市场进入的计划,以实际地改变竞争局面,并确保从这些投资中获取超额的回报呢？

这正是本章的主题。本章的目标在于帮助管理团队选择一个创新方向,并围绕它构建一个覆盖面既广泛又深入的项目组合,以此来击败最顽强的竞争者。我们将这个过程分成 7 个步骤,分析如下。

第二部分　创新管理 —————— DEALING WITH DARWIN

1. 向团队推广理念

管理团队在战略规划上投入的时间非常有限，因此接纳一个新方法的机会成本非常高。他们理应对是否采用下一个新事物深思熟虑。在审视当前状况时，创新类型模型可能有用，也有可能并非最佳视角。在这种情况下，我们建议在做出任何重要承诺之前，召开一次宣讲会议，介绍其最基本思想与基础模型。最好由外部人士来进行讲解，以避免听众带有偏见地听。在宣讲结束后，管理团队应进行内部讨论，以决定该方法是否值得在公司当前历史阶段采用。

2. 分析组合

假设公司领导已对这个项目表示支持，接下来的步骤便是对公司的产品组合进行品类成熟生命周期的深入分析。在这个过程中，你需要回答的问题是：

- 我们的主要产品分别位于品类成熟生命周期的什么阶段？
- 与竞争对手相比，它们的表现如何？
- 竞争对手为了与我们形成差异化，都采用了哪些创新类型？
- 到目前为止，我们采纳了哪些创新类型以实现差异化？
- 这些创新类型是否成功？
- 我们是否有理由改变经营重点？

经过这一阶段的讨论，团队一般都会选择一个或多个品类作为创新项目的目标。

3. 分析目标品类

该步骤旨在对目标品类的当前动态以及对公司改变竞争局面的机遇

形成清晰的认识。在这个过程中，你需要回答的问题包括：

- 整个品类的表现如何？
- 复杂系统产品和规模运营产品之间的界限是什么？
- 哪种业务架构更成功？
- 哪种业务架构更适合我们公司？
- 我们是否能够抵御对立的架构？
- 哪些竞争对手在使用与我们相同的架构？
- 竞争对手的创新战略是什么？
- 竞争对手执行这一战略的成功度如何？
- 到目前为止，我们的创新战略是什么？
- 我们执行这一战略的成功度如何？
- 竞争对手在中和我们的创新战略方面，取得了怎样的成效？
- 我们是否到了该改变策略的时候？

此时，你与团队其他成员可能还不能确定改变创新战略是不是个好主意。但假设你们已经确定了，这就是说你们需要接受可能有另一种比当前战略更好的创新战略。尽管如此，请不要轻易摒弃你当前的战略，除非你有绝对的理由这么做。有可能当前战略本就是正确的战略，只是你尚未在创新道路上走得足够远，以至于未能形成竞争优势。换句话说，只要当前的战略还具备一定的可行性，你就应该将它保留在备选方案里。

4. 减少需要考量的创新类型的数量

首先，对现有的 14 种创新类型进行考量：简单评估每一种类型，引用书中的案例或讨论现实中的经验，随后邀请团队成员提出应被淘汰的创新类型。讨论淘汰某个创新类型的依据有三个：

- 该创新类型与品类当前的成熟度不一致。
- 该创新类型已被竞争对手抢先采用。
- 该创新类型与组织的核心竞争力不匹配。

这一阶段的目标是将候选的创新类型减少到可以掌控的范围内。为达到这一目标，可借助设置偏好来作为淘汰过程的辅助。某一创新类型会被偏好的理由，可能恰好与其被淘汰的理由完全相反：

- 该创新类型与品类当前的成熟度相一致。
- 该创新类型还未被直接的竞争对手深入研究。
- 该创新类型与组织的核心竞争力非常匹配。

经过不断地筛选和偏好设置，最终你将选出至少一个或至多三个创新类型，以作为创造市场差异化优势的强有力的候选方案。

在这个过程中，对创新模型本身进行调整也是正常现象。例如，你可以增加类型，或将一个类型一分为二，抑或将两个类型合二为一。这14种类型并非不可更改，重要的是每种类型都应被视为一个向量，团队要就这一向量达成共识，并对该向量进行充分挖掘，这样才能将竞争对手甩在身后。唯有如此，才能产生市场偏好，从而确保在应对达尔文式竞争挑战时获得必要的利润优势。

5. 发展有吸引力的选择

这是整个实践过程的支点。为推动这一过程，必须组建一个由高级管理人员组成的领导联盟，每位高管负责监督一个备选创新类型。这些高管将承担管理职责和协助跨部门团队合作。我们将这种团队称为达尔文团队，其成员由对备选创新类型持积极态度或与之相契合的领导层以及具有高潜力的员工组成。每个团队均需完成以下步骤：

首先，学习目标创新类型的相关材料，并结合团队成员自身经历过的真实案例，讨论那些成功的公司是如何利用这些创新类型来获得竞争性优势的。若时间与环境允许，还可邀请一位或多位在此领域有成功经验的外部专家参与讨论。最后，突破材料的局限，结合参与者的实际经历，制定一份可以明确定义该创新类型特性的清单。总之，其目的是让每一个团队成员对创新类型的构成理论有更丰富与深入地了解。

接下来，团队成员需要进行的是头脑风暴，以便构想出公司应如何利用这种创新类型，以形成独特的竞争差异化策略。此番讨论的目标是制定一份详尽的清单，团队若能彻底执行，将会令客户大为惊叹，同时使竞争对手无所适从。为了激发思考，可以要求团队成员考虑以下问题：

- 你认为首先改变我们产品或服务的哪些方面，能使其更具创新性？（首先要求每个组员单独回答这个问题，并在纸上写下他们的想法，随后在团队内部分享。这样可确保不会遗漏内向成员的想法。）
- 假设我们已经完成了清单上的所有事情，你认为还有哪些额外的举措可以让我们的产品或服务远远超出所有竞争对手？

一旦团队竭尽所能地完成了这份有足够深度和广度的愿望清单，就可以将这些想法逐个按以下的标准进行评分和排序：

- 它能吸引我们想要拥有的目标客户类型吗？
- 它能给客户一个有吸引力的购买理由吗？
- 考虑到公司以及当前市场合作伙伴的核心能力，我们是否具备执行它的能力？

第二部分 创新管理 —— DEALING WITH DARWIN

- 它是否与我们当前最成功的竞争对手所采纳的做法有所不同且难以被模仿？
- 它是否与我们考虑的其他战术具有一致性，而且能与它们产生相互促进的作用？

请每个团队成员按标准对以上每项内容进行评分，可按 1～5 分制打分（5 分是最佳），然后将结果相加，最后将每项内容的总分从高到低进行排序。这样，我们就能得到一个战术清单，而得分最高的那条内容将出现在顶部。我们还可以在最后一个高分项目后划一条分割线，以让团队成员将专注的重点放在分割线以上的项目内容中。

接下来，团队成员需继续进行头脑风暴，旨在集中解决如何实现这些战术。首先，列出公司组织架构中可能与该产品有关的职能部门：研发、市场、销售、服务、物流、采购、财务以及任何你能想到的其他职能部门。团队成员需结合团队所列出的战术清单，利用头脑风暴构思每个职能部门应如何进行变革，以促进这些创新成为现实。也就是说，你需要构建一个巨大的表格，纵列代表职能部门，横行代表战术，而每个单元格内的内容便是每个职能部门为了执行该战术所需进行的变革。

在完成这些工作后，我们需要退一步去重新审视你所构建的表格，以将这些创意合理整合成一个完整的项目方案。每个方案都应根据它所创造的市场差异化结果来定义。有的项目可能侧重于产品改良，有的项目可能侧重于营销变革，而其他可能侧重于定制化服务，等等。设想在一个大型的销售会议上，你需向你的销售团队逐一展示和解读这些方案，并不断公布新方案，直到他们全部起立，以掌声、欢呼声来表达他们的支持。

最后一步，是对这些项目方案进行财务分析。你需要估算实现这些项目目标需要投入多少时间、人力、运营资金？怎样的市场成功才能表明这些投资是值得的？你对你所提交的项目能带来的预期市场成功有何种程度的自信？这一成功能给整个公司带来多大的价值？在这些远大的市场业绩目标和现实的资金投入之间寻求平衡，并据此相应地调整你最终的提案。

6. 选择一个主要的创新向量

每个达尔文团队都需向领导联盟递交自己提议的一份项目清单。联盟有权决定是否接受这些报告，或者在发现报告忽视了关键机会或含有不恰当的假设条件时，将其退回。当所有的最终议题提交完毕后，领导联盟会选择其中一个创新项目，以作为公司在该品类最优先考虑的方案。

此时，至关重要的是将其他所有创新类型都暂且搁置一旁。切记，你的目标是在单一的创新向量上超额完成任务，以创造可持续的竞争化差异。如果你从多个向量中选择一系列有吸引力的项目，看似百花齐放，实际上是在方便竞争对手中和你的差异化优势。如果你能将所有额外的创新精力投入到主要的创新向量上去，你便可以使你的产品让对手望尘莫及。

7. 动员整个组织

正如头脑风暴过程中所构建的表格纵列所展示的，当创新向量被确定时，组织中的所有职能部门，从前台到总经办，都应根据这一决策重新思考自身所扮演的角色及相应的工作流程。为什么要这样做呢？原因是组织刚刚重新定义了公司的核心。

确定创新向量的整个过程旨在从外围获取资源，并将其转化为核心服务的支撑。只有这样，创新才能获得足够的资源支持。实现这一目标的方式在于，将你现有的资源用于加强那些即将被创新项目带入市场的

第二部分　创新管理 ──── DEALING WITH DARWIN

创新向量。部分职能部门将直接参与创造创新中最显著的部分，因而其发展路径非常清晰。不过，每个职能部门都有机会为强化新的价值主张做出贡献。

为了让整个组织都参与其中，市场部门可以根据新的创新重申品牌承诺，开发部门可以描述新产品，服务部门可以描述新服务……在这样的环境下，其余的职能部门应集中讨论以下问题：

- 因为这样一个新的承诺，我们工作中的哪些方面变得更重要了，又有哪些方面变得不那么重要了？
- 在日常工作中，我们应采取哪些措施来强化我们向客户提出的价值主张？
- 我们可以停止或部分停止哪些工作，以便将这些资源聚焦于我们正在强化的工作事项？
- 我们如何通过行动来向世界表明我们公司确实拥有差异化的市场竞争策略？

说到底，企业的高层管理者有责任让组织中的每个成员都参与到这一过程中，这就是我们所谓的"结盟"。它能为企业创造一个焦点，使得企业的行动能够在竞争中脱颖而出，创造出引人注目的客户成果，并成为世界上最令人向往的工作场所。

| 第三部分 |

惯 性 管 理

第三部分 惯性管理 —————— DEALING WITH DARWIN

你刚刚精心设计了一套绝妙的创新战略,这套战略保证你与直接竞争对手之间能创造所需的区隔,争取到实现目标利润率所需的客户偏好。现在,要实现这一愿景,你还要越过一个障碍——必须克服自己组织的惯性,这种惯性是滋生抗拒变革的温床。

管理者往往将惯性看作魔鬼。他们认为惯性是对动态领导任务（dynamic leadership agenda）的被动抵抗,但实际并非如此。惯性是运动中的物体保持运动状态的特性,因此它是当前战略的盟友,能帮助其保持运动方向。或者说,它是前一次创新的遗产。如果你的创新是成功的,那么在未来,惯性会帮助它坚守阵地。没有惯性,我们的努力会摇摆不定,甚至失败,创新成果也将付诸东流。

简言之,惯性并不是创新之敌,但它会在面临变革的情况下阻碍创新。因此,在这种情况下,管理者必须学会解构惯性,重新对其进行构建。这正是所谓从外围中提取资源以重新分配给核心的理念的重要性。

核心与外围

核心,是让你的公司脱颖而出,创造可持续竞争优势的源泉。它植根于你制定战略所依据的创新类型。核心与外围形成鲜明对比,后者是你所做的其他所有事情。外围包含你为了实现对主要利益相关者（包括投资者、员工、客户和合作伙伴）的主要承诺,遵从国家法律和行业标准而做的大多数事情；还包含你为了追上竞争对手而去达到市场标准所付出的努力。简言之，你的工作中充满了外围事务，它们占据了你大量的时间。

这就是说，如果你不创建核心，不更新核心，或者你的竞争化差异遭到侵蚀，那么你的产品就不能赚取足够的利润来维持企业的运转。这就是为什么外围事务尽管在数量上大大超过核心事务，但核心的战略重要性却远远大于外围。从边际效益的角度来考虑，你应该花更多时间在核心上。

一般来说，没有哪种商业活动是与生俱来的核心或外围。只有当你确定了差异化战略之后，这二者之间的区别才会显现出来，核心由此建立。同时，只有在区分出了核心之后，外围才会出现。核心的关键特性是它能创造竞争优势，而外围不能。这对于管理外围有着决定性的重要意义。

市场不会因为你将外围任务完成得很差而对你进行惩罚，也不会因为你完成得很出色而给你额外的奖励。比如一家航空公司弄丢了你的行李，你会感到很愤怒并且考虑下次换一家航空公司，但如果它没有搞丢你的行李，你也不会觉得它值得嘉奖。同样的例子还有：准时到达的快递包裹、不让你等待的客服热线、没有变质的牛奶以及不需要被召回的汽车等。

但问题还不止于此。外围是任何你没有专门声明是"核心"的事物。例如，当达美乐的比萨在30分钟内送达时，就会得到消费者的好评，因为消费者会把准时配送当作该公

第三部分 惯性管理 —————— DEALING WITH DARWIN

司核心业务的一个部分；而当 Round Table 公司在 30 分钟内完成配送时，却不能得到这样的好评，因为这并不是它所声明的核心业务之一。所以，如果送达时间晚了，顾客会感到不满，但如果早送达，他们也不会给任何褒奖。

综上所述，你应该能了解为什么管理层应该将企业的外围尽可能地缩小。但是外围是怎么累积起来的呢？它来自何方？大多数情况下，外围就是核心留下的遗产。换句话说，我们现在视为理所当然的那些外围业务，曾几何时都是新生的事物，公司利用它们创造竞争优势。那时候它们是核心，带来竞争优势的差异化，因而激发了竞争对手千方百计去赶超或是同化它们，从而恢复竞争均衡。随着越来越多的竞争对手掌握新技术，它们不再能带来差异化，于是核心变成了外围。这是所有达尔文式系统的特性，包括自由市场经济的情况。当前的核心最终会成为外围，竞争不断促生新的核心。每一个循环都会将竞争标准提高，这便是进化的来源。

从竞争者的角度来看，这好像是在一部下行的自动扶梯上试图往上爬（见图 1）。

考虑图 1 所示的手机行业实例。手机竞争者将差异化的商品带到了自动扶梯的顶端，但是随着其他企业的复制，这些差异化商品被无情地推向了底部。其后又有新的创新被引入市场，然后再向下滑落，如此循环往复。这对消费者来说是个福音，因为进化带来了标准提升。但是对于厂商的经济模型来说是一个巨大的挑战，因为它们既要在自动扶梯的顶端进行竞争，还必须维持所有已经滑落到底端的项目。

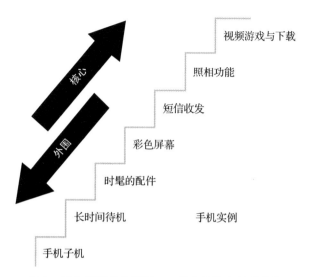

图 1　核心逐渐变为外围——核心的终点是商品化

由此不断累积的外围与核心的关系就变成了一个管理上的困境，如图 2 所示。

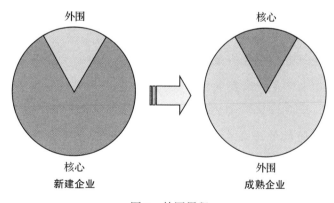

图 2　外围累积

图 2 中的两张饼状图代表了分配给核心的组织资源比例。一家企业成立之初，核心的比重大大高于外围。因此，

第三部分　惯性管理 ———— DEALING WITH DARWIN

它规模虽小却产生了强大的差异化，并在竞争中显示出了惊人的效率。然而，随着这家公司的增长和发展，它吸引了竞争者的效仿，造成其原创的核心转变为外围，它可以通过引入新的核心元素继续保持领先优势。但是，旧的核心成了外围事务，对其的处置就成了令人头疼的问题。公司一方面通过引入资源去运营新的业务来获得增长，一方面依然保有对旧业务的责任。

因此，随着时间流逝，核心与外围的比例不可避免地发生了转变。需要理解的是，虽然从绝对数量上看，一家成熟企业在核心上投入的资源远远超过一家初创企业，但是从资源的分配比例来看，其核心与外围的比例恰恰相反。为什么这一点很重要？因为外围是惯性的温床。

外围工作只有两种结果：中性的结果和坏结果。这里不存在对杰出工作的嘉奖，然而对于失败有着很多的惩罚措施。因此，负责这类流程的管理者变得越来越不愿意冒险，因为这是唯一明智的做法。这一规避风险的行为本身无可厚非。如果你是一家核电站的负责人，你肯定希望管理者规避风险。但是，当一家成熟企业中越来越多的流程变成外围，规避风险的管理者在数量上开始超过敢于承担风险的管理者。这样一来，变革创新的能力被严重削弱。

结果，尽管成熟的企业在核心项目上投入的预算远远大于初创企业，但如果它们处理不好核心与外围的比例，在竞争中依然会举步维艰。外围的惯性变得如此强大，以至于对核心的投资无法超过它，创新成果也无法推向市场。

注意饼状图反映的是分配给核心的资源比例，而不是核心竞争力。核心竞争力是指你最擅长做的事情，而成熟企业并不缺乏核心竞争力。在商品化的世界中，尽管竞争者迎头赶上，成熟企业并未丧失核心竞争力，它们丢失的只是差异化。只不过核心竞争力不再是核心而已。

这无疑是当头棒喝。一方面，曾经创造竞争优势的常青资产失去了效力，尽管公司仍然在投入巨资进行维护；另一方面，寻找新的核心意味着涉入完全未知的领域，没有十足的把握能取信于客户或合作伙伴。面对这种困境，企业往往会紧紧抓住其核心竞争力不放（即使它已不再能创造差异化），因而惯性增加，并阻碍了下一代核心的部署。

尽管这种墨守成规的行为可以理解，但从竞争的角度来看，却是灾难性的。曾经带来差异化的产品或服务如今被商品化了。表面上，客户会继续购买这些曾经带来差异化的产品，市场中的销售数量仍在增长，但是溢价越来越少。其结果必然是收入趋平，利润下滑，投资者流失。这就是促使管理层创造下一轮核心的达尔文式刺激的原理。但是，如果资金链断裂，你所有的资源都被困在了外围中，你该如何为下一轮核心提供资金呢？又如何才能克服阻碍新核心进入市场的那种不停增长的惯性呢？

答案是，你必须学会一种一石二鸟的做法（见图3）。

第三部分　惯性管理 ──── DEALING WITH DARWIN

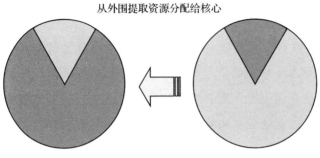

图3　一石二鸟

从外围提取资源重新分配给核心,可以达成三个关键目标:

(1) 它解决了你的资产负债表问题。如果可以用现有资产对未来进行投资,你就不再需要寻求额外的投资。

(2) 它解决了你的利润表问题。如果可以通过现有资产提高收益和利润率,你就不需要启动成本削减计划。

(3) 它解决了你的惯性问题。通过从外围提取大量资源,你就减少了外围对核心的惯性阻力。从外围提取并投入核心的资源越多,这一转变的效力就越强。

要实现外围到核心的资源迁移,需要同时进行两项工作:其一,必须对当前的工作量进行重新设计,减少它消耗的资源,并减少其所需的稀缺人才;其二,必须以人尽其才为原则重新部署现有员工,并满足下一代核心的需求。

这些挑战在过去曾击溃了许多管理团队。本部分的目标就是确保它们不会在未来将你击垮。

第 9 章 从外围提取资源

要理解是什么样的特性阻碍了对资源的提取,请参考图 9-1 所示的框架。

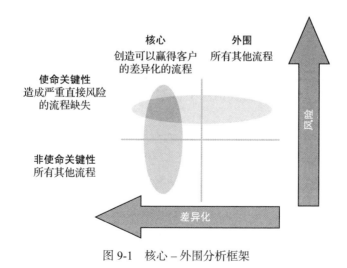

图 9-1 核心 – 外围分析框架

第三部分 惯性管理 ———— DEALING WITH DARWIN

优先考虑对核心的资源分配，这点我们很清楚。这是向左的箭头和左边两个象限内竖着的椭圆的含义。然而，使命关键性风险的存在使我们的决策变得复杂，作为管理者，我们必须分配资源来防范这一不利因素。这是向上的箭头和上方两个象限内横着的椭圆的含义。稍加思考，就可以意识到，右上方的象限会出现问题。使命关键性外围所占用的，正是我们需要分配到下一代核心的资源，但是我们不敢轻举妄动。

所谓的使命关键性外围究竟指的是什么呢？每一次产品发货、每一笔财务交易，每一张《萨班斯－奥克斯利法案》㊀认证、每一份雇用协议；我们的计算机安全、我们的库存供应、我们的投资者报告、我们的电子邮件系统……很少有企业会在这些方面形成差异化战略，因此它们不是核心。但是，不管其中哪个环节出了问题，管理人员都会遇到很大的麻烦，因此它们具有使命关键性。

为了确保不出纰漏，我们会让有经验的员工来完成这些任务，并指派经验丰富的管理者进行监督；同时，我们会组建系统来跟踪记录，并在出现问题时及时上报（我们设置主系统出现故障时可作为替代的备用系统）。简言之，我们不得不占用相当多有价值的资源来防范使命关键性失败所带来的不利后果。

现在，让我们展望一个理想的未来状态，此时这些资源都已经被提取出来并重新分配。在这种情况下，创新在核心和外围的范围内周期性地循环，如图9-2所示。

㊀ 通常简称为"SOX法案"，于2002年在美国通过，旨在提高公司（尤其是公众公司）财务报告的准确性和透明度。——译者注

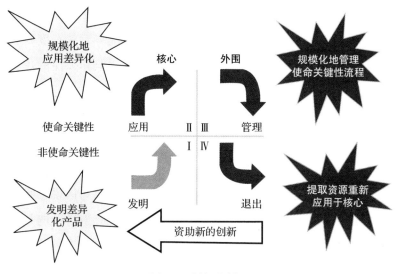

图 9-2 创新的循环

创新从左下方的象限开始，此时的焦点是核心，但为了降低风险，项目的发展有限。这个象限是非使命关键性核心的区域，涵盖实验室实验、产品孵化、创新小组以及小规模试验计划。在寻求差异化的过程中鼓励承担风险，通过限制风险的影响范围，来保护企业的其他部门。

当创新可以进入主流时，它就从左下方的象限移至左上方的象限。现在我们来到了使命关键性核心的区域。这个时候我们会推出新一代产品线，开展新一代的营销活动，投身新一代的市场品类，在新的地点开设销售办事处。企业往往期望在此时获得最高回报，因为它们拥有显著的竞争优势，并最大限度地开发和利用这种竞争优势。当然，风险仍然存在，但是回报与风险是相当的。

在维持竞争差异化的期间，创新保持在左上方的象限内，时间越长越好。但是，达尔文主义最终会占上风，迫使竞争对手找到办法同化那些令他们头痛的竞争优势。这种情况一旦发生，创新就从左上方的象限

第三部分　惯性管理　——　DEALING WITH DARWIN

移至右上方，这样我们就来到了使命关键性外围区域。

一旦管理层意识到某类业务不再能带来竞争优势，其态度就必然转变。尽管这些工作仍然要做，并且要完成得出色，但其关注的焦点要从差异化转向生产力。标准化替代差异化成为首要焦点，目标从超越竞争对手转为符合市场标准，管理层的注意力则要转移到系统和自动化，以及任何能够从其他任务中将人力资源解放出来的工具。

然而，为了最大化地提取资源，企业必须将业务从右上方的象限移到右下方，系统性地消除占用高价值资源的风险。换句话说，我们必须将使命关键性外围转变为非使命关键性外围。此时应当进行的是六西格玛优化和 DMAIC 分析，引入质量圈、统计流程控制、服务水平协议，并最终将业务整体外包。企业将继续保留名义上的管理部门来监督与业务之间的关系，但可以释放出被占用的大量稀缺资源，将这些资源投入到下一轮的创新循环当中。

创新的循环图代表了我们想要实现的情形。但有两个主要的障碍阻挡着我们前进：一是我们未能正确地重新设计业务，二是我们无法正确地重新配置我们的劳动力。前者我们将在本章剩余的部分进行讨论，而后者就留到下一章讨论。

如果我们观察当今的世界，可以清楚地看到，那个我们试图创造的模式是如何受到阻碍的。

先看图 9-3 中的第三象限。资源正是在此受困，且理由充分。这里存在着真实的风险，需要设置人员和系统对其进行管理。一旦这些人员熟悉了相关业务，却要转交给不太熟悉的人手，不仅风险巨大，更会导致生产力低下，因为生手会使效率降低。强化对变革的敏感度是管理者自然而然的规避风险的行为。由于变革没有任何好处，却存在许多缺点，你就不会去责怪这些人有想要留下几个得力干将，囤积一些额外的资源以备不时之需的想法了。最终这些人会待在自己的舒适圈里。毕竟，他们在这里有核心竞争力，他们对自己的技能信心百倍。

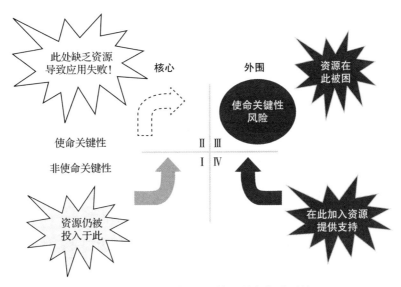

图 9-3　执着于外围——资源是如何受困的

基于上述原因，外围管理团队并未减少给予这些使命关键性外围的资源，反而有所增加，这就是第四象限中向上的箭头的含义。因为每年都会出现越来越多的外围业务，又没有适当的机制进行处理，导致劳动力的负荷越来越大。为了减轻负担，管理层就会增加新的支持性资源来分担其肩上的重担。这样就进一步增加了被束缚在外围的资源，同时也增强了阻碍下一轮核心的惯性。

尽管如此，本着必须对未来投资的原则，管理层仍然继续投资下一轮创新。因此事实上第一象限内没有发生任何变化。这一点很重要。有人认为成熟的企业会失败的原因是它们缺乏成功的创新。其实不然，成熟的企业从未停止创新的步伐。看看它们的实验室、试验项目和研发投资就知道了，而且它们创造的产品并不是不具有竞争力。许多后来风投

第三部分　惯性管理 ── DEALING WITH DARWIN

成功的伟大创新，最初其实都源于企业实验室或创新小组的项目。

所以，我们必须清楚地认识到：问题并不是成熟企业无法创新，而是它们不能很好地应用那些已经孵化成功的创新！看看第二象限，你能看到什么？什么也没有！没有人接手，没有人去应用下一代的创新。为什么呢？因为他们都在第三象限里，被使命关键性外围困住而无法脱身。

那么，是不是一旦发现这个问题的症结，管理层就会采取正确的行动？不尽然。他们会坚持现有的做法，因为其管理思维上存在一个严重的错误——将具有使命关键性的工作当作了核心业务！

管理团队关注的往往是季度报表上的数字，这对他们来说至关重要。他们不会通过创新产品去完成那些使命关键性的任务。相反，他们会选择那些经过验证的产品，将其卖给那些最支持他们的客户，哪怕售价低得离谱。他们往往把季度报表做得漂漂亮亮。正因为如此，他们在进入和赢得下一个市场的竞争中一再落后，就连现有市场也受到威胁。换句话说，为了履行使命关键性责任，他们实际上牺牲了核心。

现实中，很多 CEO 会因为没有达到预期收益而遭到解雇，这就让人误解——实现预期收益绝对是一种使命关键性任务，是核心。其实不然。核心是推动竞争差异化的引擎，是实现未来而非当前季度财务目标的手段。当你为了当前季度目标而忽略了核心时，实际上你就是在变卖自己的公司，就这样一个季度接一个季度，你所做的与你应该做的恰恰相反——以本应对未来的投资来偿还当期债务。实际上，这就是在从核心中提取资源用于外围。

有人认为别无选择，其实不然。要脱离困境，你必须找到一种方法，不仅能完成你的使命关键性任务，同时又能释放出资源来部署下一代的核心任务。换句话说，就是彻底提高生产力。

彻底提高生产力的关键是加倍努力工作。虽然努力工作可以在短期内逐渐提高生产力,但是不能带来稳定的产出。每年都有新的外围任务,而你还没能想到办法摆脱眼前的负担。提高生产力的唯一途径是直接攻克工作量本身,五大杠杆模型正好可以做到这一点。

五大杠杆

五大杠杆代表了一系列管理行动,系统化地重新设计工作量,从而首先剥离风险,以便其后的资源提取。每一个步骤都有其对应的行动(见图9-4)。

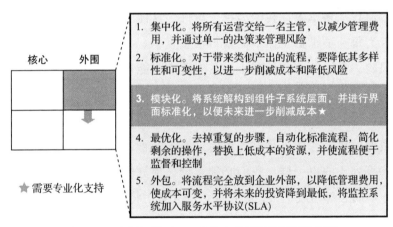

1. 集中化。将所有运营交给一名主管,以减少管理费用,并通过单一的决策来管理风险
2. 标准化。对于带来类似产出的流程,要降低其多样性和可变性,以进一步削减成本和降低风险
3. 模块化。将系统解构到组件子系统层面,并进行界面标准化,以便未来进一步削减成本★
4. 最优化。去掉重复的步骤,自动化标准流程,简化剩余的操作,替换上低成本的资源,并使流程便于监督和控制
5. 外包。将流程完全放到企业外部,以降低管理费用,使成本可变,并将未来的投资降到最低,将监控系统加入服务水平协议(SLA)

★ 需要专业化支持

图9-4 五大杠杆模型——从使命关键性外围提取资源

这个模型的工作方式是这样的:

1. 集中化

一旦某个流程被看作外围,它的期望产出从差异化变成了生产力,第一个提取资源的机会就来自集中化。这种做法可以消除在多个组织同时维持相同流程的管理费用,从而释放了相当多的资源,可用于重新分

第三部分　惯性管理　—————— DEALING WITH DARWIN

配。集中化同时还削弱了维护原有流程的人对既得权益的控制。这些利益相关者通常利用特权来要求持续提升工作成果，即使已经超出所需的最低标准。在企业高效运转时，是没有办法满足这种要求的。然而，当前的任务团队很有可能因为过去的一些好处，而对这些特权者心存感激。集中化打破了这种义务关系，使管理层能够以更低的费用来执行任务。

2. 标准化

相似的流程一旦被单一控制点所控制，下一个提取资源的机会就是将这些流程从多重事件转变为单一事件。这样就进一步减少了资源的消耗，因为每一项维护工作不需要再被重复了。与此同时，减少差异还能降低风险。系统的可变性越小，其失败的可能性就越小，管理它所需的资源也就越少，这是彻底提高生产力的基石。尽管那些被动接受这些改变的人会不开心，但由于这种流程是外围而非核心，因此必须把握从中提取资源的机会，而不是首先考虑这些人的喜好。即使这些流程是由他们的预算列支的也一样。我们必须牢记，预算内开支实际上都是属于公司的，不属于部门或个人，公司应该优先考虑将这些钱投资核心。

杠杆1和杠杆2的结合有效地将工作量转移到一个共享服务模型。这将减少对集中管理任务的创新投入，这正是你想要的，因为你打算将这些创新资源用于核心而不是外围。不过，如果你就此停步，你将无法解决下一次载入的工作量的问题。这意味着这个共享服务模型迟早会膨胀，从而导致你再次陷入困境。

为了取得进一步的进展，共享服务管理下的每一个流程模型都必须被解构，以进行更深层次的优化。这是第三个杠杆的作用，而它通常需要专业化支持。

3. 模块化

模块化的内容是将产品或流程解构到组件元素，以便进行重新设计，从而彻底提高生产力。这个步骤通常需要专业化支持，因为它涉及使用一种双重视角（bifocal vision）。一只眼睛关注当前执行的流程，另一只眼睛则关注来自生产力极高的公司的最佳实践模板库。要做到这一点，最好的方式通常是聘请专业咨询师，他们可以来自外部机构或公司内的六西格玛团队。他们进行模块化的目的是找到最简单的代表性流程，满足质量结果所要求的输入和输出标准。单单凭借这样的简化过程，就可以降低风险并释放出有价值的资源。

4. 最优化

流程模块化之后是最优化。其间，重复过剩的任务可以直接去除，其他一些任务可以被自动化，对剩下的进行优化。这些操作简化了对业务的管理和执行，降低了复杂性和风险，使你能够用比较廉价的资源来进行替换，并解放出最有经验的人手。最优化的最后一步，就是团队给流程制定标准、设定监控系统，从而进一步降低可变性，降低风险并保持控制。

5. 外包

彻底提高生产力最终的目的是将外围完全"去风险化"，外包就是一个非常安全的途径。某些情况下，这里会涉及一个被称为任务分派（outtasking）的中间步骤。任务分派存在这样的问题，整个流程中，有一部分因为存在太多不可控风险而不能外包，而另一部分恰恰相反。在任务分派中，如果你担心今天看似外围的东西有可能在未来重新成为核心，

第三部分　惯性管理 ——— DEALING WITH DARWIN

那么你可以将这部分流程保留在企业内部。说到底任务分派只是一个权宜之计，不能靠它提高生产力，切勿滥用。

彻底地提高生产力最终意味着外包

核能可以被用来做好事，也可以被用来做坏事，外包也是如此。我认为当前的外包实践有一个致命弱点，就是它疏远了现有的员工及其社会同盟。我们将在本部分的最后一章正面解决这个问题。现在，让我们先把它放在一边，来看看为什么外包尽管存在一些问题，仍然如此吸引人。

降低劳动力成本　通过外包，特别是与离岸相结合，可以显著降低直接劳动力成本。只要国与国之间的生活水平存在显著差异，就可以实现成本节约。如果跨国企业将这样的优势让给竞争对手而自己选择放弃，它就无法赢得竞争。境内外包同样可以降低劳动力成本，因为外包商会将所承包的业务看作核心，比起将该业务看作外围的企业，他们更愿意加大投资来提高生产力。他们还可以将这些投资分摊在多个客户的业务上，从而获得更好的资本回报。另外，将某项特定任务看作核心的企业还可以加大人事投入，网罗更加出色的人才，从而提升企业能力。与此同时，通过外包商之间的竞争，企业可以将劳动力实际成本逐渐降低，而这样的成本削减是使用企业内部劳动力所不可能达到的。最后，不论是境内还是境外，外包还能帮你节省一大笔外围业务管理成本。

增加资本投资回报　对于通过优化资本配置来获取最高风险调整回报的投资者来说，这是一个关键的衡量指标。他们想让自己的资本投资于核心，而不是外围，因为只有通过增加未来的竞争绩效才能得到可靠的回报。他们喜欢外包的原因有两个：对于该项业务属于外围的公司来说，它解放了资本，让资本可以重新被分配给核心；对于接收该项业务的公司来说，同样的业务被他们看作核心，而对其的投资就会带来相应的回报。这是外包的经济魔法——一家公司的外围可以成为另一家公司的核心，而通过将业务从一家公司转移到另一家公司，双方及其各自的投资者都能够从中获利。

固定成本的最小化 外包的第三个好处是它可以使公司将固定成本转为可变成本。即使公司支付的外包成本比在内部完成同样任务的成本略高（其实管理者应当仔细审查此类成本，因为内部团队常常会在上报他们的全部费用时大打折扣），外包仍然可以为公司业务的周期性循环提供缓冲。换句话说，通过利用一个可变的资源库，企业可以在景气的时候扩容，在不景气的时候缩编，而无须忍受内部人事频繁变更带来的痛苦。这不仅避免了诸如招聘费、解雇费等直接花费，还避免了会影响竞争表现的间接费用。

吸收风险 外包的第四个好处是，公司可以将风险责任转移给外包商，让他们来投保责任风险并确保不会失败。小概率但后果严重的事件，如数据中心故障或安全问题，使得公司不得不以高昂的成本在这方面投入大量重要资源。外包商与其他任何企业一样需要承担这一责任，但是它们可以将成本分摊到多个客户，这样一来，相当于外包商为其他的公司避免了重复的资本耗费。

减少惯性物质 一家企业保留在企业内部的外围业务越多，它的管理计划就越倾向于规避风险。通过将员工从外围业务中解放出来，大量的惯性物质就会被移除，资源就可以被释放出来，用于优化下一批外围业务，或重新分配于核心。

聚焦于核心 在变革期，最稀缺的资源是时间、人才以及管理注意力。外围业务流程将这三者都占用了。除非外围业务流程完全被剔除在

第三部分　惯性管理 —— DEALING WITH DARWIN

企业之外，否则管理层必须不断地平衡外围团队与核心团队的利益。外包让所有人都能腾出精力来关注核心。

基于上述原因，将尽可能多的外围业务推到企业外部至关重要。这样便可以卸下当前的重担，为未来的发展腾出空间。外包是从外围提取资源的终极工具，也是实现彻底提高生产力的关键所在。

在何处应用这些模型

核心–外围分析框架与五大杠杆模型通常被应用于组织的每个职能部门内。各职能部门首先找出自己与核心之间的关系，然后确定自己的哪些活动支持核心，哪些属于外围管理。随后引入使命关键性维度，从而将总工作量分布在四个象限之间。完成分布之后，各职能部门将分析模型带入资源分配的决策。由于每个职能部门的情况不同，具体的实施方式也有所不同，因此值得深入探讨。

首先是市场营销。哪些市场是核心，哪些市场又是外围呢？虽然这并不是我们使用这两个术语的确切范畴，但事实证明，做这样的区分非常有用。

当市场处于活跃状态时，它就是核心市场，意思就是市场份额在不断波动，而市场领先者的地位有待争夺。在成长型市场中获得市场领先者地位也许是竞争优势最持久的形式，而这样恰恰能够取得丰厚利润。相反，当一个市场疲软时，意味着市场份额的分配模式已经确立了一段时间，除非出现颠覆性的事件，否则不太可能有大的变化。投入在这种市场内的资源不太可能影响我们已经拥有的利润优势，这样的市场就是外围，不是核心。

区分竞争市场与非竞争市场的一个简单办法是考察其累积年增长率

（cumulative annual growth rates，CAGR）。累积年增长率高的市场每个季度都会新增许多客户，这些客户尚未确定它们的首选供应商，这就是该市场活跃的原因。相反，累积年增长率低的市场一般都已饱和，这就意味着大多数的销售都是面向现有客户的，这些客户已经确定了自己的首选供应商并且抗拒改变，这正是市场份额难以改变的原因。

当我们在某个市场中获取的收益对公司十分重要时，这个市场就是使命关键性的，反之则是非使命关键性的。因此，处于孵化阶段的市场是非使命关键性的，因为这种市场所带来的是零星的机会性销售；相反，当我们面临重大收益时，不论是核心还是外围，这种市场肯定是使命关键性的。

如果将上述两种看法结合起来，我们一般会发现公司的大部分收益都来自非核心的使命关键性市场，也就是说这些收益来自成熟市场，公司在其中的市场地位已经相对确立且通常不再具有波动性。根据我们上述模型的原则，销售和市场营销团队应当将这种市场视为使命关键性外围，并运用五大杠杆模型从中提取资源。释放出的这些资源应优先分配给使命关键性核心，然后再分配给非使命关键性核心。任何耗费在非使命关键性外围上的时间、人才或管理注意力都应该被彻底摒弃。

尽管这一切非常有道理，但违背了传统管理实践的惯例。在绝大多数管理运作中，销售和市场营销资源都是根据收益来分配的，这样做的前提是，所有市场都应该被分配差不多的份额，并保留余地给孵化中的新市场。但是，这种惯例大错特错，它纵容当前的现金流业务吞噬掉过多产出，而缺乏现金的新兴业务因为资金短缺无法扩大市场份额。正确的管理方式应该是坚持让现有业务逐步提高生产力，使用尽可能少的资源创造更多的收益。现实中，这样的方式常常被忽略，要么是因为既得利益者为了追求自己的薪酬或福利而使管理偏离正轨；要么是管理层害

第三部分 惯性管理 —————— DEALING WITH DARWIN

怕在使命关键性任务上失败,导致对该领域分配过多的资源。

有一点要明确,应用这五大杠杆难免有风险。任何时候触动任何使命关键性流程,都有可能令它失控。但是,如果不触动这些使命关键性流程,任由资源在外围中备受冷落,风险反而会更大。管理者会轻描淡写地说,第一种风险更直接且影响个人,第二种风险却是延迟且分散的,他们用这样的逻辑来为自己的不作为辩白。如果你选择纵容他们,你将不得不去收拾他们留下来的烂摊子。最好现在就直面这个问题,并坚决实施上述方针。

看一看制造部门,特别是研发和专业服务等直线型职能部门,我们需要回答一个相似的问题:哪些产品是核心,哪些又是外围呢?跟前面一样,回答是:当某品类的产品正处于活跃期,即市场份额有待争夺,它就是核心,反之就是外围。相似地,当一个品类的收益对总体绩效贡献颇高,它就是使命关键性的,反之则是非使命关键性的。

这带来了与销售和市场营销部门相同的资源分配特性。企业的大多数收益来自市场份额地位已确立的产品品类,意味着它们处于使命关键性外围象限,值得应用五大杠杆模型。对此观念,传统管理实践表现出的是抗拒,坚持依照收益贡献来分配资源,这样会导致的不良结果是:企业的旗舰产品逐渐会变得过于复杂,因为要让分配给它们的资源发挥作用。这样必然会导致出现不稳定的成本结构,并为来自其他企业的颠覆性创新提供了机会,如克里斯坦森在其《创新者的窘境》一书中所述。此外,当这样的过量分配也无法消耗所有的额外资源时,一大批次要项目也会得到资金支持,甚至还有一些与核心没有半点关系,纯属做着好玩的项目。因此,过度支持外围会滋生出更多的外围,使企业加速向惯性停滞状态发展。

我们对此不能掉以轻心。使命关键性产品总是容易受到攻击,而完全忽视它们又会导致收益不足。因此，必须对其维持适度的关注。举例来说，成熟企业在成熟品类中参与竞争时，不需要每个新特性都力争抢先上市。这种产品领先创新战略对于成长型市场或对于那些需要想办法吸引客户注意力的边缘竞争者来说，是不错的选择。另外，即使面对再忠诚的客户，成熟公司也不需要频繁迎合他们的奇特想法。这些客户所提出的产品性能改进需求，必须与公司其他资源分配需求进行竞争，才能获得资源，而且它们的优先级应该低于使命关键性核心产品，甚至在很多情况下低于非使命关键性核心产品。

对于那些既不制造也不销售产品的职能部门来说，核心和外围具有第三种意义，并且与前面两种截然不同。这些职能部门通常会认为自己的所有工作都是外围而不是核心，但事实绝非如此。相反，它们必须扪心自问：在指定了公司的核心市场和产品品类，指定了需要努力推进的创新方向的前提下，我们部门能做些什么来进一步加强公司产品的差异化呢？

财务部门如何能推动体验式创新？人力资源部门如何能提升价值工程水平？物流部门如何能支持市场营销创新？制造部门如何能支持流程创新？答案是，每个部门都大有可为。仅仅通过聚焦公司所寻求的差异化结果，上述每个部门就都可以重新设计流程，使其从根本上影响客户。事实上，正是这些无关紧要的部门团结一致，才取得了竞争对手无法仿效的优势地位。虽然竞争对手的产品部门可能推出仿制产品或派遣销售团队进入你的目标市场，但它无法动员其余的部门来支持这种战术行动。

一旦这些职能部门确定了增强核心的工作目标，它们同样可以填充自己的四象限图，将工作内容按使命关键性维度划分。这样一来，它们就可以将五大杠杆模型应用在使命关键性外围流程，从而提取出资源并将其重新分配给核心。正如不存在100%的核心一样，也不会存在

第三部分 惯性管理 ———— DEALING WITH DARWIN

100%的外围。我们都需要不断重新设计我们的工作来增加对核心的相对贡献。

下一步

本章为确定如何从外围提取资源提供了必要工具，但是这些是不够的。要真正实施这一方法来实现彻底提高生产力，必须让全体员工参与进来。纵观历史，任何以外包为目标的战略都意味着要牺牲一部分员工的利益，所以没有办法让全体员工都围绕这样的战略齐心协力。

因此，在我们可以继续推进这些想法之前，我们需要完成整个闭环，并描述我们打算如何将这些劳动力围绕核心重新分配。这将是第10章以及第11章的内容。

⊙ 案例
思科公司及其核心-外围分析

管理外围的第一步是明确地界定核心。在最高层级，这是通过将一个或多个创新类型明确界定为竞争差异化的区域而实现的。以思科公司为例，这些区域包括在其成熟的路由器和交换机产品平台上的产品线延伸创新和集成创新，以及与其相关的先进技术的产品创新。

通过这种简单的界定，管理层就令竞争态势更加明朗。它表明，在成长型市场中，思科公司并没有将颠覆性创新、应用性创新或平台创新看作当前竞争优势的可持续差异化来源。同样，在成熟市场中，思科公司也不会将增强型创新、营销创新、体验式创新、价值工程创新、流程创新或价值转移创新视为竞争优势的可持续差异化来源。这并不意味着这家公司没有参与这些类型的创新,只是说团队在进行这些创新的时候会保持清醒,这些创新相对于公司已界定的创新区域来说,优先级会比较低。

具体来说,如果直接竞争对手利用某种非核心形式的创新制造了突袭,那么思科公司有理由进行反击,同化该对手的竞争优势。同样,如果适度投资于某种非核心形式的创新能够增强核心,或提高外围生产力,那么也值得一试。唯一不应当做的是,自以为是地致力于创建全新的竞争差异化。也许你会认为不可能,但如果你知道人们熬夜工作时脑子里都在想些什么的话,绝对会大吃一惊。

为了让这个方针在整个企业中更加切实可行,下一步就是要将它转换成针对市场、商品以及运作流程的具体界定。思科公司的管理团队在这方面采取了一些非常有效的做法,我们将在下文中简述。

市场的核心-外围分析

首先,如图9-5所示,可以看出思科公司如何在宏观层面上评估其市场——先根据地理位置,再根据客户细分市场。

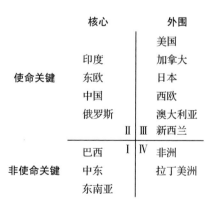

图9-5 思科公司的市场:地理位置焦点

第三部分 惯性管理 —— DEALING WITH DARWIN

正如我们从第 8 章中已经了解到的那样,思科公司的绝大多数收入来自第三象限中的发达经济体。这代表着,思科公司在这些市场的地位并没有受到严重威胁。因此,从竞争优势战略的观点来看,这些市场的惯性相对更强,不再需要过去的市场开发投入。相反,销售和市场营销团队被赋予越来越高的生产力目标,因为市场惯性正在占据上风。

显而易见,状态活跃的市场在地理分布上主要集中在发展中国家。近年来在印度和东欧市场取得的成功将这两个市场推到了使命关键性地位。这是因为一家公司一旦开始确立领导地位,那么在一段时间内它就有机会确立其主张。这段时间结束之时,市场会围绕已确立的地位进行重组,自那时起要改变市场份额就很难了。尽管如此,直至市场最终成型之前,思科公司仍必须尽其所能地为自己争取最有利的市场地位。

图 9-5 左下方象限中的市场正在开始进入活跃状态,或者按思科公司的说法就是"转型中的市场"。思科公司强烈支持对转型中的市场进行投资,因此即使这些转型中的市场存在着各种各样的问题,它们仍然是思科公司密切关注的对象。相比之下,右下方象限中的市场则不受关注,因为它们此时并不活跃,也不具备足够的条件成为使命关键性市场的重心。或许可以用机会主义的眼光看待此类市场,但不适合在可预见的未来将其作为投资的目标。

下面转向客户细分市场,思科公司当前的情形如图 9-6 所示。

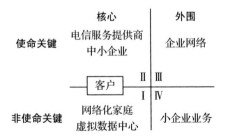

图 9-6 思科公司的市场:客户细分市场焦点

我们同样先来关注第三象限，思科公司最强的客户细分市场——企业网络，占其总收入的50%左右。它当然是使命关键性市场。同时，在该市场中，思科公司已经拥有了占主导地位的市场份额，尽管它从不将这一点看作理所当然，但没有谁会认为这个市场目前处在活跃状态。因此，该市场不是核心。跟前面一样，这意味着惯性对思科公司是有利的，所以思科公司可以考虑在不牺牲竞争优势的前提下，继续提高其在细分市场内的生产力。

在第二象限，两个十分活跃的客户细分市场是电信服务提供商和中小企业，两者在过去都给思科公司带来了极大的挑战。因此，从某种程度来说，这正是它们仍然保持活跃状态的原因。最近，它们受到某种外部推动力而变得更加活跃。

对于电信服务提供商来说，外部推动力是期待已久的从传统电路交换网络向完全依赖IP协议网络的转变。语音、数据或视频，不论它们是通过电线、光缆还是无线传播，都将被视为穿梭在IP协议网络中的0和1的二进制数据流。诚然，电信服务提供商网络将会载入更先进的功能，但它们是建立在IP协议之上的功能，并不会与其竞争。这一点使得思科公司在曾经跌倒的市场中得以生存。

这场竞争中，思科公司只是挑战者，而非热门选手。因此，它必须瞄准那些可以让它占据领导地位的利基市场。美国的有线电视运营商就是这样一个客户细分市场，将语音服务植入市场便是思科公司服务提供商市场战略的一个关键举措。不过，在美国之外的国家，有线电视运营商的力量要弱得多，而无线通信则为思科公司提供了最佳机会。在蜂窝网络方面，现有企业已占据了市场，因此思科公司必须寻求Wi-Fi合作伙伴，以求在无线流量市场争取一定的份额。不幸的是，作为处于非领导地位的狒狒，想要赢得市场，思科公司必须深耕应用创新和服务主导

第三部分 惯性管理 —— DEALING WITH DARWIN

的产品。这一方向与产品创新——思科公司的首要创新向量背道而驰,因此服务提供商委员会必须努力将这些工作分离出来,以便专注于该细分市场。

这项挑战是思科公司围绕电信领域进行相关调整的重心所在。现状让整个团队感到沮丧,关于未来的最佳方向是什么,又有多种观点。CEO 约翰·钱伯斯很清楚,他不想再在电信领域复制一个盈利欠佳的商业模式,但是他和他的团队还没有发现正确的方法。与此同时,一款专为该细分市场最大流量需求设计的高端路由器,使思科公司得以在短时期内维持与客户的关系。

接下来转向中小企业。无论是像惠普还是 3Com 这样的传统强劲竞争对手,外部推动力最近都表现疲软。再加上下一代工程技术使得思科公司能够提供比以往更具成本竞争力的产品,这使得中小企业网络市场变得活跃起来。思科公司在其商业委员会的领导下,发起了一场旨在拉拢间接渠道合作伙伴的跨职能部门攻势。委员会所代表的每个职能部门都积极参与行动,以赢得主导市场份额为目标进行流程调整。

同样,这一创新向量也不是思科公司关注的主要焦点。这个客户细分市场及为其服务的渠道合作伙伴最大的担忧是其中的产品太复杂、业务流程太繁琐以及底价太高。这就要求围绕价值工程这一创新向量,要有一整套的下一代市场进入计划。对于工程部门来说,这是一项难度很高的挑战,因为它们主要致力于集成创新。因此,主要渠道管理部门和支持性直线型职能部门在这个方面采取最主动且具有创造性的行动。

其余的核心市场,在 2005 年消费市场跨过了 10 亿美元的门槛,因此这些部分正逐渐成为使命关键性市场。由于这部分市场长期以来一直是核心,思科公司不仅据此收购了 Linksys,还对其整个部门给予了特别关注。这个部门目前所面临的挑战是建设规模化的使命关键性系统。在其成立之初，创始人的直接管理使 Linksys 可以利用产业关系以及个人经验和判断，采取一种高度竞争性的战术。尤其在创新方面，它以产品创新和价值工程创新的独特结合方式，在刚刚起步的市场中抓住机会，成为快速的跟进者。因此，它可以在不必面对过多的研发投入或风险的情况下，获得市场份额领导地位。但是公司创始人团队作为一项资源，并不能被规模化，因此公司未来需要找到巩固这项竞争优势的途径，比如通过一些流程创新来复制创始人的某些最佳实践，尤其是在卓越运营区域。

接下来看第一象限，思科公司明确了两个可以重新定义市场的长期趋势——虚拟数据中心和网络化家庭。这二者都属于核心，因为它们各自使其所属的整个市场都活跃了起来。因此，二者都有颠覆思科公司的市场领导地位的潜在不利因素。与此同时，如果它们可以被纳入思科公司的业务范畴，它们又都具有显著扩大网络技术范围和影响的潜在有利因素。然而，目前这两个市场都没有足够的牵引力对当前季度的经营业绩造成实质性的影响。思科公司以研发与业务转型项目相结合的方式来应对此类机会，在这些项目中，它与早期采用者客户合作，帮助他们利用先进技术在自己的市场中创造颠覆性成果。

最后，请看右下方的象限，思科公司意识到小企业业务正好处于思科公司复杂系统的最有效点与旗下 Linksys 部门的规模运营能力范畴之间。因此，与其直接对这一市场发起攻势，不如采取机会主义战略：让 Linksys 先销售第一代产品，然后期待客户今后会升级到思科公司的低端延伸产品线。

产品的核心-外围分析

关于思科公司产品的核心–外围分析，如图 9-7 所示。

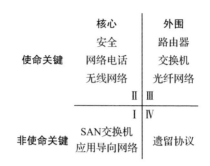

图 9-7 思科公司的市场：产品品类焦点

仍然从第三象限开始，占思科公司当前总收入约 80% 的路由器和交换机业务，被归在使命关键性外围。跟前面一样，这是因为这两个产品品类都不再活跃。思科公司在这两个市场中的地位都十分稳固，尤其在企业客户层面，尤以发达国家市场为主。在这些品类中，继续投资于提高产品领先地位，只会带来越来越小的回报。这就是为什么思科公司要将投资焦点转向集成创新，思科公司要将第三象限中的产品转变为可被严格管控的平台，用这些平台来托管其第二象限中的先进技术。

这些先进技术全部被归为核心，原因是这些品类的市场份额都处在不断变化中。安全、网络电话以及无线网络都是快速增长的市场，市场份额比例随时会出现重大变动。每种产品类别都已经或即将实现 10 亿美元的收入水平，即约翰·钱伯斯认为的重要性的标准，因此它们是使命关键性产品。

SAN 交换机的情况则不同。尽管思科公司仍在继续从一些传统 SAN 交换机厂商那里夺取市场份额，其第一代的市场基本上已经偃旗息鼓。其总收益对思科公司来说几乎没有什么实质意义，如果没有其他相关利益的话，思科公司会把这个品类移至第四象限。在思科公司看来，SAN 交换机是虚拟数据中心长期布局的一张入场券，其背后具有一定的战略价值。而从短期来看，在从SAN交换机过渡到IP协议之际，思科公司期望其领先的技术能够给公司带来显著优势。

目前，正在市场崭露头角的下一代产品，叫作应用导向网络。它指的是一系列能够传递更高层次的"消息"的设备，而不仅仅是传输最小单位的数位（bit）和字节（byte）。它处于传统计算机和传统网络设备之间的边界，并代表了一种有可能重新定义这一边界的颠覆性架构。这无疑是最核心的领域，但目前还没有产生可观的收入，因此还未成为使命关键。

图9-7还记录了思科公司另一个挥之不去的困扰，那就是光纤网络。即使在思科公司削减了对这一品类的投入之后，它仍然吸纳了很大一部分研发资源，但不太可能创造出令人满意的经济回报，因为迄今为止，这一品类仍未进入活跃状态。是否继续保留这一品类，有赖于电信服务提供商市场最终能否转向IP协议网络并成为传输视频的主要渠道。如果未来出现这种情况，思科公司的高速CSR路由器可以实现光学化，将大批量数据传输到消费者社区。但眼下，光学产品线尚未实现充分的差异化，甚至除了最需要大容量应用的场景外，其功能有些过剩。它代表了一种给现有公司表现带来沉重负担的使命关键性外围活动，这会使思科公司雄心勃勃的绩效目标变得越发难以实现。因此，它也带来了管理团队的不少抱怨，这是钱伯斯心知肚明但不愿立刻解决的问题。

第 10 章　将资源重新运用于核心

　　这一章代表我们在这个商品化的世界中创建竞争优势的最后一个步骤。这条竞争优势之路始终遵循这样一个准则：从外围提取资源以重新分配给核心。本章要探讨的是如何让我们的劳动力队伍与这一使命保持一致。

　　在经济全球化的进程中，所有发达国家的劳动力市场都深受利用海外廉价劳动力的离岸外包商的威胁。这种趋势没有减弱的迹象，而那些没有抓住这个机会的公司在产品和服务的定价方面都面临严峻的挑战。在公共领域，政治家分成了两派：一派倾向于采取保护主义措施，以减轻经济全球化对本地劳动力市场的影响；另一派则相信消费者利益和自然选择这两股力量应该占上风。目前，两派还没有达成一致。

　　我认为，这个问题必须让企业自己来解决——管理层与一线员工相互协作，为消费者、员工和投资者的共同利益而努力。他们必须共同建立一个解决方案，积极接纳外包和离岸外包，同时建立起更强大的本土劳动力队伍，支付与当地生活标准相匹配的酬劳。这当然是一项艰巨的任务，但我认为这一点必须实现，也一定能够实现。本章将描述我们设想的可以成功实现这一方案的办法。

图 10-1 说明了外包问题的实质。

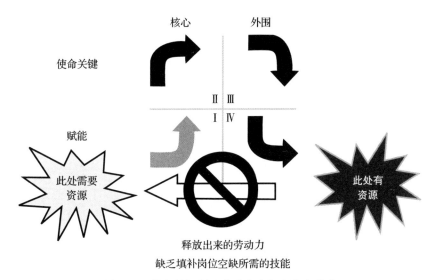

图 10-1 外包的问题：劳动力市场会发生什么

在第 9 章中，我们讲述了管理层应该如何使用五大杠杆模型来系统性地简化、优化和去风险化使命关键性外围业务，使其可以最终被外包。目标是从外围中提取资源用于核心。在资产负债表方面，这一方法实施的效果不错，因为金钱被经济学家称为"可替代资产"（fungible asset）——它是人类已知的最易于重新分配的物质。相反，人力资源的重新分配则没有那么容易。

从图 10-1 的第四象限中释放出来的人力资源，一般并不具有被重新分配到第一象限所需要的技能。许多企业尝试过让他们接受再教育来获取此类技能,但是成功率极低。因此这一模型事实上执行的方式是在右方的象限内解雇员工,在左方的象限内招聘人才。

这是最残酷且狭义的达尔文主义,它腐蚀文化和价值观,贬低经验的价值,抛弃忠诚,使前端增加了招聘费用、雇用风险以及培训成本,给后端增加了解雇费用、知识流失和商业秘密泄露的风险。这种做法给整个员工队伍带来了反复的冲击,减损了生产力。简单地说,这实在是一个很差劲的模型。

那我们还能做些什么呢?毋庸置疑,第四象限中的人不太可能匹配第一象限的空缺职位。但是,他们很可能适合去填补第三象限中的空缺,这又使得第三象限中的人员可以被释放出来去填补第二象限的空缺。进而,第二象限中的人又可以去填补第一象限的空缺。我们把这种现象称为"垒间传球"式资源循环利用(见图10-2)。

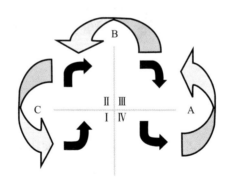

工作沿顺时针循环
按逆时针循环利用人员

图 10-2　资源的循环利用

下面说明这一模型的工作原理。第四象限中的人给第三象限的工作岗位带来的是管理外围的经验和专业知识。那些滑落到自动扶梯底端的任务,那些逐年累积到外围的陈旧核心,正是他们所熟悉的东西。所以,

第 10 章 将资源重新运用于核心

如果我们真的将第四象限中的一些人释放出来，我们有理由相信他们有能力应付第三象限的工作。当然，他们可能还得通过再教育来完成新的任务，但起码他们不需要改变个性。

沿逆时针循环路径继续前进，第三象限的人给第二象限的任务带来的是管理使命关键性任务的经验和专业知识。不论业务是核心还是外围，只要它是使命关键性的，就必须按时、按规格、按预算完成。这需要人们保持对所有相关风险因素的可见性，采用控制系统以及时预警这些因素在何时会偏离规范，施加干涉措施以防止问题升级，并为不可避免的问题准备应急计划。能够在这种压力下出色完成工作的人才，通常会被困在第三象限管理使命关键性外围，而第二象限正需要这样的人来帮助部署下一代使命关键性核心工作。通过将第四象限的人员重新分配到第三象限以接手他们当前的工作，我们便可以将第三象限的这些员工释放出来并送往第二象限，来开发下一代的创新。当然，他们也需要根据新一代的任务进行培训，但是他们不需要改变他们的核心素质或个性倾向。

位于第二象限的人能给第一象限的任务带来管理核心的经验和专业知识。核心工作在某种程度上总是无前例可循的，否则它就不可能带来差异化。它通常需要创造性地思考问题，这意味着不断地重复试验，因为无前例可循的流程很少能一蹴而就。这需要有足够耐心，且能在这种原始开发的模糊性和不确定性中取得成功的特殊人才。这种人乐意回到第一象限，并且不需要培训，因为他们知道的比培训者还要多。

从象限之间的移动中退后一步，我们能看到的总体局面是：业务从核心走向外围，要经过三个区域，如图 10-3 所示。

图 10-3 中每一个区域都对价值创造有着特殊的贡献。在不同的区域，实现不同的价值主张花费的时间有长有短，但是每种价值主张都会在某种程度上接触到所有三个区域。在发明区域，关注的焦点是创造核

心。一旦创新战略被选定，首先进入这个区域。程序开发、测试营销、初始客户获取、试点项目和专业化客户支持等一切有助于创造和验证差异化产品的步骤都在此发生。

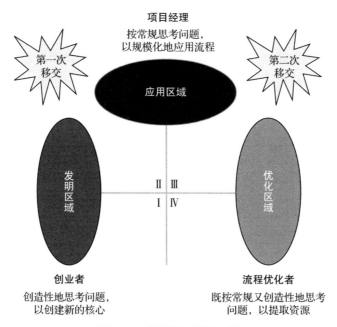

图 10-3　资源循环利用区域

注意，这里的区域并不等同于一个部门。也就是说，不要将发明仅仅视为一个由产品研发或管理等单一职能部门主导的任务。如果所选择的创新战略是颠覆性创新，那么该战略可能是由研发部门主导的；如果选择的创新战略是营销创新，该战略可能会由市场营销部门主导；如果选择的创新战略是流程创新，则该战略很可能会被运营部门主导。还要注意的是，发明不等同于品类成熟生命周期中的一个阶段。你必须在每次改变创新向量时都进行发明，然后应用，最后进行优化。需要强调的是，我们一直说的是主导。发明区域与其余两个区域一样，都是由跨职能团队所组成，他们从整个企业的资源组合中找出完成这个区域的使命所需的技能和支持，没有哪个职能部门指挥着另一个部门。每个区域的任务本质上都是一个协作任务。

成功的发明区域的一个共同特征，就是拥有才华横溢的创业型领导者。这些人会不顾一切地让事情成功。他们被理想主义的愿景所推动，但又对这个愿景的实现过程抱有相当实用主义的态度。他们通常动作敏捷、自信十足且高度专注。虽然他们往往是糟糕的管理者，却是很棒的激励者。他们知道自己想要前进的方向，用积极的态度感染周围的人。尽管他们可能不知道正确的路径，甚至有时候会误入歧途，但最终总能到达目的地。归根结底，这些人热衷于创造影响，一旦他们明确自己确实做到了，就准备好迎接下一个挑战。这就是他们喜欢在第一象限和第二象限之间循环的原因。

当一项创新证明了其可行性，并展现出令公司想要将它进行大规模应用的那种市场影响力之后，它就可以过渡到应用区域了。应用区域最大的贡献是强化创新项目，使它可以经受住使命关键性检验，并被大规模应用。

同样，我们谈论的也是跨职能团队。与产品相关的每一个环节，包括营销、销售、配送、服务甚至财务，都必须具有可靠性以及可规模化的性质。任何一环失败都会导致应用过程的崩溃，甚至带来灾难性后果。竞争性市场很少会给你第二次机会。你绝不希望因为一次意外的停顿而输掉整场比赛。

应用区域的领导者一般是出色的项目经理。与那些以创造性思维为傲的创业者不同，这些人中规中矩。他们了解让事情按时、按规格并按预算完成的原则。从设定期望、界定交付成果、建立问责制度、设置指标、确保实现承诺以及监控进程等角度来看，他们是十分出色的管理者。

第三部分　惯性管理　　　　DEALING WITH DARWIN

他们能够准确且频繁地进行沟通，并切中肯綮。他们不关心列车上装载的是核心还是外围，重要的是让列车准时、安全地载着货物到达。

对外围业务来说，他们大材小用了。尽管如此，只要任务是使命关键性的，他们就紧抓不放，管理层也不愿意他们分心。这就是他们被困在第三象限而当第二象限需要他们的时候却找不到人的原因。为了释放出这些人，我们需要再次将工作转移，这次是通往优化区域。

优化区域关注的是质量和生产力的持续改进。这二者紧密相连，因为质量的改进可以降低支持工作的成本，而生产力的提高可以降低出错的概率——这正是菲利普·克劳士比具有影响力的著作《质量免费》（*Quality Is Free*）中所讲述的那种良好的关系。跟其他区域一样，优化区域中的工作本质上也是跨职能的，很多工作的目标是降低从一个职能领域转移到另一个职能领域时所涉及的转换成本。初期很多工作聚焦于更有效地"照常执行流程"——这是这项工作常规化的部分；后期很多工作关注的是流程再造，利用创造性的思维模式将流程模块化，然后精简化，以降低风险并最终剔除某些任务类别。

优化区域的工作由流程优化者领导。这些人是产业工程、流程建模、质量控制系统等方面的专家。他们可以从日常工作特定的细节中跳出来，发现形成这些工作的基础体系，并进行改造，改进质量并降低成本。他们还擅长宣传流程改进的理念，将团队中的普通成员转变成日常流程优化者。实际上，他们的目标是让每一个不直接参与发明或应用的成员都默认起到优化者的作用。

所有努力想在商品化市场中实现差异化的公司，都普遍会对流程优化十分关注。我们的方法之所以新颖，是因为它关注的是解放图10-3中应用区域的资源，将其循环用于核心任务。忽略了这个方面的公司无法成功地推出能够经得住商品化价格竞争的下一代产品。他们通过优化来提高生产力，但由于缺乏差异化，他们不得不低价将这些收益传递给客户。这样一来，他们就无法为投资者创造丰厚的回报，并陷入了他们试图避免的裁员和日益商品化的产品的怪圈。

除了三个区域外，注意这个模型还强调了两次移交。事实上，工作在区域之间的转换是一个非自然的行为，很大一部分的原因是每个区域的风格截然不同。第一次移交时，发明区域与应用区域之间所存在的问题是创业者希望移交产品的时间比项目经理愿意接受它们的时间早很多。这是因为在创业者心目中，产品已经"基本完成了"，而在挑剔的项目经理眼中，它还存在各种各样的问题。这样就导致许多创新落入了早期采用者与主流实用主义者之间的一个鸿沟，前者会忽略不计，后者则加倍审视。

处理这种情况的正确方式是，让创新项目的高管直接干预移交阶段的管理。此人必须让创业者长期参与其中，让他负责任地与项目经理合作，为移交的产品制定适当的验收标准。与此同时，创业者还需要与项目经理合作，确保为下一代创新提供所需的质量方面的资源。由于这一过程要求跨职能团队的参与，高管负责人需要具有足够的影响力来获得销售、市场营销、工程以及服务部门的支持。这意味着他们应该直接向CEO汇报，并按时完成移交任务。

再看看第二次移交，我们发现这里存在着镜像一般的问题。也就是说，与创业者想要过早地移交产品的倾向恰好相反，项目经理坚持不放行。出于对使命关键性风险及其后果根深蒂固的敏感性，项目经理不愿意将手中的产品委托给优化团队。因此，这里还需要高层的干预，但这一次参与调解的必须是负责优化的高管。此人必须确保项目经理和流程优化者建立积极的时间表和清晰的标准，以便加速移交、促进资源的循环。同样，由于项目的跨职能性质，需要多个部门共同协作，但任何一个部门都可能会拖延以保留资源。因此,优化项目的高管负责人必须拥有跟创新负责人一样的影响力,并且同样对 CEO 直接负责。

依照这种方法来进行资源循环利用的公司能够在不危及其劳动力的情况下接受外包。它们通过将劳动力在新的、不同的任务中循环利用,同时又将他们保持在同一个价值创造区域中,来持续不断地更新和提升每个员工的技能,进而增加他们的经济价值。促使他们能够不断在共同的经验和最佳实践的基础上成长,这样又能持续使这一基础与下一代产品保持相关性(见图 10-4)。

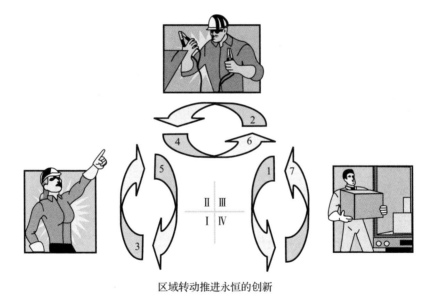

区域转动推进永恒的创新

图 10-4 资源循环利用与外包共存

正如我们所说的,在这个模型中,工作流程和资源配置在三个区域之间循环,以便结合持续的创新和持续的劳动力开发和更新。让我们以第三象限中第二次移交为节点,按图 10-4 箭头指示走完整个循环,来看看这个过程是如何展开的。

（1）流程优化者接手项目经理所完成的工作，开始应用五大杠杆模型来降低风险并提取资源，从项目经理自身开始，再随着流程进一步地去风险化和精简化，逐步扩展到其他应用区域的资源。

（2）应用者现在被释放出来，重新被分配到第二象限，在那里他们可以参与下一代创新的移交过程。

（3）下一代创新的发明者完成他们的工作，达到项目经理和高管负责人所制定的标准。

（4）移交之后，应用者对商品进行大规模增产，使组织很快获得在创新中的投资回报。特别强调，此时是锁定市场份额并确保长期竞争优势的时机。

（5）与此同时，发明者回到第一象限，推动下一代的创新。

（6）最终市场跟上了创新的步伐，核心变成了外围。然而，作为收入的主要来源，该产品依然处于使命关键区，因而它仍在应用区域的项目经理及其团队的管理之下。

（7）由于资源被束缚在使命关键性外围业务中，下一轮流程优化的需求形成，需要流程优化者参与。为了从第四象限中释放流程优化者，让他们回到第三象限，就必须将前一轮的最优化流程外包。

由此，外包非但不会削弱员工队伍的完整性，实际上还为那些不再值得关注的工作提供了必要的出口。也就是说，五大杠杆模型的工作流程已经完成。优化者降低了尽可能多的成本和风险，为管理剩余的业务准备好了足够的可见性和控制系统，此时可以放心地将工作移交给另一家公司。同时，随着下一批使命关键性外围业务即将到达第三象限，这个循环中他们获得的经验和专业知识成为宝贵的资源。

总而言之，这个模型要求你把工作想象成四个象限之间的传送带，将三个区域看作不停转动的齿轮，让工作保持不断运动的状态。随着公

第三部分 惯性管理 —— DEALING WITH DARWIN

司不断地逐出资源密集型低利润工作,替换进来创新发明密集型高利润工作,管理层就能持续地增加股东价值。员工通过在下一轮差异化工作中获取专业知识来不断更新自身价值,不论他处于发明区域、应用区域还是优化区域。公司作为一个整体,在不断更新其竞争优势,而没有耗尽财务资本或过度剥削人力资本。事实上,公司在这两种资本上都创造了不少的盈余,增加了自己在下一轮市场竞争中的投资机会。

相比之下,那些未能接受资源循环的公司则会为提升短期生产力而牺牲未来。它们回避对一条新的学习曲线进行投资,继续享受使用经过充分培训的员工所带来的好处,但要付出使自己陷于商品化恶性循环的代价。在未来,随着差异化消失、利润降低,唯一的选择就是通过继续压榨有经验的员工带来生产力优势。由于没有对员工的下一代技能进行投资,员工在下一代的工作中越来越不具备竞争力。实际上,管理层是在变现员工经验的资产价值,以实现运营收入目标。这就像是一点一点地将公司廉价卖出,却将这一收入计作运营收入。这样一来,公司表面上看不错,其实会有关门大吉的那天。

反过来,致力于资源循环利用的公司则可以拥有持续更新的竞争优势,使得公司得以永续创新。每一条新的学习曲线都由上一条学习曲线所带来的更高利润支撑。这个系统中的唯一错误就是试图阻止这一进程。固守这一进程中任何一处工作,都会造成瓶颈,使得齿轮停止转动并面临危机。正如鲍勃·迪伦(Bob Dylan)在《变革的时代》(*The Times They Are A-Changin*)这首歌中唱的那样,"受伤的准是停滞不前的人"。

这种智慧与传统劳工谈判代表的行为相悖,后者致力于保住某些工作,而实际上这些工作不保住对大家更好。我们无法通过保住低价值的工作来维持发达国家的高生活水平。我们必须将这个工作转移到另一个低成本的社会中,让它在那里可以继续创造良好的利润。同时,我们必须寻找能创造出我们的生活水平所需的高回报的下一代工作。

要完成这一转变意味着要有绝对的信念和信任。员工与管理层之间的对立关系会破坏成功所需的基础——很多成熟的行业已经证明了这一点。我们都必须学会的教训是,要建立必不可少的信念和信任,不论要投入多少时间、人力以及管理注意力,都必须不遗余力地去做。

应对达尔文式的挑战需要耐心和同理心,同时必须保持不留情面的现实主义。有时可以采取保护主义,但这只能是为了服务于过渡计划。有时需要裁员,目的是清理那些无法通过更有机的方式解决的残留阻碍。然而在大多数时候,我们都有机会创造生机勃勃且充满活力的组织,能够在竞争性市场中蓬勃发展,并提高整个市场的水准。这是我们必须齐心协力去抓住的机会。

⊙ 案例

思科公司与资源循环利用

思科公司在资源循环利用方面表现最为出色的是服务部门。2005年公司总收入200亿美元,服务部门就贡献了其中的20%,并且一直能实现高利润和高客户满意度。这一切都是通过采用一种十分具有创造性的资源循环利用方法对核心和外围进行科学管理而实现的。

深入探讨细节之前,我们要明白,对于一家以产品为业务重心的复杂系统公司来说,成为其中的专业服务部门是多么具有挑战性的事情。你所要完成的任务,其范围之大非比寻常。在高端市场,客户要求你帮助创造架构,并且与它们合作开发前所未有的系统;在低端市场,你要确保客户在全球任何地方都能获得备件,以兑现对客户和合作伙伴进行

第三部分 惯性管理 —————— DEALING WITH DARWIN

全天候服务的承诺；在不同的时刻，中端市场则可能要求你设计网络，安抚某个焦虑的潜在客户，到客户身边安装一个大型网络中心，排查表现不稳定产品的故障，或是去提供培训，等等。

简言之，服务可能是高利润、低利润，也可能是一般利润的生意。那么，你到底应该如何对组织进行设计，才能够回应这些需求，并依旧创造高利润回报呢？

思科公司的做法是采用一种名为"P-P-D-I-O-O"（prepare-plan-design-implement-operate-optimize，即"准备—规划—设计—实施—运行—优化"）的架构。在这个架构中，越靠近前端，就越贴近核心，服务部门也就越需要直接面对客户。与此相比，越贴近右侧，也就越贴近外围，服务部门也就越希望通过服务伙伴去间接面对客户。

项目实施刚好位于这个架构中间靠右的位置。传统上，复杂系统公司主要通过这个环节大量赚取收入，从而保证整体收入水平的稳定。这一策略存在两个问题：其一，此举疏远了潜在的服务伙伴，因为彼此是竞争者；其二，随着时间流逝，系统不断实现标准化，服务的实施也实现了商品化，服务部门就会发现即使动用大量的资源，也无法创造可观的利润。

尽管这两个问题众所周知，但大部分公司仍然执迷不悟，因为它们无法拒绝眼前收入的诱惑。思科公司则不然。思科公司非常清楚自己希望合作伙伴来做尽可能多的实施工作，只要客户也乐意这么做。简言之，思科公司在公司战略中将实施环节及其下游的网络运行和优化环节都界定为使命关键性外围。它将准备、规划以及设计等上游环节纳入使命关键性核心，尤其对于其核心市场的客户而言更是如此。因此，思科公司服务部门的资源循环利用目标就是，从实施、运行和优化环节提取资源，转而投向准备、规划和设计环节。

为此，思科公司将业务部门划分为两组，即技术支持服务部门和高级服务部门。前者主攻外围，后者主攻核心。工作流程方面，通过共同关注有关服务领域最佳实践的知识产权生命周期，两个部门紧密结合。下面是具体的做法。

服务实践产生于第一象限的项目之中，在那里，早期采用客户与高级服务部门的特别小组携手努力，共同推进思科公司所谓的"业务转型项目"。这就是思科公司所参与的最高形式的服务型研发，基本上都在发明区域中进行。项目领导者要完成两项关键任务：首先，必须满足客户和项目本身对应用程序的要求；其次，必须捕捉项目中产生的最佳实践和关键知识，并将其转化成可以重复利用的知识产权，以便在这些应用程序普及的时候，为后续的项目团队服务。通过这种做法，思科公司可以更广泛地在内部和合作伙伴群体中，利用高级服务架构师和实施者等稀缺资源，帮助那些专业经验略逊一筹的顾问人员。

当市场对某种高级服务的需求增长推动此服务朝着第二象限使命关键性状态转变之时，思科公司就会正规化和标准化地推进这种服务，以确保能实现规模化。网络设计就是一个典型例子。思科公司为有线和DSL服务提供商以及部署了无线或网络电话等高级技术的企业，提供了定制化的设计开发、设计评估以及设计验证服务。这种打包的过程所对应的就是发明区域和应用区域间的"第一次移交"活动。将负责实施业务转型项目的团队解放出来，去寻找下一代项目，让工作成果适用于更大范围的应用。

随着应用活动规模化进行，思科公司服务部门与客户的合作贯穿整个 P-P-D-I-O-O 周期，从而确保从头到尾的高质量结果，并得到客户的大力推荐，进而提升人们对新服务的需求和对思科公司的偏爱。随着越来越多项目的完成，整个周期后半部分（即"实施—运行—优化"）的

第三部分　惯性管理　————　DEALING WITH DARWIN

外围性质开始显现。现在，团队是时候从外围提取资源并重新分配给核心了。

关键还是在于要发现一些独有的方法，将它们作为知识产权掌握下来。这些方法可以利用更少的稀缺资源去完成那些拖累着更稀缺的资源工作。在上述例子中，对设计模板进行打包，并培训负责实施的合作伙伴如何使用模板，使得公司可以将稀缺的网络架构师资源重新配置到更加核心的任务上去。同时，这种做法为合作伙伴带来了回报，还改善了服务品质、提高了生产力。这样一来，客户得到了好处，它们可以以更低的成本更加便捷地获得资源；合作伙伴得到了好处，它们可以获得符合其盈利模式的更加稳定的生意；思科公司也得到了好处，它可以将自身资源循环利用于符合其商业模式的高利润业务。

随着市场规模的进一步扩大，焦点转向第三象限，指挥棒传到了技术支持服务部门的手中。这时的目标是将此前已纳入某种业务的互动内容转变为交易，不论是在线自助服务请求，还是下载某个软件工具。这就要求将知识产权打包得更好，这正是该部门的专长所在。

然而，当客户或合作伙伴面临困扰或陷入僵局之时，它们还是需要互相支持，即使这样做并不符合其盈利模式。思科公司技术支持中心实行全天候运营，以便通过网络、电话或者是兼容两者的网络电话提供支持。然而，因为这项业务利润很低，思科公司致力于将其外包给低盈利经营模式的合作伙伴。为了支持这些合作伙伴，思科公司授权它们使用专有的知识产权和软件工具，由此创造了巨额利润。结果又是一次双赢，思科公司和合作伙伴都取得了符合自身盈利模式的收入，而客户在这个过程中也得到了品质更高而成本更低的服务。

如果你关注那些参与管理这一良性循环的管理者，你会发现他们就是我们所勾勒的三大区域的生动写照。休·博斯特罗姆（Sue Bostrom）

第 10 章 将资源重新运用于核心

充分代表了发明区域,她于 20 世纪 90 年代从麦肯锡进入思科公司,负责创建互联网业务解决方案组,也就是思科公司原先的业务转型部门。休是打破常规进行思考的人,喜欢开辟新领域,但只要某个产品已经渡过了"鸿沟"并且准备好进行规模化时,她乐于将指挥大权转交他人。负责高级服务部门的加里·摩尔(Gary Moore)是一位出色的应用导向型领导,他职业生涯的很长一段时间待在电子资讯系统公司(EDS),此前供职于美国陆军安全部门。他在高级服务部门保持很高水平的纪律,提高了营业收入,并巩固了高盈利模式。当他的部门完成任务之后,他就把指挥棒传给乔·平托(Joe Pinto)主管的技术支持服务部门。乔可谓优化者中的佼佼者,他加入思科公司后的第一次行动就是将其技术支持运营渠道从电话转向网络。如今每五条支持请求中,就有四条是通过网络解决的,每次呼叫的成本平均节省了一个数量级。同时,乔还专注于缩短周期时间,并对 IP 进行打包以便合作伙伴再次使用。最终,将这三大区域和团队之间整合在一起的人是维姆·埃尔弗林克(Wim Elfrink)。和休一样,他最喜欢扮演发明区域的角色,这也是服务部门能够引领思科公司采纳围绕核心–外围管理和资源循环利用的业务实践模式的原因所在。

不过,这些原则并非只能应用于服务领域。实际上,这些原则起先是由卡尔·雷德菲尔德(Carl Redfield)和兰迪·庞德(Randy Pond)提出的,他们在 20 世纪 90 年代发起并优化了外包模式,使其成为合同制造。通过这种做法,他们从起点就排除了外围业务,从而摆脱了外围发展的困境。

在思科公司的财富快速增长之前,它还是处在自己制造产品、按单定制的业务模式,这种模式复杂到超出了运营团队的掌控能力。公司送过去的产品往往不是客户想要的。制造部门建立了发货前检验系统,着

第三部分 惯性管理 —————— DEALING WITH DARWIN

手解决这个问题，这个系统能够自动下载客户订单、检验待发产品以确保所有部分都符合订单要求，并且只在全部符合发货要求后才打印送货单。

随着这个系统的逐渐推广，思科公司的路由器产品的需求达到了顶峰，由于提升制造能力需要大量资本，所以公司开始考虑外包。然而，由于这属于使命关键性业务，许多人不愿意进行外包，因为这样做会丧失供给管理的可见性和有效控制。制造团队想出了一个好办法：只要把他们的检验系统安装到承包商那里就可以了。这样一来，他们就能够保持必要的管理可见性和有效控制，而无须管理流程本身，公司也能在不产生惯性的情况下，构建一个全球范围的供应链。

如今思科公司的制造部门和物流部门正在迈进一个新的时代，这将再次重塑他们的流程。他们早期对问题的解决方案已经逐渐陷入外围的困境。它过于集中化和标准化，不能满足当前对灵活性和响应性的要求。因此，思科公司展开了新一轮的流程再造，聚焦于模块化，即五大杠杆模型中的第三个杠杆。随着对流程的审视，它将这些流程标注为赋能核心和赋能外围，再区分出它们是否为使命关键，然后思科公司就能更有选择地决定将哪些任务外包，将哪些业务留在组织内部。

在销售方面，市场的核心-外围分析引导了2005年夏季的现场行动部门重组，旨在使执行工作更加关注发明而非应用。在过去，销售工作按照全球地理区域进行组织，因而各种类型的市场鱼龙混杂，而不管它们属于核心-外围分析的哪个部分。这意味着每个地理区域的领导者都能够厘清市场，并善于在所有三个资源循环利用区域中进行管理。因为采用这种类型的组织不允许人们发挥个人特长，所以注定会带来混杂的结果。

在新的地理区域战略下，思科公司整合出了它最为成熟的两个市场——美加市场与西欧市场,并将它们指派给公司最能干的两位应用型领导者——罗布·劳埃德（Rob Lloyd）和克里斯·迪里科特（Chris Delicoat）。这代表着对使命关键性外围的关注,以期在这些执行效果不佳会造成严重后果的地方提高执行效率。思科公司让印度和中国的管理层保持现有的体制,这代表着在使命关键性核心市场的连续性。与此同时,思科公司还将拉丁美洲和加勒比地区、中东和非洲、俄罗斯和独联体,以及东欧等地一系列的新兴市场整合在一起,将它们指派给公司最出色的发明型领导者保罗·芒福德（Paul Mountford）,他刚刚通过领导中小型企业市场复兴而展示了其创造才能。这次整合代表着对一系列非使命关键性核心市场的投资,以加速它们向10亿美元的使命关键性市场的标准迈进。总的来说,通过将新兴市场从成熟市场中分离出来,每种类型的市场都将获得更好的执行关注,而不同类型的领导者也能够在各自领域中如鱼得水。

最后,在工程方面,思科公司仍然在寻找进行资源循环利用的途径。管理层清楚地了解核心–外围特性,但由于需要深厚的任务专业知识来应对下一代技术,公司的进展受到了限制。将资源重新运用于核心,意味着现有的人才能够及时转变,但如果这个转变是通向一套全新的规则（如从光电子到服务导向的软件设计）,所要跨越的差距就太大了。

我个人的观点是,这样的差距只是个例而非常态,管理层需要更积极地进行资源循环利用,从某种程度上是为了确保现金牛不会囤积关键性的应用资源。与此同时,思科公司在采取另一种方式来应对这个核心–外围挑战。它仍然从外围中提取资源,但没有将这些资源运用于设计开发下一代核心,而是将它们转向提供售前和售后服务的一线岗位,来支持下一代核心。这一转变有其自身的挑战,主要是职业变化带来的挑战。但是,在高科技领域,这些角色之间大同小异,使得这种转变成

第三部分　惯性管理　————　DEALING WITH DARWIN

为一种可行的替代方案。

　　总的来说，在钱伯斯的领导下，思科公司越来越强调核心－外围的特性和资源循环利用的必要性，但是他并没有规定应该怎样做。本章所描述的概念和方法正与其他替代方案一起竞争管理注意力。但各类理论的最终目标是相同的。钱伯斯致力于要将思科公司转变成一家能够永续创新的公司，并将这一转变建立在一种文化基础之上，这种文化创造性地利用工作分配来不断增加其员工的资产价值。

第 11 章 企业的惯性管理

在我们结束对惯性管理的讨论之前,再来看看如何运用这些管理原则吧。本章明白无误地提供了具体的操作方法。然而,与前面章节不同的是,这一章需要从一个警告开始。

无论是实施核心–外围分析还是资源循环理论,政治性都很强。在核心–外围分析的情况下,外围中有强大的既得利益群体,因为个人的薪酬和晋升都可能处于危险之中,所以他们可能会对任何试图限制其获取核心资源的行为感到不满;而理论中提到的奖励总会引发争议。同样地,在外包和资源循环方面,每当人们的工作安全受到威胁时,因为这种威胁不仅涉及个人,还会延伸到家庭,所以即便最温和的人也会反击。

总之,面对达尔文式的挑战,我们需要在工作中应对具有争议性的事件,同时也应该尽我们所能去解决这些问题。我们需要谨慎对待这些

第三部分 惯性管理 —————— DEALING WITH DARWIN

问题。在动手解决具有争议性的问题之前,需要经过充分讨论和沟通,在脑海中形成对这件事情的看法。疑问、焦虑、猜疑、冷嘲热讽等各种态度需要被提到表面,被讨论并得到化解,然后企业才能继续前进。

这些都是领导者和管理者应当承担的任务。我们在这一部分所开发出的理论架构,就是为这样的讨论提供方向。这些架构应在整个流程的前期引入公司,为处理从外围提取资源并重新分配于核心这一挑战性的工作提供和谐的环境,编织共同的语言。然而,仅仅依靠这些架构本身并不足以赢得人们的信任。只有通过孜孜不倦的沟通才能做到这一点。

将这些警告铭记于心,我们就可以着手制订一份积极的计划,以将企业的惯性从背景任务重新导向核心任务。基本的步骤如下所示。

1. 对你当前的业务进行核心 - 外围分析

首先,将你的各个细分市场按照四个象限进行划分。对于复杂系统导向的企业来说,这通常会由多个网格组成,以展示核心和外围在产品品类、客户行业以及地理区域中的表现。对于规模运营公司,分析的角度大致包括产品品类、消费者人口统计(包括地理位置)和销售渠道。

可以多花些时间讨论这些分类,因为其有助于指导后续的资源分配决策。由于这些问题具有主观性,一定会出现各种不同的观点。然而,大家最终必须达成一致意见,以便进入下一个环节。

2. 利用资源分配分析补充核心 - 外围分析

不要被预算分散注意力。在这里,我们需要关注的是人员的安排,特别是识别和锁定在发明、应用与优化三个区域中表现突出的顶尖人才。这些人具备的领导能力或职能专长可以改变整个项目的结果,因而你必须确保最大程度地利用他们的技能。

3. 设立更具雄心壮志的目标

现在，在你心里，对公司的现状已经有了较为全面的了解。接下来你要确定公司该如何发展。进行这些分析是因为你对公司当前的表现并不满意，但问题是，你要如何进行改进呢？

原则上，你所做的努力应该包括以下几点：

- 瞄准一个或多个核心机会并给予高度的关注。
- 确定能够最有效地推动这些计划的顶尖人才（这可能需要招聘一两位关键人员）。
- 瞄准一个或多个外围机会，从中提取资源，并再次关注是否有顶尖人力资源。

在这个过程中，你要让管理者走出舒适圈。如果一切都很顺利，那可能意味着你的雄心还不够大。

4. 以团队为单位做计划

从外围提取资源并重新分配于核心，需要协作的力量。为了优化局部而保留哪怕一项关键资源，都有可能让所有的努力白费。同时，把握好正确的时机同样重要，如果资源在释放出来的时候，本该将其投入的工作还没有就绪，就会出现很大问题。只有各个职能部门精诚合作、目标一致，才能将问题解决。

5. 关注进入市场的时机

为了创造必要的紧迫感，应该直接挑战你计划中设定的时间假设。这些假设是在某些特定的资源约束条件下做出的，这一挑战的目标是通过积极的资源循环利用，尽可能地消除这些约束。

6. 让齿轮开始转动

首先，努力将那些顶尖的应用者从当前的使命关键性外围任务中释放出来，接着给优化者分配任务，让他们用五大杠杆模型去挑战自己的工作量，推算他们在当前角色上还要干多久。同时，更积极地关注和管理发明者，加速做好下一代创新的准备，以便进行使命关键性应用。推动整个组织早日实现第一次移交和第二次移交。

7. 保持齿轮的转动

一旦资源循环利用开始，就必须确保畅通无阻。记住，每一条新的学习曲线都是由上一条曲线创造的利润来支持的，相应地，我们也期望新的曲线能够产生更高的利润，以支持下一条曲线的出现。不管哪个齿轮停止旋转，其他齿轮要么停下来——这会启动商品化的下行螺旋，要么高位运转——这会让系统的其他地方出现缝隙和缺口。因此，为了保证一切正常运作，必须维持整个过程处于永不间断的相互补充中。

总之，以上步骤为管理公司的惯性勾勒出了一个全新的战略。其核心是保持企业所有部门都持续不断地向前发展，不断根据市场的需要和劳动力技能的变化重新规划产品项目组合。从大局和长远上看，我们不能把惯性力量看作创新的敌人，而应将其视为与创新共存的遗产；我们也不应该抵触或设法摆脱这种惯性，而应扭转惯性的方向来为公司的发展服务。在对惯性逐渐重新定向的过程中，我们有特定的模式可以遵循：从外围提取资源并重新分配到核心。

每个人都应该时刻保持警觉之心，来确保战略成功实施。管理者应该抵挡住过度利用当前劳动力技能的诱惑。实践证明，牺牲长远的生存能力来获得短期的生产力是错误的；劳动者也不能沉湎于过去的成就中。双方都必须抵制来自利益的诱惑，即认为不参与竞争，也可以获得与过去一样的报酬，这绝不是在达尔文式的挑战下的做法。

自然选择是一场没有暂停的游戏。然而，它允许进行无限次替换。资源循环不仅能够提高效率，也为企业注入了新的活力。疲惫者可以获得喘息的机会。"不解雇政策"之所以行不通，是因为我们负担不起不作为的员工。我们必须理解，某些人在某些阶段确实无法在工作中投入精力，但我们绝不允许这种情况拖累企业的发展。

资源循环意味着会解雇员工，同时也意味着雇用新的员工。那些认为公司应该提供个人终身就业，或个人应该终身给予公司忠诚的观念，与实际情况和发展本质并不相符。与之相符的是充分发挥我们的主观能动性和创造性，以提高我们的回报，并分享这些回报。

社区需要稳定的就业来源，客户需要稳定的供给来源，政府需要稳固的税收基础，投资者需要有吸引力的风险调整回报。我们或多或少在战略上都是保持一致的。我们只是被要求在新的竞争水平上执行战略。

这就是进化的本质，是国家不断提高人民生活水平的方式，是每年都会有新公司成立的原因。同时，这也是我们每个人必须在职业生涯中不断学习的原因。这个过程中，我们可能会感到疲惫，但不会感到厌倦。请相信天道酬勤。

欢迎加入这场竞赛！

致　　谢

写书的过程无疑是一段旅程，但我必须承认，本书的写作过程比我预想的更加迂回曲折。我清楚地记得，初稿完成后，我将其发给了一众同事，满怀期待地等候着一片赞誉之声（我们作家确实是充满幻想或自负的）。可以想象，当我收到不少温和但明确的建议，告诉我整本书的内容过于散乱、难以理解时，我是多么失望。经过一番修订，才有了这部作品。我为本书感到非常自豪，由此，我要衷心感谢以下帮助我从初稿中找到方向、完成本书的人：

- 我要感谢我在 TCG Advisors 公司的合伙人们：Philip Lay、Lo-Ping Yeh、Tom Kosnik 和 John Metcalfe。他们贡献的想法与我的思路相互交织、密不可分。咨询行业对作家而言是一个极好的行业，因为客户能对你想法的可行性给予即时反馈，而同事们则会帮你筛选出好点子，将它们补充完善，再重新抛出。我很幸运能拥有这样一群杰出的同事。
- 我要感谢我在 Mohr-Davidow Ventures 公司的同事们，尤其是我的风险投资合伙人 Donna Novitsky 和 Randy Strahan。他们为我提供了非常务实的反馈，无论我的想法是否成形。
- 我要感谢在 The Chasm Group 和 The Chasm Institute 与我共事的朋

致　谢

友们，特别是 Paul Wiefels 和 Michael Eckhardt，他们对初稿详细的批判性意见给了我巨大的帮助。

- 其他深入参与本书创作的人中，Bill Meade 对整份手稿进行了细致且全面的评审；Kevin Kennedy 坦诚但不失体贴地告诉我，我的初稿晦涩难懂；Avery Gavigan 从消费行业角度给出了很多非常好的理念和例子；Mark Deck、Patrick Gordon、John Ciacchella 和 Francis Hawkings 从咨询角度提供了极有价值的建议。在此对这些人表示特别感谢。
- 本书所述一系列想法最初源于《哈佛商业评论》杂志的 Tom Stewart 和 Julia Kirby 促使我撰写的《达尔文与恶魔》一文，那次写作的启发和他们二人的支持是本书真正的起点。

关于写作的部分到此为止，接下来是内容的部分。在这里，我想表达对约翰·钱伯斯（John Chambers）和思科系统公司（以下简称思科公司）的整个执行团队无尽的感激之情，他们为我提供多次调查访问的机会，毫不吝啬地分享了他们对多个敏感问题的真知灼见。思科公司的案例研究是本书的亮点之一，因为它让我能够将大量理论在现实世界的背景下进行分析和落地。

内容完成之后便是编辑部分。在此，我得到了两位了不起的支持者——我的文学经纪人 Jim Levine 和出版人 Adrian Zackheim 的帮助。在我迷失于第一稿和第二稿当中时，他们伸出援手，为我指引了方向。尽管这是我们在 Portfolio 出版社的第一次合作，却已是我们合作的第五本书，我很开心得到他们的支持。

当然，本书的诞生过程也伴随着各种其他事务。在这方面，我得到了世界上最优秀的私人助理之一——Pat Granger 的巨大协助。我们共事

致 谢 —— DEALING WITH DARWIN

已有五年,她的支持总是让我感到十分愉快。当我们需要额外帮助时,另一位行政团队成员 Rita Gray 也很慷慨地提供了支持。

工作只是生活的一部分,而我的生活是由我的家庭塑造的。我要感谢我的孩子们,Margaret、Michael、Anna 以及两位重要的新成员 Daniel 和 Dave。更重要的是,我要感谢我的妻子 Marie。我们已经结婚三十七年了,她在我生活中的角色一年比一年重要。作为伴侣,我对她的陪伴确实太少了,尽管如此,她仍始终如一地支持我。这是如此重要和美好。

术 语 表

acquisition innovation 并购创新　见"创新类型"。通过收购或剥离（资产或业务）创造差异化，不论其行为主体是并购方还是被并购方。

application innovation 应用性创新　见"创新类型"。通过发现和利用现有技术的新应用或新用途，以创造差异化。它是解决方案导向的营销的基础。

bowling alley 保龄球道　见"技术采用生命周期"。技术采用生命周期中的一个阶段。在此阶段，技术已被利基市场所采用，但尚未获得横向的广泛应用。

brand 品牌　见"声誉"。由某公司或某产品的名字所引发的心理联想，是规模运营模式中用于赢得消费者偏好的一个重要工具。在复杂系统模式中，它往往是造成管理困惑的原因之一。

business architecture 商业架构　见"复杂系统模式"和"规模运营模式"。以一种或两种商业模式为基础搭建的组织结构。企业所采纳的商业模式不同，对创新类型的理解和执行也会完全不同。

Competitive Advantage Period（CAP）竞争优势期　见"股东价值管理"。投资分析术语，用于估算投资者相信一家公司能够维持竞争差异化优势的时间长度。

category 品类　客户用这一术语对所要购买的产品或服务进行分类，并将其与其他购买选择区别开来。新兴品类通常是通过参照一个或多个竞争者来界定的。成熟品类可以帮助分析者追踪特定市场，以及帮助投资者决定其资产分配战略。

category maturity life cycle 品类成熟生命周期　描述某个产品或服务品类从产生、发展到消亡的整个过程的模型。

category power 品类竞争力　见"竞争力的层级"。经营特定品类并继承该品类与其他品类竞争的能力，从而获得竞争优势。成长型市场能增强品类竞争力，而衰退型市场会削弱品类竞争力。

chasm 鸿沟 见"技术采用生命周期"。技术采用生命周期的其中一个阶段。在该阶段，市场由于缺乏稳定的客户群体而变得萧条。曾经支持该品类的高瞻远瞩者已经将注意力转向了其他品类。此时，迫切需要实用主义者的支持，但由于他们尚未看到足够多的同行在支持该品类，因而尚处于观望阶段。

chimp 狒狒 见"市场份额层级"。这是指仅次于市场领先者（大猩猩）的市场份额地位。在该市场，任意两家企业都拥有彼此不兼容的专有技术。为了生存，狒狒企业一般必须牢牢把握利基市场——在这一局部市场中它们是领导者，因此也会被叫作"利基市场中的大猩猩"。

collaboration culture 协作型文化 见"企业文化"。四种企业文化之一。这种文化强调员工对团队归属感的需求，团队成员需共同承担责任，并遵循一些共同但未必被明确表达的价值观，例如，原惠普公司的企业文化。

commoditization 商品化 随着商家越来越多地中和彼此之间的差异性而产生的自由市场竞争的自然结果。它使得客户可以货比三家，因此可以造成商家间的价格竞争，使得除最卓越的企业外的所有其他企业都无利可图。

company power 公司竞争力 见"竞争力的层级"。凭借公司在特定产品品类中所占市场份额而获取的竞争优势。其典型情况是，市场份额领先者具有最强的公司竞争力，排名第二的公司的公司竞争力则明显减弱，排名第三的公司的公司竞争力减弱幅度更大。因此，杰克·韦尔奇（Jack Welch）认为，公司应成为市场竞争排名中的第一或第二，否则最好退出该市场。

competence culture 能力型文化 见"企业文化"。四种企业文化之一。这种文化强调员工对成就的需求，即个人对自身的绩效承担责任，公司以客观的、可衡量的标准来进行评估，例如，微软公司的企业文化。

competitive advantage grid 竞争优势矩阵 在既定品类中分析竞争优势战略的模型，该模型基于所寻求的竞争力类型（品类、公司、市场以及产品），同时考虑创造差异化的价值定律（卓越运营、客户亲近和产品领先）。

competitive separation 竞争性区隔 使得客户认为某家公司的产品与其竞争对手的相比有独特性，由此降低了该产品被替代的风险，并增强了在目标市场提价或扩大销售量的能力。

complex-systems model 复杂系统模式 见"商业架构"。两类商业架构之一，适用于B2B交易，大型机构买家在慎重考虑各备选产品之后再进行大量采购。其特点是咨询式的销售关系，以及针对每一位客户进行产品和服务开发的高度定制化。

conservative 保守主义型 见"技术采用生命周期"。仅在新技术即将完全取代陈旧的现有技术时才予以接纳的技术采用战略。

context 外围 见"核心-外围分析"。这是指任何从客户的角度来看不能在目标市场使公司具有差异性的活动。外围管理旨在以尽可能高的效率满足（但不超越）适当的公认产品标准。

control culture 控制型文化 见"企业文化"。四种企业文化之一，这种文化强调员工对秩序和安全的需求，其特征是以团队为主体，强调他们对客观衡量标准承担责任。例如，通用电气公司的企业文化。

core 核心 见"核心-外围分析"。在目标市场中创造可持续的差异化并带来溢价或增量的所有活动。核心管理寻求在核心领域明显超越所有竞争对手。（注意，此处的"核心"与"核心竞争力"或"核心业务"并无关系。核心竞争力描述的是具有差异化的能力，而核心业务描述的则是在总营业收入中占很大比例的品类。）

core/context analysis 核心-外围分析 设置资源优先级的一个框架，区别对待差异化流程与其他各类工作。核心-外围管理主张从成熟市场的关键外围业务中（小心地）提取资源，以便为成长型市场中的差异化业务提供所需的资金。

corporate culture 企业文化 塑造企业沟通、激励和决策制定方式的一组隐性规则。在 TCG Advisor 的模型中，根据占据主导地位的不同马斯洛需求层次，文化原型可分为四种：培育型文化、能力型文化、控制型文化和协作型文化。

crossing the chasm 跨越鸿沟 见"技术采用生命周期"。技术采用生命周期中标志着首次渗透主流市场的过渡阶段，通常通过将那些实用主义者群体中走在最前沿的客户作为目标细分市场来实现，这些客户急需解决现有难题。

cultivation culture 培育型文化 见"企业文化"。四种企业文化之一，该文化强调员工自我实现的需求，其特征是个人对主观界定的价值承担责任。例如，谷歌公司的企业文化。

customer intimacy 客户亲近 见"价值定律"。三种价值定律之一，通过收集大量的客户信息，使产品或服务与目标客户的需求和价值观精准匹配，并最终实现差异化。

Darwinian 达尔文（式）的 形容自由市场竞争围绕客户收入和投资资本等稀缺资源不断展开，导致市场标准不断提高，迫使居于已经建立起来的竞争优势要么继续进化，要么被商品化。

declining market 衰退型市场 见"品类成熟生命周期"。市场成熟过程中的一个阶段,除周期性波动之外,该阶段的增长率为负数。从战略上来说,公司此时应选择革新品类,或者收割并退出市场的战略。

delighter 惊喜因子/新花样/附加功能 成熟市场的产品或服务重新拥有的某种新颖功能或特性,它能够在不增加成本或不带来风险的前提下建立客户偏好。

demographic segmentation 人群细分 一种市场分析方法,它将市场看作根据人口统计学特征(如年龄、收入、性别或种族)划分的不同客户群体;通常用于在规模运营市场中聚焦消费者产品服务。

deployers 应用者 见"资源循环利用"。应用者擅长管理使命关键性任务,让其按时、按规格且按预算完成。应用者是将业务流程快速规模化的关键所在。

deployment zone 应用区域 见"资源循环利用"。核心–外围分析模型中靠上的两个象限,具有使命关键性。这个区域是证券分析师和成长型投资者最为关注的,是循环利用应用者的自然区域。

discontinuous technology 非连续性(跃进式)技术 见"颠覆性创新"。两类颠覆性创新之一。非连续性技术与当前的主流标准不相容,迫使采用该技术的商家替换现有的系统,由此启动一个新的技术采用生命周期。

disruptive innovation 颠覆性创新 见"创新类型"。创新的一种类型,通过非连续性技术或价值链中断这两种机制的其中一种来创造一个新的品类,继而启动一个新的成长型市场。

dissatisfier 不满因子 成熟市场的产品或服务具有的一种属性,若对其管理得不够好,就会导致客户拒绝该产品或服务;即使管理得非常好,也不会带来客户偏好。

early market 早期市场 见"技术采用生命周期"。技术采用生命周期的一个阶段,其中技术狂热者和高瞻远瞩者倡导新技术,而主流市场只是观望,不会参与。

enhancement innovation 增强型创新 见"创新类型"。客户亲近区域的一种创新类型,它凭借适度的研发投资,大幅提升现有产品或服务的客户感知价值,重新激发消费者的兴趣,从而使企业在成熟市场中实现差异化。

experiential innovation 体验式创新 见"创新类型"。客户亲近区域的一种创新类型,在客户最初接触到最终处置产品的过程中,通过调整端对端的体验,使成熟市场中原本将被商品化的产品或服务实现差异化。

fault line 断层地带 见"品类成熟生命周期"。品类成熟生命周期中非常靠后的一次转变阶段。在此阶段,由于非连续性技术的出现,或颠覆性创新进入龙卷风暴期，该品类会变得过时。

GAP 或 Competitive Advantage Gap 竞争优势差距　见"股东价值管理"。投资分析中会使用的一个术语，用以解释公司当前报告中的收入和利润率表现，是公司在目标市场产生的竞争优势的衡量标准。

gorilla 大猩猩　见"市场份额层级"。这是指凭借高转换成本的专有技术而保持市场份额领先地位的企业，通常表现为高竞争优势差距（GAP）和长竞争优势期（CAP），同时也是股东价值非凡的体现。

growth market 成长型市场　见"品类成熟生命周期"。市场发展的一个阶段，该阶段的市场增长率大大超过10%。从战略意义上来说，这是一个市场份额提升可以比利润最大化创造出更多股东价值的时期。

hierarchy of powers 竞争力的层级　把各种商业竞争力的类型从最具战略性向最具战术性依次排列的模型。具体包括：品类竞争力、公司竞争力、市场竞争力、产品竞争力和计划竞争力。

horizons 1，2，and 3 三层面理论　梅尔达德·巴格海（Mehrdad Baghai）、斯蒂芬·科利（Stephen Coley）、戴维·怀特（David White）在《增长炼金术》（*The Alchemy of Growth*）一书中所提出的战略管理模型。它将战略行为细分为三个时间段：当前财政年度、该年之后12～18个月、该时段之后的进一步发展。

indefinitely elastic middle 不确定性弹性中期　见"品类成熟生命周期"。成熟市场的持续期，始于成长型市场阶段的结束，终于衰退型市场阶段的开始。

industry segmentation 行业细分　以处于共同行业为标准进行客户群体划分的市场分析方法。在B2B营销中，它是垂直营销的首要组织原则，同时也是跨越鸿沟和保龄球道阶段战略的关键所在。

inertia 惯性　现有企业将资源优先分配给现有业务，而抗拒将其重新应用到新兴业务的风险规避特性。

innovation for differentiation 着眼于差异化的创新　见"创新成果"。在目标市场中成功创造与竞争对手之间的竞争性区隔的创新行为。

innovation for neutralization 着眼于同化的创新　见"创新成果"。在目标市场中成功减少或消除由竞争对手所创造的竞争性区隔的创新行为。

innovation outcomes 创新成果　某项创新投资的经济结果，包括差异化、生产力、同化、浪费。

innovation for productivity 着眼于生产力的创新　见"创新成果"。以增加产出的方式提升应用中的资源所产生的收益的创新行为。

innovation strategy 创新战略　紧密关注一两个创新向量，以创造竞争性区隔。准确来说是指凭借高度差异化的产品或服务，在目标维度上明显超越竞争对手。

innovation that is wasted 被浪费的创新　见"创新成果"。没有带来差异化、同化或生产力的创新。具体而言，是为获得竞争优势而寻求差异化，但没能成功获得客户青睐的创新。

innovation types 创新类型　一种创新模型，比较和对比了14种不同的创造差异化竞争优势的方法。

innovation vector 创新向量　每种创新类型都是一种战略投资方向，可以与其他向量竞争资源。企业的总体差异化表现为其在所有向量上的表现之和。如果资源分配均等，则其表现为零，因此需要创新战略。

integration innovation 集成创新　见"创新类型"。卓越运营区域中的一种创新类型。它指凭借将一系列现有产品和服务整合在一起，创造一个更便于管理的单一产品或服务，进而使企业在成熟市场中形成差异化。

invention zone 发明区域　见"资源循环利用"。核心 – 外围分析模型中共同扮演核心角色的左边两个象限，这个区域是行业分析师和风险投资者最为关注的，是循环利用发明者的自然区域。

inventors 发明者　见"资源循环利用"。作为擅长开发核心的人，发明者是确保企业持续获得能够创造可持续竞争优势的创新的关键。

investable category 可投资品类　一个现有的产品或服务品类，且证券分析师会追踪其市场份额变化，帮助投资者按先品类后公司的顺序来最优分配公司资本。

killer app 杀手级应用　具有广泛的横向吸引力的应用程序，它可将某一品类猛力推向其技术采用生命周期的龙卷风暴期。

king 君王　见"市场份额层级"。这是指市场份额领先者，其地位主要是通过执行力来得以维持。与大猩猩相比，君王一般具有同样高的竞争优势差距（GAP），但由于更容易被替代，其竞争优势期（CAP）明显更短，因而其股东价值也较低。

line-extension innovation 产品线延伸创新　见"创新类型"。客户亲近区域中的一种创新类型，它旨在瞄准客户的特殊偏好来创造新的子品类（subcategory），以吸引新客户或重新吸引老客户。

Main Street 主街　见"技术采用生命周期"。技术采用生命周期的最后一个阶段，它从龙卷风暴期的末尾开始，标志着保守主义者的战略意识增强。

managing for shareholder value 股东价值管理　用长期投资者的价值标准进

行战略行动优先排序的管理原则。一种将市场资本化水平分解为 GAP 与 CAP 乘积的分析工具。

market 市场 按客户或产品细分组织的经济活动的集合,它为推断市场竞争力的市场份额衡量标准设定了背景。

marketing innovation 营销创新 见"创新类型"。客户亲近区域中的一种创新类型,是指凭借新颖的市场进入计划,影响企业在营销传播和分销渠道中与潜在客户的互动,从而实现成熟市场地位差异化的活动。

market power 市场竞争力 见"竞争力的层级"。凭借公司在特定客户细分市场或利基市场中的市场份额获取的竞争优势,通常是指用来抵消市场份额领先者竞争力的自我竞争力。

market-share hierarchies 市场份额层级 描述市场领先者、紧跟其后的挑战者与竞争失败者之间的市场占有力强弱次序的模型。在高转换成本的专有技术市场中,上述角色对应的分别是大猩猩、狒狒和猴子;在低转换成本的商品化市场中,上述角色对应的分别是君王、王子和奴隶。

mature market 成熟市场 见"品类成熟生命周期"。市场发展的一个阶段,若撇开周期性波动,此阶段的增长率适中,一般低于10%。在战略上,这个阶段的利润比总收入和市场份额更重要。

monkey 猴子 见"市场份额层级"。在一个由大猩猩主导的品类中拥有极少甚至零市场份额的公司,其战略是尽可能复制大猩猩的产品并以大幅折扣进行销售。

mission critical 使命关键 对决定公司存亡的产出至关重要。缺乏使命关键性活动,会对股票市值等造成危害。

mission-critical context 使命关键外围 见"核心–外围分析"。使命关键外围由那些必须根据市场需求而采取的行动(否则就会造成可怕的后果)构成。然而,比其他公司相比,在这些方面表现得更好,并不能提升差异化水平或增加利润。从战略上来说,在某一领域过度分配资源,会导致下一代创新活动的资源分配不足。

natural selection 自然选择 在争夺稀缺资源的竞争中,赢家将在下一轮竞争中获得更大的空间,而输家则会被边缘化。从战略上讲,它可以推动寻求更大的竞争优势的差异化的演变。

nine-point checklist 九点检查表 描绘构成市场开发战略的关键变量的一种产品营销工具。所谓九点是指:目标客户、非买不可的理由、整体产品、合作伙伴和战略联盟、配送、定价、竞争、定位以及下一目标客户。

offer power 产品竞争力 见"竞争力的层级"。相较某一目标市场中的相关竞争者，凭借更有特色、性能或价格更有优势的产品或服务，所获取的竞争优势。

off-shoring 离岸外包 从位于另一个国家的某家公司获取特定产品或服务的方式，不论是为了利用其成本优势、挖掘人才或确立进入国外市场的切入点。

operational excellence 卓越运营 见"价值定律"。三种价值定律之一，注重对流程和系统的投资，凭借低成本、高质量或更快投放市场，实现产品或服务的差异化。

optimization zone 优化区域 见"资源循环利用"。核心－外围分析模型中共同扮演外围角色的右边两个象限，这个区域是生产力分析师和价值投资者最为关注的，是循环利用优化者的自然区域。

optimizers 优化者 见"资源循环利用"。作为善于从使命关键性外围活动中提取资源，并对其进行重新分配的人，他们是下一波创新能得到投资的关键人物，也是可以拆解那些可能对创新产生惯性阻力的组织的关键力量。

organic renewal innovation 有机创新 见"创新类型"。注重品类革新的一类创新，品类革新主要是指将资源从衰退型品类转为成长型品类——一般通过内部研发，以实现衰退型市场地位的差异化。

outsourcing 资源外包 从另一家公司获取特定产品或服务，而不是由公司内部自产或提供，目的是利用另一家公司的专业化优势，或是将公司内部资源集中于核心领域。

out-tasking 任务外包 从另一家公司采购某一产品或服务的一部分，一部分由内部自产，目的是减轻使命关键性风险，或是保留在未来将其用于创造核心产品或服务的可能性。

platform innovation 平台创新 见"创新类型"。产品领先区域中的一种创新类型，通过将现有传统环境与下一代新兴产品或服务的界面进行整合，实现在成长型市场中地位差异化。

positioning 定位 从战略上来说，定位会影响购买者心目中某一产品或公司的品类形象，可以由此确定其竞争对手。从战术上来说，定位就是将某一产品或服务与其相关竞争对手进行对比。

pragmatist 实用主义型 见"技术采用生命周期"。一种技术采用战略，当实用主义者看到其他类似群体采纳新技术时，他们也会接受这种新技术。这是一种特别依赖口碑传播的从众行为。

prince 王子 见"市场份额层级"。市场份额挑战者，其地位主要是凭借执行力而非转换成本很高的专有技术来维系。与狒狒相比,王子的竞争优势期(CAP)相当不稳定,因为他们既有机会取代君王成为新的市场份额领先者,又容易被其他潜在的王子所取代。

process innovation 流程创新 见"创新类型"。卓越运营区域中的一种创新类型,凭借彻底的流程再造,在成本降低、质量保障或投放市场时机方面获取巨大优势,使公司获得成熟市场中的差异化地位。

product innovation 产品创新 见"创新类型"。产品领先区域中的一种创新类型,凭借研发,改进成熟产品品类的特性、性能或降低市场价格,使得公司在成长型市场中具有优势。

product leadership 产品领先 见"价值定律"。三种价值定律之一,经过大量研发投入,凭借令人满意的特性、更加出色的性能或更低廉的市场价格,实现产品或服务的差异化。

program power 计划竞争力 见"竞争力的层级"。在目标市场中凭借比相关竞争者更优秀的市场进入计划获取竞争优势。

reputation 声誉 在复杂系统市场中,由某公司或某产品的名字所引发的心理联想。在分析某一复杂系统企业的市场营销投资回报时,声誉比品牌更有意义。

resource recycling 资源循环利用 一种人力资源管理战略,循环利用劳动力,致力于在发明、应用或优化这三个领域之一实现个人贡献最大化。该战略作为一种工作管理策略,旨在解构孕育惯性负担的传统业务,以促进和加速对下一代创新的采纳。

sectoring 市场划分 与市场细分不同,此方案将市场划分为不同区域,以完成地域覆盖和销售渠道管理。

segmentation 市场细分 与市场划分不同,此方案根据客户自发形成的利益群体来推知市场区域。市场细分策略常被用于需要集中促进市场份额增长和加强口碑传播效果的时候。

serf 奴隶 见"市场份额层级"。市场中处于劣势的参与者,转换成本很低,这些参与者凭借短期产品竞争力优势投机性地进入和退出产品品类,成为商品化的终极力量。与猴子相比,由于无须复制专有技术,这些参与者的市场进入壁垒更低。

skeptic 怀疑主义型 见"技术采用生命周期"。技术采用战略之一,主张始终反对技术的采用,认为后果不可预期定律会将任何有可能带来的收获破坏掉。

technology-adoption lifecycle 技术采用生命周期 描述不同群体对引进某一

非连续性技术时，会如何反应的一个模型，它包括五种采用战略：技术狂热型、高瞻远瞩型、实用主义型、保守主义型和怀疑主义型。

technology enthusiast 技术狂热型 见"技术采用生命周期"。一种技术采用战略，基于个人角度接受非连续性技术，并将其看作一个学习并投身技术创新前沿的机会。

tornado 龙卷风暴期 见"技术采用生命周期"。技术采用生命周期的一个阶段，在该阶段实用主义者会因某种杀手级应用的激励，成群结队地进入市场，最终导致市场供不应求，市场疯狂扩张和股权估价迅速飙升。

value chain 价值链 产品或服务从创建到交付给客户，再到最终被处置这一过程中所需的一系列流程和供应商。

value-chain discontinuity 价值链中断 颠覆性创新的两种形式之一，通过挑战现有市场中企业的商业模式来破坏价值链。然而，它并没有启动一个新的技术采用生命周期。

value disciplines 价值定律 迈克尔·特里西（Michael Treacy）和弗雷德·威尔斯马（Fred Wiersema）在《市场领导者的修炼》一书中所提出的战略发展模型。该模型将价值创造聚焦在以下三个领域之一：产品领先、客户亲近或卓越运营。

value-engineering innovation 价值工程创新 见"创新类型"。卓越运营区域中的一种创新类型，通过从成熟产品或流程设计中提取（即降低）成本，使产品在成熟市场中获得差异化地位。

value-migration innovation 价值转移创新 见"创新类型"。卓越运营区域中的一种创新类型，通过将关注焦点从价值链中的价值流失要素转向价值增进要素，使产品在成熟市场中获得差异化地位。成熟市场中常见的两个经典价值转移方式是：从产品向消费品的转移，以及从产品向服务的转移。

vertical marketing 垂直营销 专注于在某行业细分市场中获取支配性市场份额的营销方式，能获得"利基市场中的大猩猩"这样的市场地位。

visionary 高瞻远瞩型 见"技术采用生命周期"。技术采用战略之一，由技术狂热者推动先行者采用非连续性技术，以获取显著的竞争优势。

volume-operations model 规模运营模式 两类商业架构之一，适用于个人客户在即将采购时做出购买决策的B2C业务。一般来说，这是一个在客户产品开发、分销和服务方面都具有高度标准化的商业模式。

whole product 整体产品 满足目标客户购买理由所需的基本产品和服务组合，在技术采用生命周期的"保龄球道阶段"尤其重要。